Monographien der Breuninger-Stiftung Stuttgart

Herausgegeben von Horst Kächele

John S. Kafka

Jenseits des Realitätsprinzips

Multiple Realitäten in Klinik und Theorie der Psychoanalyse

Übersetzt ins Deutsche von H.-J. Grünzig

Springer-Verlag
Berlin Heidelberg NewYork
London Paris Tokyo
Hong Kong Barcelona
Budapest

Reihenherausgeber
Prof. Dr. med. Horst Kächele
Abteilung Psychotherapie der Universität Ulm
Am Hochsträß 8, W-7900 Ulm, BRD

Autor
John S. Kafka M.D.
5323 Connecticut Ave. N.W.
Washington, D.C. 20015 USA

CIP-Titelaufnahme der Deutschen Bibliothek
Kafka, John S.:
Jenseits des Realitätsprinzips : multiple Realitäten in Kliniken und Theorie der Psychoanalyse / John S. Kafka. Übers. ins Dt. von H.-J. Grünzig. – Berlin ; Heidelberg ; New York ; London ; Paris ; Tokyo ; Hong Kong ; Barcelona ; Budapest : Springer, 1991. Einheitssacht.: Multiple realities in clinical practice ⟨dt.⟩
ISBN-13: 978-3-540-52554-7 e-ISBN-13: 978-3-642-75694-8
DOI: 10.1007/978-3-642-75694-8
WG: 33;11 DBN 91.030978.7 91.02:05
1629 dp

Fotosatz: Interdruck Leipzig GmbH
Druck: Mercedes-Druck, Berlin · Bindearbeiten: B. Helm, Berlin
19/3020-543210 – Gedruckt auf säurefreiem Papier

Für Marian, David Egon, Paul Henry
und Alexander Charles

Danksagung

Vor mehreren Jahren durfte ich auf Einladung von Helmut Thomä als Gastprofessor an der Abteilung Psychotherapie der Universität Ulm lernen und lehren. Horst Kächele drängte mich beständig und begeistert, meine Gedanken und Vorstellungen, die ich in einigen Vorlesungen und Seminaren zusammengefaßt hatte, ausführlicher in Buchform darzustellen. Das Vorhaben, sowohl eine englische als auch eine deutsche Fassung herzustellen, wurde von der Breuninger-Stiftung gefördert; ich möchte der Breuninger-Stiftung und ganz persönlich Frau Dr. Helga Breuninger meinen Dank für die Unterstützung und Ermutigung ausdrücken, die schließlich zur Verwirklichung dieses Vorhabens führte.

Ich möchte meinen Eltern und meiner Familie Dank sagen für die Ausbildung von manchen Sichtweisen und Einstellungen, die sich in dem Buch widerspiegeln. Ich danke ferner meinen Patienten für alles, was sie mich gelehrt haben. An jene Lehrer und Supervisoren erinnere ich mich mit besonderer Dankbarkeit, die auch gegenüber anerkannten Auffassungen mit ausgewogener Kritik nicht zurückhielten. Viel verdanke ich meinen Studenten und den Kollegen, die bei mir in Supervision waren, meinen akademischen Lehrern vor allem an der University of Chicago, Emory und Yale sowie jetzigen und früheren Kollegen an vielen Studien- und Arbeitsorten, etwa in der Psychoanalytischen Gesellschaft und am Psychoanalytischen Institut in Washington, an der Klinik „Chestnut Lodge", am National Institute of Mental Health und an der George Washington University School of Medicine. Da in diesem Buch viele verschiedene Seiten meines Lebens und meines Denkens enthalten sind, würde ich gern vielen einzelnen Personen meinen Dank aussprechen — mehr als in diesem Rahmen möglich ist, und deshalb beschränke ich mich hier mit einigem Zögern auf die Nennung dieser Institutionen. Im Verlauf meiner Ausbildung wurden jedoch Edoardo Weiss, Winifred Whitman, Harold Searles, Otto Will, Edith Weigert und Robert Cohen für bestimmte Aspekte meiner professionellen Entwicklung jeweils besonders wichtig. Mehrere Lehrer haben mich in vielfältiger Weise geprägt, doch Lawrence Kubie und Hans Loewald gehören zu jenen, deren psychoanalytisches Denken mich auch schon vor Aufnahme meiner formellen psychoanalytischen Ausbildung ganz entscheidend beeinflußt hat.

Im Hinblick auf den Inhalt des Buches möchte ich die Bedeutung von Kenneth Gaarder im Zusammenhang mit der Forschungsarbeit über LSD und Sernyl dankbar erwähnen. Obwohl die Verantwortung für die konkreten Formulierungen natürlich ganz bei mir liegt, ist der Teil des Buches, der sich mit Familien von hospitalisierten Patienten beschäftigt, in Zusammenarbeit mit Joyce McDonald entstanden. Einige Abschnitte wurden als Ergebnis der Zusammenarbeit mit Hedda Bolgar verfaßt, wieder andere Abschnitte stammen aus der gemeinsamen Arbeit mit Robert Ryder. Diejenigen Abschnitte, die sich aus der besonderen fachlichen Zusammenarbeit mit Marian S. Kafka ergeben haben, sind im Buchtext durch Nennung ihres Namens bzw. Literaturverweise entsprechend gekennzeichnet. Eine Zusammenarbeit mit meiner Frau gab es allerdings nicht nur auf einem bestimmten Gebiet. Während es meistens üblich ist, der Ehefrau für ein allgemein förderndes und hilfreiches Familienklima zu danken, habe ich eine lebhafte und kritische Beteiligung an meinen Gedanken durch meine Familie, von meiner Frau und unseren 3 Söhnen, denen das Buch gewidmet ist, erfahren.

Auch während der Bearbeitung der deutschen Veröffentlichung des Buchs wurde ich durch die Breuninger-Stiftung und ganz persönlich auch durch Frau Dr. Helga Breuninger weiterhin freundlich und großzügig unterstützt. Von Herrn Priv.-Doz. Dr. T. Graf-Baumann vom Springer-Verlag habe ich fortgesetzte Ermutigung erfahren; Herr L. Picht hat als Lektor den englischen und den deutschen Text außerordentlich sorgfältig und hilfreich kritisch durchgesehen.

Zu jenen deutschen Kollegen, die mit zahlreichen wertvollen Anregungen und weiterführenden Gedanken zur Bereicherung der deutschen Buchausgabe maßgeblich beigetragen haben, zählen ganz besonders Professor Dr. H. Thomä, Professor Dr. H. Kächele, Priv.-Doz. Dr. M. Cierpka und Frau Dr. Beate Kächele. Bei verschiedenen Gelegenheiten, z. B. am Psychoanalytischen Seminar in Ulm und bei den Lindauer Psychotherapiewochen, habe ich manche Thesen des Buchs einem deutschen Fachpublikum zur Diskussion gestellt, und ich möchte ebenso den Seminarteilnehmern für die zahlreichen gedanklichen Anregungen danken, die mich bisweilen zur weiteren Präzisierung meiner Darstellung geführt haben.

Schließlich möchte ich Herrn Dr. H.-J. Grünzig, der die Übertragung ins Deutsche sorgfältig und kompetent besorgt hat, für die gute, fruchtbare Zusammenarbeit sehr herzlich danken; seine Art des Fragens und die Diskussion mit ihm haben mir zu weiterer Klarheit und zur Erweiterung meines Denkens hinsichtlich mancher Themenstellung verholfen.

Inhaltsverzeichnis

Einleitung

Die Überzeugung, daß wir alle eine gemeinsame Alltagsrealität teilen, bildet die Grundlage für die ganz normale, tagtägliche Verständigung zwischen Menschen. Obwohl wir uns der je verschiedenen Verschieblichkeiten unserer Sinneswahrnehmung bewußt sind, so vertrauen wir in unserem Alltagsleben doch darauf, daß wir in der Annahme bestimmter selbstevidenter struktureller Stabilitäten unserer physikalischen Welt übereinstimmen. Diese physikalische Welt bildet die Grundlage für unsere alltäglichen psychologischen Wirklichkeiten; sie ist das Medium, in dem sich unsere Kommunikation und der Ausdruck unserer Bedürfnisse und Sehnsüchte vollziehen. Wir vertrauen darauf, daß wir aus unseren Träumen und von unseren Phantasieflügen auf den festen Boden der gemeinsamen Alltagsrealität zurückfinden. Diese Fähigkeit können wir allerdings bei manchen unserer Patienten nicht oder nur eingeschränkt annehmen, und wir können angeben, in welchem Ausmaß diese Fähigkeit der *Realitätsprüfung* bei ihnen eingeschränkt ist. Unsere Patienten machen uns auf die Mechanismen aufmerksam, mit denen Wirklichkeiten konstruiert und geprüft werden und die zu einer Stärkung oder aber auch Schwächung des *Sinns* und des *Gefühls* für die Wirklichkeit führen. Wir begegnen dem Phänomen der *Derealisation* mit dem *unheimlichen* affektiven Beiklang, *nicht von dieser Welt* zu sein, mit dem Gefühl des Grauens.

Die Prozesse, die zur Ausbildung unserer gemeinsamen Alltagsrealität führen und die ebenso Sozialisationsprozesse einschließen, sind sehr vielfältig und komplex. Sobald wir diese Prozesse aber näher untersuchen und die Entwicklung unseres Wissens um die Welt, die Erkenntnistheorie, näher anschauen, befällt uns eine Ahnung davon, daß die zugegebenermaßen ganz wesentliche gemeinsame Grundlage unserer Alltagsrealität schmaler ist, als wir gemeinhin glauben. Und nur eine subtile und hochdifferenzierte gesprochene oder ungesprochene Sprache kann unseren reichhaltigen persönlichen Wirklichkeiten gerecht werden.

Den meisten Menschen fallen bisweilen Unterschiedlichkeiten zwischen ihrer Realitätswahrnehmung und derjenigen anderer Menschen auf. Solche Unterschiedlichkeiten sind für uns manchmal ein Problem, oft aber auch nicht. Allerdings geschieht es in unserem Sprechzimmer recht häufig, daß Patienten, selbst jene ohne Einschränkungen in der Realitätsprüfung, die problematischen Seiten solcher Unterschiedlichkeiten vorbringen. Es genügt ihnen nicht, mit anderen Menschen die gemeinsame Grundlage der Alltagsrealität zu teilen; sie benötigen eine Erweiterung der engen Grenzen ihrer Wirklichkeiten, in denen sie sich bewegen und gut funktionieren, und streben die Einbeziehung von Bereichen außerhalb der ihnen vertrauten Grenzen an. Ob sie es wissen oder nicht, sie suchen einen Psychotherapeuten mit einem weiteren Horizont, der das Gefühl vermittelt, daß er grundsätzlich bereit ist, eine erweiterte und sich erweiternde Wirklichkeit einzubeziehen, auch wenn deren endgültige Formen und Dimensionen noch ungewiß sind. Ein entscheidender Teil der Arbeit des Psychoanalytikers reicht über das *gemeinsame Verstehen* (womit eine gemeinsame Basis bereitgestellt wird, die den gegenwärtig geteilten Wirklichkeiten zugrunde liegt) hinaus und ist um ein *Erfassen*, um die *Einbeziehung* und um die *Erweiterung* von Realitätswahrnehmungen bemüht. Wenn der Psychoanalytiker dem Patienten implizit die Bereitschaft vermitteln kann, auch seine eigenen Realitätswahrnehmungen zu erweitern, dann wird sich der Patient in seinen gegenwärtigen wie auch in den sich entwickelnden Welten nicht so allein gelassen fühlen. Dieses Buch beschäftigt sich demzufolge mit der Erweiterung der Rahmenbedingungen für das *Begreifen* und für die Einbeziehung unterschiedlicher Realitätsorganisationen mit je eigenen Entwicklungsstrukturen und -rhythmen.

Als eine Psychotherapieform unterscheidet sich die Psychoanalyse von anderen Richtungen darin, daß sie nicht nur die Veränderung oder Beseitigung von Symptomen, sondern vor allem solche Änderungen anstrebt, die unmittelbar und organisch mit der Art und Weise verbunden sind, wie der Patient die Entstehung und Funktion von Symptomen, seine Abwehrbildungen, Charakterstrukturen und Wahrnehmungswelten organisiert und begreift, und zwar erst einmal unabhängig davon, ob sich ein solches Begreifen beim Patienten in eine bewußte sprachliche Ausdrucksform überführen läßt. Dieses Buch beschäftigt sich also auch mit dem Prozeß der psychologischen Veränderung, und das bedeutet eine Veränderung in der Wahrnehmung dessen, was die Dinge *bedeuten*. Bei genauerem Hinsehen sind unsere Wirklichkeiten eben genau dieses: *„was die Dinge bedeuten“*.

Obwohl sich die Psychoanalyse immer schon mit *psychischer Wirklichkeit* beschäftigt hat, stehen die meisten klinisch arbeitenden Psychoanalytiker dem Philosophieren am grünen Tisch, insbesondere einem unklaren Existentialismus zu Recht mißtrauisch gegenüber; mit wesentlichen, einschlägigen experimentellen Forschungsarbeiten zur Wahrnehmung und zum Denken kommen sie oft aber auch nicht in Berührung. Gleichwohl ist es eben die klinische Arbeit, die fortgesetzt Fragen nach dem Wesen des Wissens und des Erkennens aufwirft sowie Gedanken anregt, wie denn Einstellungen und Überzeugungen mit den kognitiven und affektiven Komponenten entstehen und wie sie verändert werden können. Sofern sich der Kliniker durch eine „Philosophobie“ nicht von vornherein solchen Fragestellungen verschließt, kommt er um eine gewisse Auseinandersetzung mit solchen erkenntnistheoretischen Überlegungen nicht herum.

In diesem Buch schreibe ich über meine Gedanken zum Verständnis und zur Behandlung neurotischer und psychotischer Patienten, über erkenntnistheoretische Fragen aus der Sicht eines Klinikers sowie umgekehrt über den Einfluß von erkenntnistheoretischen Befunden auf die klinische Arbeit. Fortgesetzt gibt es Rückwirkungen zwischen klinischer und theoretischer Arbeit, und dies verleiht dem Behandlungszimmer des Psychoanalytikers bisweilen den etwas eigentümlichen Charakter eines philosophischen Labors. Im Laufe meiner psychoanalytischen Arbeit stellten sich für mich einige Hypothesen zu der Frage heraus, wie sich multiple Wirklichkeitsorganisationen durch affektiv bestimmte Wahrnehmungsprozesse entwickeln und wie sehr zeitliche Vorgänge im Mittelpunkt unseres Bemühens um ein Verständnis des Geistes- und Seelenlebens stehen.

Ein wichtiger Bestandteil der Ausbildung zum Psychoanalytiker liegt im Aufdecken jener Wurzeln, die seine personspezifische Art der Weltwahrnehmung und Beziehungsgestaltung geprägt haben und die den Ursprung wie auch die Randbedingungen seiner persönlichen Einstellungen und Werthaltungen ausmachen. Eine solche Selbsterkenntnis spielt eine entscheidende Rolle bei der Ausformung einer besonderen psychoanalytischen Haltung: nämlich die eigenen Wahrnehmungsweisen und Einstellungen nicht dem Analysanden aufzuerlegen. Das beinhaltet, solcherlei Beeinflussung zu vermeiden und damit die Entwicklung echter Autonomie beim Analysanden zu fördern. Dem Leser einer psychoanalytischen Schrift hingegen wird deren Verständnis und kritische Bewertung um so leichter gelingen, je mehr er über den Autor weiß. Schließlich sind die wesentlichen Themen in den Schriften eines Psychoanalytikers in seiner Lebens- und Arbeitserfahrung verwurzelt, und die Entwicklung dieser Themen kann am besten vor dem Hintergrund seiner wissenschaftlichen Autobiographie verstanden werden.

In gewissem Sinne spielte das Thema der multiplen Wirklichkeiten schon ziemlich früh in mein Leben hinein. Meine ersten 13 Lebensjahre in Österreich, die nächsten 6 Jahre in Frankreich und die sich (bis heute) anschließenden vielen Jahre in den USA haben mich mit unterschiedlichen kulturellen Wirklichkeiten konfrontiert, die ich mir in wichtigen Ausschnitten zu eigen machen mußte. Das jeweilige Tempo dieser verschiedenartigen Umgebungen hinterließ bei mir einen starken Eindruck. Ich kann mich noch lebhaft an den schweren Rhythmus einer Blaskapelle aus Tirol erinnern, die gerade auf dem Bahnhof spielte, als ich Österreich verließ, und ebenso an das mir aberwitzig schnell erscheinende Tempo eines Musikzugs der „Alpenjäger“, der bei meiner Ankunft in Frankreich am Bahnhof vorbeimarschierte. Meine Fokussierung auf Tempo und Zeit hat also weit zurückreichende Wurzeln, und ein Lehrer in Frankreich, der das Werk von Henri Bergson einfühlsam und begeistert darstellen konnte, hat mich mit Möglichkeiten der bildhaften und gleichzeitig konzeptuellen Ausarbeitung von unklar empfundenen Gedankengängen vertraut gemacht. Zu der Notwendigkeit, mit verschiedenen ethnischen Wirklichkeiten und Tempi zurechtzukommen, kam noch die Notwendigkeit des Lebenserwerbs hinzu, und zwar auf ganz unterschiedlichen sozioökonomischen Niveaus: als Schüler und Student in Europa, als Arbeiter während der ersten Jahre in den USA, dann wieder als Student, der sich von den Geisteswissenschaften weg der Psychologie und schließlich der Medizin, Psychiatrie und Psychoanalyse zuwandte. All dies bereitete den Boden für meine spätere Beschäftigung mit multiplen Wirklichkeiten.

Zwar hatte ich nicht schon von Anfang an deutlich im Sinn, mich mit der Thematik der „multiplen Wirklichkeiten“ näher zu befassen; dieses Thema tauchte jedoch während meiner persönlichen Reise von einem Lebensabschnitt zum nächsten immer wieder in ganz verschiedenartigen Formen auf. Als Student, als Psychoanalytiker und als Psychiater in der Forschung ebenso wie als Mensch mit der üblichen menschlichen Neugierde stellte ich fest, daß die unterschiedlichen, jeweils begrenzten Interessengebiete, auf die sich meine Aufmerksamkeit richtete, allmählich in übergeordneten Themenstellungen und Gesichtspunkte zusammenliefen. Durchgehend bildete hierbei meine Offenheit für philosophisches und erkenntnistheoretisches Denken eine Rahmenbedingung für meine wissenschaftliche Entwicklung.

In der Arbeit von Heinrich Klüver, einem meiner Lehrer an der University of Chicago, ging es ganz unmittelbar um die strenge Erforschung multipler psychologischer Wirklichkeiten. Sein zentraler Forschungsansatz, auf den ich an verschiedenen Stellen dieses Buches zurückkommen werde, besteht in der Untersuchung verschiedener physikalischer Stimulusklassen, die vom Organismus als subjektiv äquivalent wahrgenommen werden. Seine Forschungsbefunde können selbst noch das klinische Verständnis vom Konzept der Objektkonstanz bereichern und vertiefen.

Wenn jemand in einer anderen Wirklichkeit lebt, dann ist es natürlich ganz besonders der psychotische Patient. Das Verständnis des Behandlungszimmers als philosophisches Labor trifft hier in einem ganz speziellen Sinne zu; die Erkenntnistheorie als eine abstrakte Disziplin gewinnt hier an buchstäblich lebens- bzw. arbeitsnotwendiger Bedeutung für den Psychiater, der sich der Auffassung verweigert, daß psychotisches Verhalten ohne jeden Sinn sei. Die Anerkennung unterschiedlicher Formen der Organisation von Wirklichkeit ist das wesentliche Arbeitsmittel des Psychotherapeuten bei der Behandlung von psychotischen Patienten. Probleme dieser Art drängten sich mir zuerst während der Arbeit mit solchen Patienten auf; später machte ich die Erfahrung, daß die Beachtung unterschiedlicher Formen der Organisation von Wirklichkeit auch bei der Behandlung nichtpsychotischer Patienten sehr hilfreich, in meinem Verständnis sogar wesentlich ist. Meine Überzeugung wurde immer stärker, daß in den meisten Fällen, in denen die Psychoanalyse zu einer gewissen Tiefe geführt wird, neben den Veränderungen in der subjektiven Wirklichkeit auch Fragen der Realitätsprüfung einzubeziehen sind. In dem vorliegenden Buch werde ich die These näher herausarbeiten, daß eine einfache Trennung zwischen kognitiven und affektiven Funktionen in die Irre leitet; ich werde darlegen, wie ich zu der Auffassung gelangt bin, daß kognitive und Wahrnehmungsprozesse im wesentlichen affektiv geformt und bestimmt sind.

Die Psychoanalyse war nicht die erste Psychotherapieform, mit der ich Bekanntschaft machte. Zu meinen ersten Lehrern gehörte Carl Rogers; obwohl ich ihn persönlich sehr schätzte und sein Psychotherapieverständnis in mancher Hinsicht sehr hilfreich fand, mochte ich mich mit den inhärenten Begrenztheiten seiner Konzeption nicht abfinden. Meine weitere Suche führte mich schließlich zur psychoanalytischen Ausbildung. Mir ist immer wieder die große Enttäuschung bei Kollegen, deren psychotherapeutische Ausbildung nur im Rahmen der Psychoanalyse erfolgt ist, aufgefallen, sobald sie auf Mängel, Einseitigkeiten oder Grenzen der psychoanalytischen Theorie oder Technik stoßen. Ich fand es nicht so schwierig, mit solchen Einschränkungen zurechtzukommen, da ich den Reichtum des psychoanalytischen Denkens und Handelns den anderen Psychotherapieansätzen, denen ich zuvor begegnet war, gegenüberstellen konnte. Hier habe ich den notwendigen Raum für die Weiterentwicklung meiner Vorstellungen zum Konzept der multiplen Wirklichkeiten und deren Anwendung auf die Erforschung von Familienstrukturen sowie auf die Behandlung von neurotischen Patienten und von Patienten mit einer Persönlichkeitsstörung oder Borderlinestruktur wie auch — mit noch näher zu benennenden Einschränkungen — von psychotischen Patienten vorgefunden.

Symptomorientierte Behandlungseinrichtungen sind zur Zeit in Mode, zumindest in den USA. Es gibt beispielsweise Angstkliniken, Depressionskliniken und Sexualkliniken. Hingegen ist das Interesse an Psychotherapiemöglichkeiten bei Psychosen auf einem Tiefpunkt angelangt, auch wenn immer wieder Lippenbekenntnisse zur Kombination von Psychotherapie und Psychopharmakotherapie abgegeben werden. Trotzdem vertritt eine zunehmende Zahl an Forschern und Klinikern einen differenzierten nichtreduktionistischen Standpunkt gegenüber dem Leib-Seele-Problem, wie es sich in unserem Bereich stellt. Meinungsverschiedenheiten in dieser Frage beziehen sich allenfalls auf den Umstand, daß der rasche Fortschritt in der Biologie des zentralen Nervensystems bislang mehr zum Verständnis „normaler" psychologischer Prozesse — Wahrnehmen, Fühlen, Denken — als zum Verständnis psychopathologischer Prozesse beigetragen hat. Das wachsende Verständnis der enormen Plastizität des zentralen Nervensystems unterstützt die Auffassung, daß spezifische Belastungen in spezifischen Entwicklungsphasen zu biologisch definierbaren Änderungen führen können. Damit werden nicht nur Fragen nach der Ätiologie, sondern auch nach Möglichkeiten und Grenzen psychotherapeutischer Interventionen beantwortet. Die Erforschung der Gedächtnismechanismen ist in diesem Zusammenhang vielleicht besonders erwähnenswert (Squire 1986). Jedenfalls bin ich der festen Überzeugung, daß die meisten Psychotherapeuten heutzutage mit irgendwelchen — mehr oder minder zutreffenden — Vorstellungen von der „Biologie" des „psychischen Apparates" arbeiten.

Einige meiner Gedanken und Formulierungen werden im Hintergrund durch meine Vorstellungen von der Biologie der Wahrnehmung bestimmt, und ich werde mich bemühen, diese zu explizieren. Beispielsweise stellt mein vorläufiges Modell schizophrener Störungen einen solchen Bereich dar, in dem „biologische" Erklärungen dazugehören. In diesem Zusammenhang liegt mein Schwerpunkt nicht auf dem philosophischen Leib-Seele-Problem als solchem, sondern auf dem bewußten Modell, aus dem der Kliniker seine Handlungsanweisungen ableitet und das ebenso Forschungsstrategien mitbestimmt, besonders dann, wenn man gezwungen ist, mit einem zugegebenermaßen unvollständigen Modell zu arbeiten. In dem (weiter unten dargestellten) breit angelegten Modell schizophrener Störungen nehmen Wahrnehmungsprozesse und die Frage der sensorischen Abspaltung vs. synästhetischer Phänomene großen Raum ein. In einem solchen Modell spielen „molekulare" biologische Forschungsbefunde zu Neurotransmittern und -rezeptoren bei der Lokalisation und Ausbreitung von Nervenimpulsen eine wichtige Rolle, und zwar auch dann, wenn in dem Modell „molare" Konzepte wie „Konflikt", „Impuls" und „Trieb" verwendet werden.

Die Beschäftigung mit der Frage nach der optimalen Größe der psychobiologischen Untersuchungseinheit kennzeichnet meine Arbeit zu weiten Teilen und stellt ein Thema mit weitverzweigten Wurzeln und Ausläufern dar. Der theoretischen Frage nach der optimalen Größe der Untersuchungseinheit entspricht auf klinischem Niveau die Entscheidung, ob der therapeutische Fokus auf dem einzelnen Patienten, auf der Familie oder auf der Gruppe liegen soll. Es kann allerdings sein, daß es keine völlige Übereinstimmung zwischen der ertragreichsten Untersuchungsgröße bei der theoretischen Erforschung spezieller Fragen und der optimalen Behandlungseinheit für psychotherapeutische Zwecke gibt. Für mich blieb das Interesse an der Frage nach der angemessenen Untersuchungsgröße neben meiner therapeutischen Fokussierung auf den einzelnen Patienten weiter bestehen und hat diese womöglich noch verstärkt. Die allmähliche Präzisierung meiner Auffassung, daß eher die zeitlichen als die räumlichen Dimensionen die aussichtsreicheren Forschungsthemen in unserem Bereich sind, mag auch noch hineingespielt haben. Im Rückblick kann ich mir vorstellen, daß es die unvergleichlichen Möglichkeiten der optimalen zeitlichen, rhythmischen Abstimmung zwischen dem einzelnen Psychotherapeuten und dem einzelnen Patienten waren, die meine Entscheidung beeinflußt haben, meine psychotherapeutische und psychoanalytische Arbeit auf dyadische Beziehungen zu konzentrieren, obwohl ich auch mit Paaren, Familien und Gruppen gearbeitet habe und dies gelegentlich immer noch tue.

Da *räumliche* Modelle von psychischen Strukturen, wie mir scheint, vermehrt die Gefahr der Reifikation in sich bergen, habe ich mich intensiv mit Überlegungen beschäftigt, wie sich entsprechende Vorstellungen in *zeitlichen* Begriffen ausdrücken lassen; hierbei geht es um Fragen nach der Wahl einer angemessenen Zeiteinheit sowie um Probleme im Zusammenhang mit der zeitlichen Ausdehnung und Kontraktion im Seelenleben. Meine Beschäftigung mit der Zeit schwankte zwischen zwei Polen, obwohl ich mich immer um einen Brückenschlag und um eine Verbindung bemüht habe: der eine Pol ist durch ein klinisches, phänomenologisches und experimentelles Interesse gekennzeichnet, der andere Pol durch ein „philosophisches" (diesen Begriff verwende ich im vorliegenden Zusammenhang allerdings ausgesprochen ungern) Interesse. Mit dem erstgenannten Pol verbunden ist eine besondere Betonung zeitlicher Aspekte bei Wahrnehmungsprozessen — so etwa die Vorstellung, daß jeder aktuelle Wahrnehmungsakt die Ontogenese der Wahrnehmung wiederholt. Wenn die ersten Wahrnehmungsdifferenzierungen des Kindes, so sei an dieser Stelle schon einmal hervorgehoben, die Unterscheidung zwischen dem Innerhalb und dem Außerhalb des eigenen Körpers (mit anderen Worten die Entwicklung der Körpergrenzen) beinhalten sowie die Unterscheidung zwischen belebten und unbelebten Objekten und zwischen Merkmalen, die schließlich zur Differenzierung zwischen räumlichen und zeitlichen Dimensionen führen, dann bilden diese Wahrnehmungsdifferenzierungen, die sich im jeweiligen Wahrnehmungsakt des Erwachsenen blitzschnell wiederholen, die

Koordinaten, auf denen die Wirklichkeiten organisiert werden. Wegen der Komplexität der Konzeption der wahrnehmungsmäßigen Wiederholung und der Unvertrautheit mit der Vorstellung, daß sich die Entwicklungsgeschichte der Wahrnehmung in jedem einzelnen Wahrnehmungsakt erneut abspielt, möchte ich an dieser Stelle eine andere, weniger ungewöhnliche Wiederholungserfahrung beschreiben. Es wird berichtet, daß Personen in plötzlicher Lebensgefahr oft ihren bisherigen Lebensablauf in enorm hoher Geschwindigkeit nacherleben. Eine solche Wiederholung der „Wahrnehmung" des eigenen Lebens, das sog. Lebenspanorama, beinhaltet den Berichten zufolge ein Gefühl für die Vollständigkeit des Nacherlebten sowie eine Wiederholung affektiver Veränderungen und Entwicklungen, und all dies ist in eine unglaublich kurze Zeitspanne verdichtet. Ich meine, daß für ein solches Lebenspanorama traumatische Umstände nicht einmal entscheidend sind und daß jede Wahrnehmung auch unter normalen Umständen eine Wiederholung ihrer Entwicklungsgeschichte im kleinen ist. Die affektive Vorgeschichte und damit die Geschichte der Beziehungen ist ebenso in der Wiederholung enthalten. Der vorbewußte Reichtum unserer emotional geprägten Beziehung zu uns selbst und zur Welt hängt mit den Obertönen der Wiederholung und Verdichtung zusammen, mit dem sich ständig wiederholenden Ablauf unserer kognitiven und emotionalen Vorgeschichte. Der Unterschied zu den Personen in Lebensgefahr liegt darin, daß diese sich solcher Wiederholungen sehr viel lebhafter bewußt sind. Das Zeiterleben in solchen Momenten ist damit ebenso ein besonders interessantes Thema.

Meine durchgehende Beschäftigung mit der Zeit ist nicht auf Problemstellungen wie die Wiederholung der Ontogenese oder die Aktualgenese der Wahrnehmung im Wahrnehmungsakt beschränkt. Auch wenn ich nicht ausdrücklich von einer philosophischen bzw. wissenschaftstheoretischen Position ausgehe, so leitet sich der eher „philosophische" Pol meiner Beschäftigung mit der Zeit statt mit dem Raum aus dem „Zeit"geist der modernen Physik ab. Ich habe den Eindruck, daß Psychoanalytiker oft recht ängstlich sind und Befunde der modernen Physik nicht genügend zur Kenntnis nehmen, daß nämlich beispielsweise für ein Verständnis bestimmter Phänomene die Kenntnis der im Bereich der Physik formulierten Beziehungen zwischen Materie, Zeit und Energie im Unterschied zur umgangssprachlichen Begriffsverwendung wichtig ist. Solche Befunde können durchaus auch in unserem Bereich von Bedeutung sein. Auch in der Biologie wird die Betrachtung energetischer Systeme gegenüber der herkömmlichen Betrachtung materieller Systeme verstärkt in den Mittelpunkt gestellt, so beispielsweise bei der molekularbiologischen Diskussion um spezielle Eigenschaften der Zellmembran. Ich werde Modelle des Nervensystems erwähnen, die eher auf zeitlichen als auf räumlichen Merkmalen beruhen. Ich werde die Überlegung ausführen, daß durch die besondere Betonung der zeitlichen Perspektive ein neuer Gesichtspunkt hinsichtlich des Leib-Seele-Problems gewonnen werden kann und daß damit vielleicht auch die radikale Aussage von Hans Loewald, nach der „die Zeit das innere Gewebe dessen, was wir psychisch nennen", sei, an Ungewöhnlichkeit verliert. Ich hoffe ferner zeigen zu können, daß die Fokussierung auf zeitliche Strukturen unmittelbare und konkrete Auswirkungen auf die praktische klinische Arbeit hat. Das Problem der Größe der Untersuchungseinheit ist anscheinend an die Reifizierung räumlicher Dimensionen gebunden; doch schon eine flüchtige Untersuchung der Fragestellung macht diese Überlegung zunichte: Der individuelle Mensch, der sich als Teil einer Gruppe erlebt, verändert in eben diesem Augenblick seine zeitliche Perspektive, da die Zeiteinheit, durch die seine „Lebenswirklichkeit" mitgestaltet wird, über seine individuelle Lebensdauer hinausreichen kann. Die Phase der Mutter-Kind-Fusion ist wohl eines der eindrücklichsten Beispiele für eine solche veränderte zeitliche Wirklichkeit.

Ordnung und Struktur sind Themen, bei denen das klinische und das „philosophische" Interesse einander begegnen. Im Bereich der klinischen Psychoanalyse treffen wir auf den Begriff *Struktur* besonders im Zusammenhang mit dem Begriff „Strukturveränderung". Die Untersuchung von Veränderungen in der Psychoanalyse und eine kritische Betrachtung des Strukturbegriffs haben mir eine weitere Facette des Themas der multiplen Wirklichkeiten erschließen helfen. Der Rückblick auf jene Behandlungsfälle, bei denen eine bedeutende Veränderung, vielleicht sogar eine Strukturveränderung eingetreten ist, führte zu der Entdeckung, daß solche Fälle durch eine Änderung von belebten hin zu unbelebten Merkmalen ihrer „Objekte" in der analytischen Arbeit gekennzeichnet sind. Diese Beobachtung wiederum führte zu folgender Frage: Kann die Erfahrung des Analysanden, daß sich Objekte (auf symbolischer Ebene) von belebten hin zu unbelebten Merkmalen und umgekehrt ändern können und damit auch eine Änderung in der Objektbeziehung eintritt; kann eine solche Erfahrung in Verbindung gebracht werden mit der Wahrnehmungsdifferenzierung zwischen Belebtem und Unbelebtem oder gar mit der Entwicklung einer solchen Differenzierung in der Kindheit? Es wäre wirklich sehr spannend, wenn es gelänge, eine Verbindung herzustellen zwischen „strukturellen" Änderungen im psychoanalytischen Sinne, der Verschiebung von „Einsicht" hin zu einer „aktiven" Änderung, und der frühkindlichen Unterscheidung zwischen belebten und unbelebten Welten. Inwieweit die Arbeit des Physikers Ilya Prigogine zur Thematik von Strukturveränderungen in diesen Zusammenhang gehört, wird zu erörtern sein. Gegenwärtig herrscht großes Interesse an „state"-spezifischem Lernen, ein Thema, das mit den unterschiedlichen „Ich-Zuständen" bei Paul Federn verwandt ist. Ich werde Möglichkeiten diskutieren, inwieweit diese verschiedenen Ich-Zustände vor dem Hintergrund von belebten bzw. unbelebten Strukturen beschrieben werden können. Und ich werde die Überlegung vorstellen, daß das Gefühl bestimmter narzißtischer Patienten, in verschiedenen Hinsichten einfach ein Recht beanspruchen zu können, auf die unzureichende Differenzierung zwischen Belebtem und Unbelebtem zurückgeht.

Die Fähigkeit, dasselbe Objekt sowohl als belebt wie auch als unbelebt zu behandeln, wird im Bereich der Entwicklungspsychologie untersucht und steht in Verbindung mit der Konzeptualisierung von Übergangsobjekten durch Winnicott. Indem ich die schöpferischen und therapeutischen Nutzanwendungen bei der Berücksichtigung multipler Wirklichkeiten betone, welche die Behandlung ein und desselben Objekts als belebt *und* als unbelebt als eine Erscheinungsform unterschiedlicher Wirklichkeiten begreift, und durch meine Kritik an der Doppelbindungstheorie und ihrer Umformulierung stehe ich dem Denken von Winnicott recht nahe. Meine These lautet, daß nicht so sehr die paradoxe Kommunikation, sondern die Intoleranz für Ambiguitäten (eingeschlossen die Ambiguität im Hinblick auf Belebtheit und Unbelebtheit von Objekten) pathogen wirkt. Im Gegensatz zur relativen Stabilität der unbelebten Welt, die ihren feststehenden Platz und *Raum* hat, wird durch die Beweglichkeit von Lebewesen mit der Fähigkeit, ihre Position und Einstellung in jedem Augenblick verändern zu können, deren *zeitliche* Bezogenheit hervorgehoben. In der von mir vorgenommenen Erweiterung des Übergangsbereichs zwischen der belebten und der unbelebten Welt ist die Vorstellung eines Übergangsbereichs zwischen der räumlichen (oder „materiellen") und der zeitlichen Welt enthalten — eine Vorstellung, die verglichen werden kann mit der von Gilbert Rose (1980) vorgenommenen Ausdehnung des Begriffs des Übergangserlebens auf den „Übergangsprozeß". Bei der Diskussion des Übergangserlebens werde ich auch die Ausgerichtetheit auf die Zukunft, die zeitliche Intentionalität von Lebewesen berücksichtigen. Man kann zwar von einer dem Leben eigenen Gerichtetheit reden, doch auch lebendige Wesen erleben das Vergangene gewöhnlich als feststehend, als erlebnismäßig unveränderlich und damit als quasiräumlich und weniger als zeitlich. Im Erleben stellt sich das Vergangene oft als unbelebte, entseelte „Ablagerung" dar, bis es aufgrund von Lebensereignissen oder durch eine psychoanalytische Reaktivierung in einen neuen Zusammenhang gerückt und damit wiederbeseelt und wiederbelebt wird, wodurch sich seine Bedeutung verändert, das heißt ein ausdrücklicher Wiedereintritt in die aktive Zeitdimension erfolgt. In diesem Zusammenhang wird auch die Bedeutung von Ritualen sowohl bei der Wiederbelebung wie bei der Ablage von Vergangenem untersucht werden.

Wenn sich der Therapeut jener Prozesse bewußt ist, die beim Patienten sowohl die eher flüchtigen wie auch die eher dauerhaften Aspekte seiner Wirklichkeiten formen, dann fördert dies seinen tiefgehenden Respekt vor der Berechtigung der Welt des einzelnen. Dieser weitere Gesichtspunkt färbt die Atmosphäre des Behandlungszimmers und unterstreicht die nicht-bewertende Haltung des Psychoanalytikers, die zu erwerben einen wesentlichen Bestandteil in der Ausbildung zum Psychoanalytiker ausmacht. Das Argument, eine wertfreie Einstellung ist praktisch doch nicht zu erreichen, hat manchen Kliniker dazu gebracht, die Bedeutung der Bemühung um eine solche Einstellung herabzuspielen. In einem bestimmten Sinne kann sich aber auch der Psychoanalytiker der Frage nach der Moral nicht entziehen. Psychoanalytiker sind Deterministen: vorausgehende Bedingungen bestimmen das Verhalten, und bei Gerichtsverhandlungen werden psychoanalytische Theorien herangezogen, wenn das Verbrechen des Angeklagten mit seiner Kindheit in Verbindung gebracht werden soll. Auf den ersten Blick scheinen moralische Fragen, der „freie" Wille und der (psychische) Determinismus nichts mit der Größe der Betrachtungseinheit zu tun zu haben. Bei genauerem Hinsehen muß man jedoch feststellen, daß beispielweise die Diskussion in eben der Gerichtsverhandlung von der Frage abhängt, welche Betrachtungseinheit denn nun die angemessenere sei: die Familie oder das Individuum. Allgemein gilt, daß das Verhalten eines Organismus dann als „determiniert" angesehen werden kann, wenn dieser Organismus Teil eines größeren Organismus ist oder zu einem Organismus gehört, dessen Lebensdauer größer ist als die seiner einzelnen Teile. Das Verhalten kann als „frei" angesehen werden, wenn der Organismus ohne eine solche Einbindung lebt und offensichtlich „unabhängig" ist. Ein Beobachter wird bei der Untersuchung einer einzelnen Ameise zu verschiedenen Ergebnissen gelangen, je nach dem, ob er die Ameise im Zusammenhang mit dem gesamten Ameisenvolk oder von diesem losgelöst als Individuum sieht. Während der klinischen Arbeit verändern wir die Fokussierung auf die Größe des Organismus, zum Beispiel einmal auf das Individuum und ein andermal auf die Familie, und dadurch können wir den Beziehungen zwischen der Größe des Organismus und dem freien Willen im einzelnen nachgehen. Solche Überlegungen tragen zum Verständnis für die Entwicklung eines Autonomiegefühls im Verlauf von psychoanalytischen Behandlungen bei.

Die Einbeziehung von Gödels Vorstellungen zur Bedeutung der formalen Logik in meine Kritik der Doppelbindungstheorie (Kafka 1971b) hat zur Weiterentwicklung meiner Auffassung von der Ambiguität geführt. Damals nahmen die Überlegungen zur Außen-Innen-Ambiguität, im wesentlichen eine andere Betrachtungsweise hinsichtlich der Unbestimmtheit bei der Einschätzung der absoluten Größe eines Organismus, immer mehr einen formalen Charakter für mich an. Solche Überlegungen waren vor der Popularisierung von Gödel durch Hofstadter (1988) vermutlich recht esoterisch; und selbst heutzutage liegen sie dem Alltagsinteresse des Klinikers immer noch recht fern. Dennoch glaube ich, daß ein einigermaßen umfassendes klinisches Verständnis auch die Organisation der Wirklichkeiten des einzelnen einbeziehen muß, und manche Aussagen über das Wesen unserer Wirklichkeiten sind formaler Art, das heißt, sie gehören in den Bereich der formalen Logik. Die Schwierigkeiten hierbei liegen in dem Vorurteil des Klinikers hinsichtlich der Dichotomie zwischen Humanismus und Naturwissenschaft bzw. zwischen Philosophie und Naturwissenschaft. Vielleicht leitet sich diese Dichotomie auch von der immer noch weit verbreiteten, im Grunde aber doch überholten Leib-Seele-Dichotomie ab.

Die Entwicklung der Vorstellungen, wie sie in dieser Einleitung umrissen sind, beinhaltet eine Bewegung von der klinischen Praxis und Beobachtung hin zu deren theoretischer Ausarbeitung, die Rückkehr zur klinischen Arbeit mit den neuen theoretischen Formulierungen und die sich erneut anschließende theoretische Aufarbeitung — ein fortlaufender, spiralförmiger Erkenntnisprozeß mit teils langsamen Schwingungen und teils raschen Oszillationen. Mit dieser Beschreibung ist nun im wesentlichen auch die klinische Arbeit selbst beschrieben, wie ich sie verstehe, und auch die mehr theoretisch formulierten Gedanken sind als Ergebnis und als ein Strang der psychoanalytischen bzw. psychoanalytisch geprägten Bemühungen gemeint. Es liegt in der Natur eines solchen spiralförmigen Erkenntnisprozesses, daß die sequentielle Abfolge der Darstellung auf Grenzen stößt und Wiederholungen manchmal unvermeidlich sind. Ich glaube aber auch, daß eine solche Wiederholung in einem sich ständig erweiternden Zusammenhang auch eine Veränderung durch eben diesen Prozeß der Wiederholung mit sich bringt.

Im folgenden werde ich zunächst von Zeit, zeitlicher Abstimmung und zeitlicher Perspektive reden, wobei ich besonders die klinische Situation berücksichtigen werde. Der Schwerpunkt des 2. Kapitels liegt auf dem Thema der multiplen Wirklichkeiten im Denken und in der Objektbildung. Im 3. Kapitel werde ich auf das Thema der Zeit und Psyche zurückkommen, nachdem im 2. Kapitel die Grundlagen hierfür entwickelt worden sind. In diesem Kapitel werde ich auch die Entwicklung meiner Vorstellungen im Zusammenhang mit der Erforschung von LSD und Sernyl in den sechziger Jahren darlegen; damals herrschte ein enorm starkes Interesse an solchen Drogen, einmal wegen ihrer Bewirkung von „Bewußtseinserweiterungen“ und veränderten Bewußtseinszuständen, zum anderen wegen der Hoffnung, daß solche psychotropen Substanzen einen wichtigen Schlüssel zum besseren Verständnis von Halluzinationen in der Psychose liefern könnten.

Im 4. Kapitel werden die Überlegungen zur Thematik der multiplen Wirklichkeiten auf diagnostische und behandlungstechnische Probleme angewandt. Ich werde in diesem Zusammenhang die Bedeutung von Gegenübertragungsaspekten bei der Entwicklung diagnostischer Kategorien erörtern und die Vorstellung näher erläutern, daß die auf besondere Konfliktbereiche beschränkte Verwechslung hinsichtlich der Belebtheits-Unbelebtheits-Dichotomie nur bei bestimmten diagnostischen Kategorien auftritt und bei anderen nicht. Zur Veranschaulichung der Beziehung zwischen therapeutischen Strukturveränderungen und Änderungen in der Belebtheits-Unbelebtheits-Dichotomie werden klinische Fallbeispiele herangezogen.

Der Schwerpunkt des 5. Kapitels liegt auf der Schizophrenie und auf schizophrenen Denkstörungen, ausgezeichnete Gebiete für die Untersuchung multipler Wirklichkeiten. Das Kapitel beinhaltet einen Exkurs in die Untersuchung von Träumen schizophrener Patienten — eine Forschungsarbeit, die ich vor einigen Jahren auf eine besondere Anregung hin durchgeführt habe. Mir war damals aufgefallen, wie gut das paradoxe Thema des Traumlebens von Schizophrenen mit meinem Hauptinteresse zusammentraf: wie sind die Träume jener Menschen beschaffen, deren Wirklichkeit im Wachen manchmal so traumartig scheint?

Im Kapitel 6 wird der Anwendungsbereich des Konzepts der multiplen Wirklichkeiten auf weitere Gebiete ausgedehnt — beispielsweise auf die Untersuchung von Ritualen, Familiendynamiken und Gruppenverhalten. In dem abschließenden 7. Kapitel wird untersucht, inwieweit sich das Konzept der multiplen Wirklichkeiten mit der psychoanalytischen Theorie und klinischen Praxis verträgt, und es werden weiterführende Gedanken skizziert.

Ein enger wechselseitiger Bezug von klinischem und theoretischem Denken wirkt sich auf die tägliche Arbeit des Psychoanalytikers bereichernd aus. Eine solche gegenseitige Bereicherung ist das beste Mittel gegen ein „burn out“ des Therapeuten, und da die Dichotomie von Fühlen und Denken, von Affekt und Kognition nur eine künstliche ist, stellt eine theoretisch gut begründete Behandlungstechnologie die Grundlage für ein wirklich humanistisches Psychotherapieverständnis dar. Um dies zu erreichen, muß allerdings eine persönliche und kritische Auseinandersetzung mit der Theorie, eine Integration von Theorie und persönlichem Einstellungs- und Lebenshorizont erfolgen. Es ist meine Hoffnung, daß sich die vorliegende Darstellung meiner Integrationsbemühungen für die persönliche Integrationsarbeit des Lesers als hilfreich erweist.

1 Zeit, Zeiteinteilung und Zeitperspektive

Eine Klinikpatientin, Frau R., setzte mich eines Tages davon in Kenntnis, daß die Erde zwischen dem Krankenhauskomplex und dem Freizeitgebäude zusammenschrumpfte. Als ich einige Tage später auf diese Patientin besonders achtete, fiel mir auf, daß die Patientin erheblich schneller ging als gewöhnlich. Die Sichtbarkeit und Berührbarkeit der Objekte im Raum verleiht der Raumdimension eine Konkretheit, die der Zeitdimension fehlt. Für die meisten Menschen scheint die Zeit auf irgendwie einfachere Weise zu schrumpfen oder sich auszudehnen als der Raum; die Zeit scheint auf einfachere Weise „kürzer" oder „länger" werden zu können und derart beschreibbar zu sein als der Raum, obwohl wir für die Beschreibung von Zeitintervallen räumliche Begriffe verwenden müssen. Eine extreme Ausdehnung der Zeit — beziehungsweise ein enorm gerafftes und in den ausgedehnten Moment passendes Nacherleben der eigenen Lebensgeschichte, das sogenannte „Lebenspanorama" — wird oft von Personen rückblikkend berichtet, die einer akuten Lebensgefahr ausgesetzt waren. Bei meiner Patientin jedoch, für die die Erde zusammenschrumpfte, wie auch bei anderen Patienten, mit denen ich gearbeitet habe, bestand eine solche Vorherrschaft des „räumlichen" über den „zeitlichen" Realitätsanker offensichtlich nicht. Im Laufe meiner Bemühungen darum, besser zu verstehen, wie der menschliche Geist arbeitet und wie verschiedene Realitäten aufgebaut sind, hat die Zeitdimension auch für mich allmählich eine vorherrschende Position angenommen.

Im Bereich der Psychiatrie stellt sich das Thema der Zeit wohl am häufigsten bei der Erhebung des psychischen Befunds. Der Patient wird als mehr oder weniger „zeitlich orientiert" beschrieben. Jeder Kliniker hat Erfahrung mit Patienten, deren Zeitempfinden grundlegend gestört ist, die sich aber verschiedene Techniken angeeignet haben, wie sie die Befunderhebung „überstehen" können, indem sie beispielsweise das aktuelle Datum in der Tageszeitung nachsehen oder andere Patienten fragen. Die Kliniker haben ebenso Mittel und Wege gegen solcherlei „Betrug" gefunden. Die Frage nach der Verbindung zwischen zeitbezogener Information und „bedeutungsvollem" Zeiterleben tritt hierbei unmittelbar in den Vordergrund. Die Begrenztheit der zukunftsbezogenen Zeitperspektive bei depressiven Patienten stellt einen weiteren wichtigen psychiatrischen Bezug zum Thema der Zeit dar. Einschlägige Beiträge aus dem Bereich der Psychoanalyse sind hingegen trotz leichter Besserung in den letzten Jahren ziemlich selten geblieben.

Im Jahre 1971 hatte ich Gelegenheit, an der ersten intensiveren psychoanalytischen Diskussionsrunde zum „Zeiterleben", die während der Jahrestagung der American Psychoanalytic Association in New York stattfand, teilzunehmen. Bei der Einführung in die Diskussion wies Hans Loewald darauf hin, daß

Freud die Beschäftigung mit dem Konzept der Zeit zwar mühevoll und frustrierend gefunden hat, daß jedoch in der Psychoanalyse sowohl als Behandlungsverfahren wie auch als Forschungsmethode und Theoriegebäude auf die Zeit bezogene Konzepte und Phänomene ganz wesentlich sind. Loewald führte zur eminenten Bedeutung solcher zeitbezogener Konzepte in der Psychoanalyse sehr eindrücklich näher aus:

Gedächtnis, Vergessen, Regression, Wiederholung, Voraussicht, Vorstellung, Repräsentanz, der Einfluß der Vergangenheit auf die Gegenwart unseres Denkens, Fühlens und Verhaltens; Belohnungsaufschub, Schlaf-Wach-Rhythmen, Schwankungen und Irregularitäten im Gefühl für verstrichene Zeit; die sogenannte Zeitlosigkeit des Es; Maßstäbe, Werte und Ideale als zukunftsbezogene Kategorien; Konzeptbildungen wie Objektkonstanz und Selbstidentität: all dies steht im Mittelpunkt unserer Arbeit. Hinzu kommt die Berücksichtigung der Zeit innerhalb des psychoanalytischen Prozesses, etwa bei Terminvereinbarungen und bei der Beendigung der Sitzungen. Darüber hinaus ist die Psychoanalyse undenkbar ohne die Theorien von Evolution und Ontogenese der psychischen Entwicklung. (...) Fixierungen, Verzögerungen, Umwege, Hemmungen und Entwicklungssprünge sind wesentliche Faktoren in der Ausformung des Seelenlebens und seiner Störungen. Emotionales Nacharbeiten in der Gegenwart im Hinblick auf die Entwicklungsfaktoren führt zur harmonischeren, weniger gestörten Persönlichkeitsintegration und somit zur angemesseneren Bewältigung der Aufgabenstellungen in Gegenwart und Zukunft. (...)

Wie wird Zeit — objektiv mit Uhren als Zeitdauer gemessen —subjektiv erlebt? Welche Verzerrungen der objektiven Weltzeit können wir beobachten und wie können wir sie verstehen und erklären? Phänomene wie *Déjà-vu,* Deckerinnerungen, Amnesien und Zeitraffungen in Träumen und Phantasien gehören zum Thema des Zeiterlebens mit seinen mannigfaltigen Variationsmöglichkeiten. (...) Symbolische Bedeutungen der Zeit spielen im Seelenleben eine wichtige Rolle; wie vertragen sich solche Bedeutungszuweisungen mit der Entwicklung des Verständnisses von Zeit als Dauer und Aufeinanderfolge von Ereignissen im physikalischen Zeitraum? Was bestimmt die Entstehung eines solchen Zeitkonzepts in sekundärprozeßhaften Vorstellungen? (...) Zeit kann auch vor dem Hintergrund der wechselseitigen Bezogenheit von Vergangenheit, Gegenwart und Zukunft als aktive Äußerungsformen des Seelenlebens angeschaut werden. In unserer psychoanalytischen Arbeit beobachten wir das Wechselspiel dieser drei Zeitformen des Seelenlebens vor allem in Gestalt der Übertragung sowie in den Auswirkungen des bewußten und unbewußten Erinnerns und Vorwegnehmens auf das gegenwärtige Erleben (aus dem Tagungsbericht von Kafka 1972, S. 650f.).

Im folgenden kommen 4 klinische Themen, die mit dem Thema der Zeit eng verbunden sind, mehr oder weniger ausführlich zur Diskussion: 1. Grobe zeitliche Desorientiertheit; 2. Gesprächssteuerung; 3. Psychoanalytische Umstrukturierung früherer Erfahrungen; 4. Zeitperspektive.

1. Grobe zeitliche Desorientiertheit

In der psychiatrischen Literatur wird das Problem grober zeitlicher Desorientiertheiten ausführlich dargestellt und diskutiert. Wir alle sind mit bestimmten zeitlichen Desorientierungen in unserem Alltagsleben ausreichend vertraut, so daß wir manche Erscheinungen bei schweren Desorientierungen leicht nachvollziehen können. Im Schlaf bleibt uns gewöhnlich eine gewisse zeitliche Orientierung erhalten; in der Narkose jedoch hat der „Zeitausfall" eine stärker desorientierende Wirkung. Die mutigen frühen Untersuchungen von Boring (1933) zur zeitlichen Orientierung verdienen in diesem Zusammenhang besonders hervorgehoben zu werden. In dieser Untersuchung wurden Bauern aus einer ruhigen ländlichen Gegend aus dem Schlaf gerissen und daraufhin befragt, wie spät es nach ihrer Vermutung sei und welche Hinweisreize sie für ihre Zeitschätzung verwendet hätten. Die Wahrnehmung der Harnblasenfüllung und -dehnung stellte sich hierbei als einer der wichtigsten Hinweisreize heraus. Diesem Untersuchungsergebnis konnte Boring entnehmen, daß die auf die Zeitwahrnehmung bezogene Redewendung, „bei Sinnen" zu sein, eine empirisch begründete Wahrheit enthält, und daß die propriozeptive Sinneswahrnehmung von körperlichen Spannungen, Bedürfnissen und Mangelzuständen hierfür offensichtlich eine vorherrschende Rolle spielt.

Daß wir einer zeitlichen Desorientierung tagsüber gewöhnlich nicht ausgesetzt sind, läßt sich der Tatsache entnehmen, daß unsere innere Uhr meistens gut funktioniert. Wenn wir uns beispielsweise am Abend beim Zubettgehen fest vornehmen, morgens zu einer bestimmten Zeit aufzustehen, dann wachen wir oft auch ohne Wecker zur rechten Zeit auf. Ähnlich ist es, wenn wir uns manchmal älter oder jünger fühlen, als wir in Wirklichkeit sind, und dabei doch *wissen,* daß wir uns nur so fühlen. Hierin liegt der entscheidende Unterschied zu manchen desorientierten Patienten, die wie Schauspieler leben müssen insofern, als sie niemals genau wissen, welche Seiten ihres Lebens sie in die Rolle, die sie spielen sollen, einbeziehen müssen. Sie erinnern an Billy Pilgrim, die Hauptfigur des Romans *Schlachthof 5* von Kurt Vonnegut (1972, S. 27):

> Hört:
>
> Billy Pilgrim hatte sich von der Zeit losgelöst.
>
> Billy ist als ein seniler Witwer schlafen gegangen und an seinem Hochzeitstag erwacht. Er ist 1955 durch eine Tür geschritten und 1941 durch eine andere herausgekommen. Er ist durch diese Tür zurückgegangen, um sich im Jahre 1963 wiederzufinden. Er habe viele Male seine Geburt und seinen Tod gesehen, sagt er, und stattet allen dazwischen liegenden Ereignissen aufs Geratewohl Besuche ab. So sagt er.
>
> Billy ist spastisch in bezug auf die Zeit, hat keine Kontrolle darüber, wohin er als nächstes geht, und die Ausflüge sind nicht notgedrungen lustig. Er ist in einem ständigen Zustand von Lampenfieber, sagt er, weil er nicht weiß, welche Rolle seines Lebens er als nächste wird spielen müssen.

Die Bezeichnung *Schauspieler* ist besonders treffend, weil manche Patienten ihre Rolle ziemlich gut zu spielen lernen. Viele Patienten finden heraus, wie sie sich verhalten müssen, damit sie weniger verwirrt wirken, als sie in Wirklichkeit sind. Das zwischenendurch immer wieder aufscheinende Wissen um ihre Verwirrtheit führt zu geschickten Abwehrmanövern. Die einzige Möglichkeit, wie Patienten dem Psychiater gegenüber einen Vorsprung erreichen können, ist die Nutzung des Umstands, daß sie manchmal besser wissen als er, wann sie „ausgerastet" sind. Ich greife jetzt aber meinen weiteren Überlegungen voraus, Überlegungen, die mit der Auffassung zusammenhängen, daß die Bewegungen in die Psychose hinein und aus ihr heraus viel schneller erfolgen, als gemeinhin angenommen wird. Ich möchte vielmehr von den psychotischen Desorientierungen abrücken und nun einen kurzen Blick auf das nichtpsychotische Alltagsleben werfen.

2. Gesprächssteuerung

Beim wechselseitigen Hin und Her üblicher Unterhaltungen wird die zeitliche Abstimmung von Rede und Gestik im wesentlichen durch die Beachtung von Hörersignalen durch den jeweiligen Sprecher sowie durch das komplexe Netzwerk gegenseitiger Erwartungen bestimmt. Je besser ich meinen Gesprächspartner kenne, desto genauer kann ich seine Stimmung und sein Interesse an einem bestimmten Thema einschätzen, ebenso wie die von ihm bevorzugte Intensität und Komplexität der Unterhaltung und die vielen weiteren Faktoren, die nicht nur den Kommunikationsinhalt, sondern auch das Tempo und Tempoveränderungen meines Kommunizierens mitbestimmen. Das Gespräch wird durch verbale und nonverbale Rückmeldungen in der Regel fortlaufend gesteuert. Bestimmte Muster der Unvorhersagbarkeit können sich desorientierend auswirken (Kafka 1957 b); auch das Schweigen des Analytikers und das unvorhersagbare Brechen des Schweigens durch ihn kann zur leichten Desorientierung beitragen, in der sich dann zeitliche Umstrukturierungen vollziehen.

3. Psychoanalytische Umstrukturierung früherer Erfahrungen

Die Tatsache, daß der Psychoanalytiker die Umstrukturierung früherer Erfahrungen in der Gegenwart beobachtet, verdient hier in den Mittelpunkt gerückt zu werden. Der Psychoanalytiker ist in diesem Zusammenhang vornehmlich an den Auswirkungen solcher Umstrukturierungen auf das Zeiterleben und auf die Zeitperspektive interessiert sowie — umgekehrt — an den Rückwirkungen von Änderungen im Zeiterleben und in der Zeitperspektive auf Einzelheiten der Umstrukturierungen. Zu diesem klinischen Themenbereich liegen einige interessante experimentelle Untersuchungsergebnisse vor.

In einer umfassenden Untersuchung weist Ornstein (1969) einen rückwirkenden Einfluß von neuer Information auf die Schätzung einer zurückliegenden Zeitdauer nach. Das Vorgehen bei der Untersuchung sei wie folgt skizziert: In der einen experimentellen Gruppe lernten die Versuchspersonen eine Reihe von Zahlen, die wie zufällig angeordnet aussahen, und wurden anschließend gebeten abzuschätzen, wie lange sie für das Erlernen der Zahlenreihen benötigt haben. Die Versuchspersonen der anderen Gruppe lernten dieselbe Zahlenreihe und erhielten sodann einen Code, mit dem sich die nur scheinbar zufällig angeordneten Zahlen in eine sinnvolle Abfolge bringen ließen; erst dann wurden die Versuchspersonen um die Abschätzung der für das Erlernen der Zahlen benötigten Zeitdauer gebeten. Diejenigen Versuchspersonen, denen der Code mitgeteilt worden war und die für das Erlernen der Zahlenreihe genau so lange gebraucht hatten wie die anderen, hielten die benötigte Zeitdauer für kürzer als jene Versuchspersonen, die die zusätzliche Information, die ihnen die Umstrukturierung — Umkodierung — ihres Erlebens rückwirkend erlaubt hätte, nicht erhalten haben. Es ist eine gesicherte Erfahrung, daß geordnete Zahlenreihen schneller gelernt werden als Zufallszahlen. Versuchspersonen, denen der Code für die Umwandlung der scheinbaren Zufallszahlen in eine geordnete Abfolge mitgeteilt wurde, schätzten also die für das Lernen benötigte Zeitdauer so ein, als ob sie den ordnenden Code schon zur Zeit des Lernens gekannt hätten. Die neue Information hat also tatsächlich die Einschätzung der zurückliegenden Zeitdauer im nachhinein beeinflußt.

Vor einigen Jahren untersuchte ich experimentell die Frage, wie Versuchspersonen in einem völlig dunklen Raum die Dauer von Zeitintervallen unter verschiedenen Bedingungen einschätzen (Kafka 1957 a): Zeitintervalle, in denen die Versuchspersonen nur das autokinetische Phänomen beobachten konnten, wechselten mit Intervallen völliger Dunkelheit ab. Im nachhinein wurden die Versuchspersonen aufgefordert, die Dauer der jeweiligen Zeitintervalle rückblickend einzuschätzen. Ihre Antworten wurden auf Tonband protokolliert. Von den meisten Versuchspersonen wurde zuerst ein bestimmtes Zeitintervall (beispielsweise „als ich zum zweitenmal in dem dunklen Raum war") ausgewählt und eingeschätzt, das im weiteren als Bezugsgröße, als Ankerreiz diente, mit dem die anderen Zeitintervalle verglichen wurden, beispielsweise „ein bißchen länger" oder „nur halb so lang" oder „um ein Drittel kürzer". Es zeichnete sich tendenziell ab, daß die Auswahl des Bezugsintervalls mit klinisch unterscheidbaren Stimmungs- und Gefühlszuständen zusammenhängt; so wurden in depressiv getönten Gefühlszuständen bevorzugt „Dunkelintervalle" als Bezugsgröße ausgewählt; dieses tendenzielle Ergebnis müßte in einer prädiktiven Untersuchung allerdings noch weiter bestätigt werden. Die Struktur der Zeitschätzungen läßt jedenfalls erkennen, daß diejenigen Versuchspersonen, die zum Überschätzen der Zeitdauer neigen und ein „dunkles" Bezugsintervall ausgewählt haben, bei der Einschätzung der „Lichtintervalle" größere „Korrekturen" vornehmen. Was bedeutet dies nun? Die Versuchspersonen bemühen sich, die Zeitdauer der Intervalle genau einzuschätzen, wobei ein „Dunkelintervall" als Bezugsgröße vermutlich deshalb gewählt wird, weil die Versuchspersonen glauben, daß sich dieses Intervall genauer einschätzen läßt als die anderen. Die Dauer der „Dunkelintervalle" wird im allgemeinen oft überschätzt, was auch in diesem Experiment der Fall ist. Indem die Versuchspersonen bei der Einschätzung der „Lichtintervalle" eine größere „Korrektur" vornehmen, verhalten sie sich so, als ob sie wüßten, daß sie das „Dunkelintervall" überschätzt haben; offensichtlich wird hierbei eine Form der Selbstbeobachtung wirksam, die unterhalb der Bewußtseinsschwelle liegt, denn die bewußte Entscheidung, das „Dunkelintervall" als Bezugsgröße zu wählen, geht ja auf die Meinung zurück, daß sich dieses „Dunkelintervall" noch am genauesten einschätzen lasse. Ein solches Bemühen um den Ausgleich von entgegengesetztem und unterschiedlich gekörntem Zeiterleben kann sowohl in einer solchen experimentellen Versuchsanordnung als auch in der klinischen Arbeit beobachtet und erforscht werden. (Den Begriff „Körnung" benutze ich hier in ähnlicher Weise, wie er zur Beschreibung der lichtempfindlichen Schicht bei fotografischen Filmen verwendet wird; die je unterschiedliche Dauer des „Jetzt" entspricht vielleicht dem zeitlichen Abstand zwischen den einzelnen Augenblicken der Selbstwahrnehmung.)

Im Hinblick auf die psychoanalytische Situation gehören zum Thema der Zeit folgende Aspekte:

1) Die Analysestunde bedeutet für den Patienten ein fortgesetztes Abschalten (von der Arbeit, von seinen üblichen Unternehmungen, von der für ihn üblichen Art sich zu benehmen und sich zu unterhalten), für den Analytiker hingegen ein fortgesetztes und ihm vertrautes Einschalten.
2) Der Analytiker zieht erheblich mehr als der Patient in Betracht, daß die Kontinuität des Gesprächs (wie auch des Erlebens) Bedeutungsimplikationen haben kann, die über diese Kontinuität als solche hinausgehen.
3) Der Analytiker geht mehr als der Patient davon aus, daß der zeitliche Abstand zwischen einzelnen Elementen im Gespräch (wie auch im Erleben) nicht die Möglichkeit einer *bedeutungsvollen* Beziehung zwischen diesen Elementen ausschließt und sogar eine *Abwehr* gegen eine solche Beziehung sein kann.
4) Der Analytiker kann somit sowohl als Verdichter wie auch als Ausdehner von Zeit bezeichnet werden.
5) Eine zeitliche Abfolge kann vor dem Hintergrund von Klarifikationen und Deutungen derart übersetzt werden, daß sie eine spezifische Bedeutung erhält. Aufeinanderfolgende Traumgeschichten beispielsweise können in folgende präpositionale Sätze übertragen werden: Traumszene A, gefolgt von Traumszene B, führt hiernach zu folgender Formulierung: „*Wenn* A, dann folgt B".
6) Der Analytiker, ein „Verdichter" und „Ausdehner" von Zeit, der die zeitliche Abfolge mit unüblichen Bedeutungen versieht und strikt auf den Anfang und das Ende der Sitzungen achtet, dennoch in einer anderen zeitlichen Welt zu leben scheint, mit der er „liederlich" umgeht: all dies mag beim Patienten den Eindruck entstehen lassen, daß die Zeit vom Analytiker in sehr eigentümlicher Weise gehandhabt wird.
7) Der Patient, der diese eigentümliche zeitverdichtende und -ausdehnende Betrachtungsweise für die Erweiterung von Einsicht sinnvoll und ergiebig findet, wird dies — über identifikatorische oder andere Mechanismen oder auch über kognitive Prozesse — auch für die Betrachtung des eigenen Zeiterlebens zu nutzen lernen.
8) Somit kann das Schauspiel der Umstrukturierung bzw. (in der Sprache der Informationsverarbeitung) Umkodierung des Zeiterlebens beginnen.

Trotz der Verwendung des Begriffs *Kodierung* geht es in dem folgenden kurzen klinischen Beispiel mehr um das „Zeitgefühl" als um eine subjektiv gefaßte „Zeitvorstellung" (mit dem Vorherrschen kognitiver Konnotationen) — in Analogie zur Unterscheidung zwischen dem „Körper-Ich-Gefühl" bei Federn (1956) und dem „Körperbild" bei Schilder (1935). Indem der Analytiker sorgfältig auf das sich verändernde Erleben von zeitlichen Abläufen beim Patienten achtet, erfährt die klinische Arbeit wegen der sehr engen Verbundenheit von subjektivem Zeiterleben und affektiven Prozessen weiterführende Impulse.

Herr Brown, ein gebildeter, freiberuflich arbeitender Mann, der bei Adoptiveltern aufgewachsen ist, lebte während seiner Analyse abwechselnd bei seiner Ehefrau und bei seiner Geliebten. Als er längere Zeit schon wieder mit seiner Frau zusammenlebte, brachte er seinen Eindruck zur Sprache, daß er in der

Analyse jetzt gute Fortschritte machte; er redete aber auch ausführlich davon, wie schwer es ihm fiele, sich im Rückblick auf den letzten längeren Zeitabschnitt mit seiner Geliebten, der vor knapp 2 Jahren zu Ende gegangen war, „seiner selbst gewahr" zu werden. Nachdem ihn der Analytiker darauf hingewiesen hatte, daß er in der damaligen Zeit von einer Sitzung zur nächsten stärker und unterschiedlicher verändert erschien als jetzt, fing der Patient an, sein Gefühl näher zu beschreiben, daß die Phasen des Zusammenlebens mit seiner Geliebten eine andere Zeitstruktur für ihn hatten als die Phasen bei seiner Ehefrau und seinen Kindern. Obwohl er Personen, Situationen und Gefühle durchaus differenziert beschreiben konnte, stand im Mittelpunkt seines Erlebens das intensive Ringen um Nachempfinden und Reintegration seiner „Aus-Zeiten" und seiner unterbrochenen zeitlichen Kontinuität im Erleben sowie das Bemühen, sowohl in den stetigeren Zeiten wie auch in den eher sprunghaften Zeiten von raschen Stimmungsänderungen sich im Rückblick seiner „gewahr" zu sein. Er dachte über eine mögliche Beendigung der Analyse nach und sprach von seinen dann zu erwartenden heiteren und nostalgischen Gefühlen. Dann brachte er sein Vorhaben zur Sprache, sich bei seinen Adoptiveltern zu erkundigen, wer seine leiblichen Eltern wären, wobei er seine Vermutung äußerte, daß seine Adoptiveltern dies wüßten. Dann kamen lebensgeschichtliche Einzelheiten seiner Adoptiveltern, die er bislang noch nicht erwähnt hatte, ebenso wie Phantasien über seine leiblichen Eltern hervor; er äußerte die Überlegung, daß es zwischen manchen Eigenschaften seiner Geliebten und seinen phantasierten Eltern eine Verbindung geben könnte. Im Zusammenhang mit der Angst, was denn alles beim Nachforschen über seine Herkunft zum Vorschein kommen könnte und wie er auf diese Entdeckungen reagieren würde, verbunden mit seinen zukunftsbezogenen Plänen, Vorstellungen und Ängsten berichtete er in der nächsten Sitzung einen Traum, in dem er sich in einem Eckzimmer aufhielt, von dem aus man in 2 Richtungen blicken konnte.

Eine je unterschiedliche Verknüpfung von Ereignissen und Gefühlen (in gewissem Sinne ist dies auch eine neue Information, durch die die in der Psychoanalyse erinnerten Begebenheiten hinsichtlich ihrer zeitlichen Dimension nachträglich beeinflußt werden können) gestattet eine Umorganisation und Umdeutung des Zeitgefühls. Jene Experimente, in denen der Einfluß von neuer Information auf das Zeiterleben untersucht wird, lassen sich als analog zu dieser Seite der klinischen Entwicklung ansehen. Als bildliche Darstellung dieses Prozesses stelle ich mir einen Stab vor, der in mehrere Flüssigkeitsschichten hineinragt und dadurch unterschiedlich gebrochen erscheint; die psychoanalytische Umstrukturierung funktioniert nun so, als ob sie diese Schichten aufrührt und vermischt, so daß der Stab nun weniger gebrochen (und in seiner geraden Linie weniger unterbrochen) erscheint. Auf diese Weise kann die Psychotherapie das Kontinuitätsgefühl des Patienten verstärken und gleichzeitig die Erweiterung seiner zeitlichen Perspektive fördern.

4. Zeitperspektive

Mit dem Problem der zeitlichen Perspektive in beruflicher Hinsicht habe ich mich im Zusammenhang mit der klinischen Verwendung von autobiographischen Projektionen in die Zukunft (zukunftsbezogene Autobiographie) beschäftigt (Kafka u. Bolgar 1949). Wir verwendeten ein Untersuchungsverfahren von Israeli (1936) und wandelten es derart ab, daß es sich als projektives Testverfahren für Psychiatriepatienten eignete, die bereits so viele Testuntersuchungen mitgemacht hatten, daß die Validität von weiteren konventionellen Testdurchführungen bezweifelt werden mußte. Zur Erhebung des klinisch-psychischen Befunds forderten wir solche testerfahrenen und testmüden Personen auf, sich ihre Zukunft gemäß folgender Instruktion vorzustellen: „Versetzen Sie sich in einen Tag im Jahre 19.. (in 5 Jahren) und beschreiben Sie Ihren Tagesablauf."

Nach Erledigung dieser Aufgabe forderten wir unsere Patienten auf, sich noch einmal in diesen vorgestellten Tag hineinzuversetzen und von diesem zukünftigen Zeitpunkt aus rückblickend die wichtigsten Ereignisse ihres Lebens anzugeben. Mit diesem zweiten Schritt sollte untersucht werden, ob in einem solchen Rückblick eine Kontinuität von der vorgestellten Zukunft bis zur tatsächlichen Gegenwart besteht. In meiner Brechungsmetapher kann man sich anschaulich vorstellen, wie der Stab in die verschiedenen Flüssigkeitsschichten, die Zukunft, Gegenwart und Vergangenheit darstellen, hineinragt. Wenn die verschiedenen Flüssigkeitsschichten unterschiedliche Brechungseigenschaften aufweisen und nicht vermischt sind, dann wird der Stab mehrfach geknickt erscheinen; bei einer gründlichen Durchmischung der verschiedenen Flüssigkeitsschichten hingegen wird der Stab gerade erscheinen. Wenn affektive Umstände die *Realitätsprüfung* hinsichtlich der Vorstellung von der Zukunft, der gegenwärtigen Erfahrung und der Erinnerungen an Vergangenes in je unterschiedlicher Weise mitgestalten, dann werden die „Brechungen" eben hierdurch sichtbar. Bei dem oben skizzierten Vorgehen werden also die in dem ersten Schritt gewonnenen Informationen durch den zweiten Schritt ergänzt.

Bei der Durchführung des Testverfahrens der zukunftsbezogenen Autobiographie (ZA) saßen wir den Patienten gegenüber und legten ihnen beide Instruktionen mit der ausdrücklichen Aufforderung vor, spontan und rasch zu antworten; diese Untersuchungsbedingungen lassen natürlich zunächst Wünsche und/oder Befürchtungen in den Vordergrund treten. Die Lenkung der Aufmerksamkeit darauf, was an den geäußerten Vorstellungen realistischerweise möglich oder wahrscheinlich ist, war manchen Patienten unmöglich; anderen fiel es mehr oder weniger schwer; die Schwierigkeiten schwankten auch je nach Lebensbereich — beispielsweise in Beruf, Ehe, Kindererziehung. Die Auswertung der ZA nahmen wir im wesentlichen nach den folgenden 3 Kriterien vor:

a) Wie stark ist die Zukunft strukturiert?
b) Wie stark werden reale Begleitumstände berücksichtigt?

c) Worin liegt die zentrale inhaltliche Aussage und welches sind auffällige Hervorhebungen und/oder Auslassungen in der ZA?

Über das Kriterium a) erhält man Aufschluß anhand der Schwierigkeiten, die die Versuchsperson bei der Erfüllung der Aufgabe hat. Das Ausmaß und die Art der Schwierigkeit spiegelt sich in der Produktivität der Versuchsperson wider, in der inhaltlichen Fülle, in eventuellen Bemerkungen über die Aufgabenstellung, in einem Zögern, Erröten oder Schwitzen und manchmal auch in auffälligen inhaltlichen Unterschieden zwischen den beiden ZA-Formen.

Gelegentlich erscheint es einer Versuchsperson als unmöglich, sich eine Vorstellung von der Zukunft zu machen. Ein schwer depressiver Patient beispielsweise hat die Instruktion wiederholt mißverstanden und Begebenheiten aus den zurückliegenden 5 Jahren aufgeschrieben, anstatt sich instruktionsgemäß die kommenden 5 Jahre vorzustellen. Im allgemeinen konnten wir die oft berichtete Beobachtung bestätigen, daß die Einstellung auf die Zukunft depressiven Menschen besonders schwer fällt. Bei Patienten mit erst kürzlich erfolgten traumatischen Erfahrungen fiel uns eine Einengung des zeitlichen Erlebnisraums auf, und zwar sowohl hinsichtlich vergangenen wie zukünftigen Erlebens.

Für das Auswertungskriterium b) (Berücksichtigung von realen Begleitumständen) wird die klinische Betrachtung der ZA unter Berücksichtigung aller weiterer Informationen über die Versuchsperson einbezogen. Wenn sich beispielsweise eine erwachsene Versuchsperson mit bescheidenem Ausbildungshintergrund und eher mäßiger intellektueller Begabung ausmalte, sich in 5 Jahren mit Hirnchirurgie zu beschäftigen, dann meinten wir zu Recht von einer gewissen Mißachtung realer Begleitumstände sprechen zu können.

Die inhaltsanalytische Auswertung (Kriterium c) unterscheidet sich nicht wesentlich von dem Vorgehen bei der Inhaltsanalyse von anderem projektiven Material. Es wurde besonders auf die Ausgewogenheit der geschilderten Einzelheiten bezüglich des zukünftigen Lebens der Versuchsperson geachtet. So hat beispielsweise eine alleinstehende junge Frau eine sehr genaue Beschreibung von Verhaltenseigentümlichkeiten, Gesicht, Stimme und Haarfarbe ihres zukünftigen Sohnes gegeben. Ein Ehemann hingegen wurde nur ein einziges Mal in der folgenden Bemerkung erwähnt: „Mein Mann ist schon im Badezimmer; ich mache Frühstück und achte gleichzeitig darauf, was mein Sohn schon am frühen Morgen für Entdeckungen macht, und ich kümmere mich darum, daß er für den Kindergarten richtig angezogen ist.“

In den meisten ZA-Darstellungen bleiben die erwähnten Personen anonym; in manchen Schilderungen hingegen, die reich an Einzelheiten und an realen Personen sind, kann man interessanterweise beobachten, auf welche Weise die Versuchspersonen der inneren Auseinandersetzung mit jenen lebendigen Menschen und mit manchen ihrer Probleme aus dem Wege gehen. Die Verlagerung der Aufmerksamkeitszentrierung ist hierbei ein besonders subtil und flexibel gehandhabtes Hilfsmittel. Es hat dabei den Anschein, als ob unstrukturierte, verworrene Bereiche, Löcher oder leere Gesichter in der ansonsten gut durchstrukturierten Zukunft der Versuchspersonen offen geblieben wären.

Murray (1938) hat die Beziehung zwischen „übergreifender Zweckgerichtetheit“ und Konfliktlösung herausgearbeitet. Je weniger Konfliktlösungen erreicht sind, desto weniger kann eine Synthese und schöpferische Integriertheit in der zukunftsbezogenen Autobiographie gelingen. Bei solchen Aufgabenstellungen kann demnach erwartet werden, daß die am wenigsten integrierten Bereiche oder „Thematiken“ (wie Murray sie genannt hat), bei denen also eine übergreifende Zweckgerichtetheit weitgehend fehlt, mit ungelösten Konflikten verbunden sind. Bei unseren Untersuchungen anhand der ZA weisen besonders Angst und Vermeidung, aber auch übertrieben optimistische Aussagen auf solche ungelösten Konflikte hin, besonders dann, wenn die Versuchsperson den Optimismus nicht begründen kann. Wenn eine Versuchsperson in der ZA beschreibt, wie außerordentlich zufrieden sie in 5 Jahren bezüglich eines bestimmten Lebensbereichs (z. B. im Arbeitsbereich) sein wird, ohne dafür nähere Einzelheiten zu nennen, dann deutet dies nach unseren Erfahrungen regelmäßig darauf hin, daß dieser Lebensbereich für die Versuchsperson gegenwärtig sehr problembehaftet ist.

Der oben erwähnte Patient mit Depressionen, der die Instruktion wiederholt falsch verstanden hat, hat schließlich geschrieben: „Ich habe das Gefühl, daß alles gut geht und daß ich aus meinem Leben etwas gemacht habe. Ich mag diese neue Situation.“ Er war aber nicht in der Lage anzugeben, wie die neue Situation aussehen könnte, und er konnte nur ergänzen: „Ich trage übliche Freizeitkleidung, also keine Arbeitssachen, und ich bin nicht total erschöpft.“ Später fügte er spontan hinzu: „Ich habe Angst, daß ich dann meinen Lebensunterhalt nicht verdienen kann. In fünf Jahren geht es mir zehnmal so schlecht wie jetzt.“

Unsere Beobachtungen führten uns zu den 2 folgenden allgemeinen Hypothesen:

a) Die Initialreaktion auf die Aufforderung, sich eine ZA auszudenken, ist stark affektiv getönt und beinhaltet entweder Hoffnung oder Entsetzen.
b) Die Geschwindigkeit, mit der die Einstellung auf eine angemessen realistische Beschreibung der Zukunft gelingt, hängt mindestens von 3 Faktoren ab: 1. Vorhandensein von wichtigen Bereichen mit gelungenen Konfliktlösungen; 2. Verfügbarkeit von rasch einsetzenden, wirksamen Abwehrbildungen; und 3. Intelligenz der Versuchsperson.

Schließlich haben wir in unserer Untersuchung die zukunftsbezogenen Autobiographien von Ehepartnern verglichen. Obwohl wir diesen Gesichtspunkt nicht systematisch verfolgt haben, wurde doch rasch deutlich, daß ein solcher Ansatz konflikthafte Bereiche wie auch Bereiche übereinstimmender Erwartungen in partnerschaftlichen Beziehungen ganz klar offenlegen kann. Dieser Untersuchungsansatz hat ebenso deutlich Unterschiede und Ähnlichkeiten zwischen den Ehepartnern hinsichtlich ihrer Realitätsprüfung erkennen lassen.

Obwohl sich diese Betrachtung der partnerschaftlichen Dyade speziell auf die Zukunftsperspektive bezieht, können sich daraus auch wertvolle Hinweise für viele andere zeitbezogene Themenstellungen ergeben, die ebenso in der psychotherapeutischen oder psychoanalytischen Dyade ausnehmend wichtig sind. Hierzu gehören die Auswirkungen des Übertragungsgeschehens z. B. auf die Einhaltung von Terminvereinbarungen, auf Prozesse der Gesprächssteuerung zwischen Therapeut und Patient sowie auf die kommunikativen Unklarheiten, die dann auftreten, wenn eine analytische Sitzung dem Analytiker endlos lang und dem Patienten gleichzeitig viel zu kurz vorkommt oder umgekehrt. Wenn es jedoch auf die Beendigung der Therapie zugeht, dann ist nicht allein der Analysand sich seines eigenen Spielraums hinsichtlich der Körnung der bestehenden Zeitstruktur bewußt, sondern Analytiker und Analysand verfügen ebenso über ein gemeinsames, zwischen ihnen fein abgestimmtes Verständnis für eine solche Körnung und Zeitperspektive sowie dafür, wie die zeitliche Struktur auch in der einzelnen Sitzung gleichsam komprimiert erfahren werden kann. Jaffe (1971) hat detailliert beschrieben, wie eine Patientin eine von ihm im Laufe einer Deutungsserie vorgenommene Rekonstruktion wahrgenommen hat — letztendlich ging es darum, daß sich der Analytiker schon mit der Beendigung der Therapie beschäftigt hat, was sich die Patientin dagegen noch nicht recht zutrauen mochte.

Durch die dem einzelnen eigene Körnung der Zeitstruktur mit den jeweils spezifischen Muster- und Texturmerkmalen wird in zumindest einer Hinsicht festgelegt, wie die Erfahrungen in Objektkonstanzen einmünden. Je mehr der Analytiker also die verschiedenen Körnungsmöglichkeiten im Zeiterleben eines Patienten berücksichtigt, desto mehr wird er auch auf dessen verschiedenartige, multiple Wirklichkeiten eingehen können (Kafka 1964). Das fortgesetzte Bemühen um gemeinsame Rhythmen in der Strukturierung des Zeiterlebens verhilft dem Patienten dazu, innerhalb solcher gemeinsamen Rhythmen und Wirklichkeiten seinen eigenen Spielraum zu erkunden und weiterzuentwickeln. Oft läßt sich in diesem Zusammenhang auch eine Übereinstimmung zwischen Analytiker und Patient hinsichtlich der Zukunftsperspektiven, wenigstens aber hinsichtlich der zukünftigen *Möglichkeiten* des Patienten erzielen.

Somit können Kliniker und Forscher bei der Untersuchung des Zeiterlebens die Entdeckung machen, daß sich ihre Ergebnisse auch in der Welt des jeweils anderen anwenden lassen. Sobald weitere theoretische, experimentelle und klinische Gesichtspunkte des umfassenden Konzepts von *multiplen Realitäten* im nächsten Kapitel näher herausgearbeitet sind, werde ich das Teilkonzept der *zeitlichen Strukturiertheit von Wirklichkeit* detailliert entwickeln.

2 Denken und die konstanten Objekte – die Doppelbindung auf den Kopf gestellt

Im Alltagsgebrauch verhalten sich die Menschen so, als gäbe es eine von allen geteilte, allgemeingültige Wirklichkeit. Gleichzeitig sind wir uns aber bewußt, daß verschiedene Menschen die Wirklichkeit unterschiedlich wahrnehmen und daß unsere eigene Realitätswahrnehmung abhängig ist von zeitlichen Entwicklungen und von wechselnden Bedürfnissen und Umgebungen. Die moderne Physik ging in dieser Erkenntnis noch weiter und zeigte, daß die Vorstellung einer allgemeingültigen Wirklichkeit als Erklärungsansatz für die „Wirklichkeiten", mit denen sich die Quanten- und Wellentheorie beschäftigt, nicht genügt. Im Feld der Psychiatrie und Psychoanalyse wirkt sich die Auffassung, es gäbe eine allgemeingültige Realität, dermaßen einschränkend aus, daß sich die Therapeuten mit den Problemen intensiv auseinandersetzen müssen, die daraus resultieren, daß mehrere Wirklichkeiten aus ganz unterschiedlichen Richtungen aufeinandertreffen. Obwohl ich mehr auf die praktischen klinischen und behandlungstechnischen Anwendungen meines Konzepts der multiplen Wirklichkeiten eingehen werde, dürfen die formalen, logischen Betrachtungen nicht außer acht gelassen werden.

Die psychologische Wirklichkeit des psychiatrischen Patienten besteht zu jedem Zeitpunkt aus einem besonderen Organisationsmuster von Reizen. Diese Muster sind ständig im Fluß. Dennoch verwenden Psychiater und Psychoanalytiker ein Konzept der „Realitätsprüfung", in dem „Wirklichkeit" die allgemeingültige Wirklichkeit stabiler Objekte ist, nämlich die Wirklichkeit von Objekten und Menschen mit einem beträchtlichen Maß an unerschütterlicher Identität. Obwohl diese Identität ein Grundstein des gesunden Menschenverstandes ist, sind Psychiater ständig mit dem Problem konfrontiert, wie sie die nicht so klare Identität ihrer Patienten mit ihrem gesunden Menschenverstand begreifen sollen.

Wenn wir uns mit diesem Problem beschäftigen, sollten wir zwischen den Begriffen *Begreifen* bzw. *Erfassen* und *Verstehen* unterscheiden. Wir können vielleicht lernen, die Wurzel aus einer negativen Zahl zu verwenden, aber kaum einer wird diese Zahl erfassen können.[1] Etwas zu begreifen oder zu erfas-

[1] Selbst die Wissenschaft entwickelt sich nach meiner Meinung vom Verstehen hin zum Begreifen bzw. Erfassen; theoretisch abgeleitete Formeln finden oft bald praktische Anwendungen. Klinisch kann man beobachten, wie sehr sich manche schizophrene Patienten für neue wissenschaftliche Entwicklungen interessieren. Beispielsweise ziehen manche paranoide Patienten, die sich oft aus größerer Entfernung beobachtet fühlen, die Erfindungen des Fernsehens als Beweis dafür heran, daß sie doch nicht völlig verrückt sind. Ich glaube auch, daß sich durch jede neue wissenschaftliche Entdekkung bei manchen Patienten die Hoffnung verstärkt, ihre „umfassendere Wirklichkeit" werde schließlich doch noch Würdigung und Anerkennung finden.

sen bedeutet, daß es ein Teil unserer Erfahrung und Denkstruktur wird. Dies bedeutet, daß wir es zwar sinnlich erfassen, daß diese Erfahrung aber nicht die Gesamtheit unserer Denkstruktur ist. Wir müssen diese Erfahrung mit Hilfe von etwas begreifen, das dem zu erfassenden Objekt übergeordnet ist. Um die Identitätsprobleme im Bereich der Psychiatrie — die Identität des Selbst, die Identität anderer Personen und die Identität von Objekten — zu begreifen bzw. zu erfassen, müssen wir ein begriffliches Hilfsmittel anwenden, das weiter gefaßt ist als das Konzept der Identität. Selbst für die Beschreibung einer Realität, die auf einer gewissen Konstanz beruht, benötigen wir ein Konzept, das Identität nicht als solche voraussetzt.

Artiss (1962, S. 140) und Arieti (1963) gehören zu den Autoren, die sich mit diesem Problem auseinandergesetzt haben. Artiss führt näher aus, daß das Kind seinen Eltern erlaubt, ihm Wirklichkeit zu definieren, indem es ihnen das Vorrecht zugesteht, ihm einen Namen zu geben. Um sein Konzept („Vorrecht der Namensgebung") vorzustellen, benutzt Artiss als Hilfsmittel zur Erklärung eine fiktive Auseinandersetzung zwischen Eltern und Kind. Das Kind hinterfragt die Berechtigung der Eltern, ihm einen Namen zu geben. Sobald das Kind den Eltern das Recht abspricht, es Peter zu nennen, könnte es zum Beispiel sagen: „Ich bin Jesus." Dies wäre das „schizophrene Analogon". Obwohl diese fiktive Auseinandersetzung zwischen Eltern und Kind dazu dienen sollte, die Identitätsbildung zu veranschaulichen, wird sie von Artiss als formales Hilfsmittel benutzt, das auf der feststehenden Identität der Worte beruht und somit erst eine Auseinandersetzung ermöglicht. Ein Beispiel aus meiner eigenen klinischen Erfahrung: Mary, eine erwachsene Patientin, die mit dem Recht der Eltern, Kindern einen Namen zu geben, kämpfte, hatte in der Phase des Sprechenlernens eine schwere generalisierte atopische Dermatitis ausgebildet, und diese Erfahrung hatte die Integration der Sprache in die Körpererfahrung erschwert. (Über diese Patientin werde ich weiter unten ausführlicher berichten.) In dem konzeptionellen Rahmen, den ich hier entwickle und der auf klinischen Beispielen basiert, wird eher die Wandelbarkeit der Wahrnehmung als die festgeschriebene Identität des Wortes benutzt.

Bei der Diskussion schizophrener Denkprozesse zitiert Arieti (1963) das Von-Domarus-Prinzip: „Während für einen Gesunden ‚Identität' die Identität der Person bedeutet, kann für Schizophrene ‚Identität' in identischen Eigenschaften liegen." Arieti schreibt:

> Wenn (...) eine schizophrene Frau denkt: „Die Jungfrau Maria war eine Jungfrau, und ich bin auch eine Jungfrau", dann kann sie daraus schließen: „Ich bin die Jungfrau Maria!" (...) Normalerweise versteht man unter einer Klasse die Menge von Objekten, auf die ein bestimmtes Konzept zutrifft. (...) Ursprünglich bedeutet eine Klasse die Menge von Objekten, die durch bestimmte gemeinsame Eigenschaften oder Teile davon gekennzeichnet sind (S. 59).

Arieti übersieht in diesem Zusammenhang, daß das, was Teil und was Ganzes ist, was Subjekt und was Prädikat ist, nicht Grundstein der Erfahrung, sondern selbst Ergebnis von Erfahrung ist. Wenn für einen Patienten eine charakteristische Eigenschaft oder ein *Merkmal* grundlegender, konstanter und „identischer" ist als die Person selbst, dann erlangt dieses Merkmal für ihn *Subjekt-*

qualität: und die Person, die dann nur noch Träger des stabileren Merkmals ist, erlangt *Merkmalsqualität.*

Eine hochintelligente schizophrene Patientin in Remission erzählte mir ein Beispiel hierfür aus ihrer letzten psychotischen Episode. Eine Krankenschwester mit fremdem Akzent und blondem Haar erschien der Patientin, als wäre sie Heidi, die Hauptfigur aus einer Kindergeschichte. Nach vielen Jahren psychoanalytischer Arbeit war die Patientin fähig, mir zu sagen, daß die Heidiähnlichen Merkmale der Person viel wichtiger und verläßlicher für sie waren als die Person selbst, weil sie das Buch *Heidi* so sehr geliebt hatte. Sie spürte, daß zu dieser Zeit weder sie selbst noch irgendjemand sonst eine kontinuierliche Existenz, eine Identität als Person besäße. Doch für sie machte die Vorstellung bzw. das Gefühl des „Wie-Heidi-Seins" die Kontinuität aus. Was ist hier Subjekt, was Prädikat? Solche Überlegungen führten mich dazu, anstelle von „Identitätsgefühl" den technisch nützlicheren Begriff der „subjektiven Äquivalenz für eine bestimmte Zeit" zu verwenden. „Subjektive Äquivalenz" bezieht sich auf die „Methode äquivalenter Stimuli" von Heinrich Klüver (1933).

Klüver stellte fest, daß die Präzisierung der experimentellen Methodik in der vergleichenden Psychologie einen zunehmenden Verlust an psychologischer Signifikanz der Ergebnisse zur Folge hatte. Ein traditioneller Zugang in der vergleichenden Psychologie besteht in der Untersuchung des kleinsten Unterschieds zwischen 2 Stimuli, auf den ein Organismus noch reagieren kann. Was ist z.B. der kleinste Unterschied von Grauschattierungen, den ein Versuchstier gerade noch wahrnehmen kann? Klüver meinte, je mehr die Experimente von „Störfaktoren" bereinigt würden, um so mehr würden sie sich physiologischen Experimenten, letztendlich sogar der biochemischen Untersuchung der Endorgane annähern. Wenn also die Präzisierung der experimentellen Methodik die psychologische Bedeutung der Ergebnisse reduziert, so dachte Klüver, dann wäre es doch sinnvoller, zu untersuchen, wie *groß* die Unterschiede zwischen Stimuli sein müssen, bis Ähnlichkeiten nicht mehr erkannt werden. Nehmen wir an, ein Versuchstier hat gelernt, bei Darbietung eines großen schwarzen Quadrats — im Unterschied zu einem kleinen roten Kreis — auf weißem Hintergrund hochzuspringen und Nahrung zu erwarten. Wird es immer noch hochspringen und das Quadrat wählen, wenn wir dem Tier nun dieselben Figuren auf einem blauen Hintergrund darbieten? Sind die beiden Situationen subjektiv äquivalent? Wir können die Antwort von vorneherein nicht sicher wissen; doch wenn sich die Vermutung experimentell bestätigt, könnten wir die Stimulussituation weiter erschweren, indem wir das Tier mit einem roten Kreis und einem schwarzen Oval anstelle des Quadrats konfrontieren. Auf diese Art können wir die Breite subjektiv äquivalenter Stimuli für das Tier austesten, das ursprünglich gelernt hatte, auf ein großes schwarzes Quadrat vor einem weißen Hintergrund zu reagieren.

Ganz offensichtlich hat dieses Experiment Bezug einerseits zur Überprüfung des formal-logischen Denkens und andererseits zu dem Problem der Objektkonstanz, wie es in der allgemeinen Psychologie benannt wird. Wie ich später zeigen werde, bereichert das Experiment auch das psychoanalytische Verständnis dieses Konzepts. In der allgemeinen Psychologie bezieht sich der Begriff der Objektkonstanz auf das Phänomen, daß z. B. ein Tisch, von verschiedenen Blickwinkeln aus gesehen, für eine normale Person ein und derselbe Tisch bleibt, obwohl unterschiedliche Bildentwürfe auf der Netzhaut entstehen. Subjektive Äquivalenz hängt also von der Identität der Objekte ab. Die Entwürfe der subjektiven Äquivalenz jeder einzelnen Person werden selbstverständlich zu einem großen Teil von emotionalen und motivationalen Faktoren bestimmt. So kann man sich vorstellen, daß ich zu einem bestimmten Zeitpunkt meinen Nachbar für subjektiv äquivalenter in bezug auf mein aktuelles Selbstbild halte, als meine im Gedächtnis gespeicherte Selbstwahrnehmung davon, wie ich gestern war. In einem solchen Fall kann man von Identitätsfusion mit dem Nachbarn sprechen. Für jemanden, der mit psychotischen Patienten zu arbeiten gewohnt ist, sind dies keine weit hergeholte Vorstellungen. In dem hier diskutierten Zusammenhang kann das Identitätsgefühl beschrieben werden als die Erfahrung der subjektiven Äquivalenz von Ich-Zuständen über einen bestimmten Zeitraum. (Ich beziehe mich hier auf diskrete Ich-Zustände, als ob wir es mit besonderen Einheiten, gewissermaßen mit „Quanten", zu tun hätten und nicht, zumindest in diesem Zusammenhang, mit ineinanderfließenden „Wellen"-Phänomenen.) Das Konzept subjektiver Äquivalenz ist dem geläufigen Bezugssystem der dynamischen Psychiatrie nicht fremd. Man könnte z. B. die Vereinigung der „guten Mutter" mit der „bösen Mutter" zur „Mutter" als das Herstellen einer subjektiven Äquivalenz betrachten. Das Konzept kann auch auf das Phänomen der Übertragung angewandt werden.

Zusammenfassend läßt sich bislang sagen: Die auf dem gesunden Menschenverstand beruhende allgemeingültige Realität und Logik, die schon im alltäglichen Leben Grenzen haben und in der Physik unzureichend sind, erweisen sich in der Psychiatrie als noch unzureichender. Allgemeingültige Logik basiert auf dem Identitätsprinzip. Wir können die Bedeutung des Identitätsgefühls nicht „erfassen", wenn wir dafür ein kleineres konzeptionelles Werkzeug benutzen, das nicht umfassen kann, was „begriffen" werden soll. Psychologische Wirklichkeit für eine Person zu einem Zeitpunkt ist ein Organisationsmuster von Reizen und kann als ein Muster von subjektiven Äquivalenzen beschrieben werden. Es gibt 2 Vorteile dieses deskriptiven Konzepts: Zum einen stellt die subjektive Äquivalenz ein operationales Konzept dar, das eine Brücke zwischen der Psychiatrie und den anderen Verhaltenswissenschaften bildet. Das Konzept läßt Raum für Informationen, die in den üblichen psychodynamischen Ansätzen gewonnen werden — so wie das Beispiel der Fusion der „guten" und „schlechten" Mutter zur Mutter. Das Muster der Äquivalenzen kann im Rahmen verschiedener theoretischer Ansätze wie z. B. der Prägungs- und Lerntheorie oder der Erkenntnistheorie von Piaget usw. untersucht werden. Zum anderen bietet das Konzept breite Anwendungsmöglichkeiten, die von der Anwendung auf Probleme des abstrakten Denkens über die der subjektiven Identität bis zur Objektkonstanz reichen. So erlaubt es eine rationale Würdigung paradoxer Gedanken und widersprüchlicher Wahrnehmungen, die häufig in therapeutisch besonders bedeutungsvollen Momenten auftreten (wie ich anhand von klinischen Beispielen noch näher zeigen werde).

Obwohl ein bestimmtes Muster von subjektiven Äquivalenzen an sich und aus sich heraus nicht besser, wahrer oder wirklicher ist als irgendein anderes Muster (ebensowenig wie die euklidische Geometrie richtiger ist als eine andere Geometrie), gelingt es den Eltern nichtpsychotischer Kinder, mehr Gewicht auf ein bestimmtes Muster von subjektiven Äquivalenzen zu legen als auf die Vielzahl anderer möglicher Muster. Einen festen Anker in einer Realität zu haben und gleichzeitig die Fähigkeit zur Erfassung von weiteren Wirklichkeiten (womöglich sogar von paradoxen Mustern subjektiver Äquivalenzen) zu besitzen, kann als Fähigkeit zur „Regression im Dienste des Ich" beschrieben werden.[2]

Betrachten wir nun mögliche Auswirkungen auf die Arbeit in der Psychiatrie, die sich aus solch einer relativistischen Sicht der psychologischen Wirklichkeit ergeben. Viel Aufmerksamkeit ist auf das vom kulturellen Status geprägte Wertsystem des Psychiaters und die Auswirkungen dieses Wertsystems auf seine Arbeit gelegt worden. Die i. allg. berücksichtigten Wertvorstellungen liegen hiernach stets innerhalb des traditionellen Rahmens der Ethik, und deren üblicherweise vorgenommene Beurteilung zugunsten der „Identitätslogik des gesunden Menschenverstandes" wird hierbei nicht explizit gemacht. Doch Patienten sind gegenüber Werteinschätzungen formaler Aspekte ihres Denkens ebenso empfindsam wie gegenüber Abwertungen ihrer Gefühle und Strebungen. Wie ich schon erwähnt habe, sind spezifische behandlungstechnische Nutzanwendungen unserer Konzeptualisierung mit der Bedeutung des Paradoxen in der Psychotherapie und im therapeutischen Handeln verbunden. Selbst wenn man zur Kenntnis nimmt, daß manche entscheidende therapeutische Interventionen *im nachhinein* betrachtet ein Paradoxon enthalten, so sollte das nicht als ein Votum für vorsätzlich irrationales Handeln aufgefaßt werden. Ich möchte hier den Therapeuten in der Behandlungssituation mit dem Leiter einer Gruppe oder mit einem Staatsoberhaupt vergleichen. Genauso wie der Gruppenleiter oder Staatschef seine Stellung oft deshalb hat, weil er mehr Realitäten aufnehmen kann als die Menschen, die er führt, so kann der Therapeut dem Patienten behilflich sein, indem er sich für verschiedene mögliche Wirklichkeiten offen hält.

Die Vorstellung einer breiteren Wirklichkeit ist implizit in der klassischen psychoanalytischen Haltung der gleichschwebenden Aufmerksamkeit enthalten. Die Geschichte der psychotherapeutischen Bemühungen um psychotische Patienten beinhaltet die Entwicklung von einer engen zu einer offeneren Einstellung. Paul Federn (1956) forderte verschiedene Therapeuten für denselben Patienten in regredierten und in kompensierten Krankheitsphasen. Aus Gesprächen mit mehreren Klinikern, die mit Frieda Fromm-Reichmann zusammengearbeitet haben, ist mir deutlich geworden, daß sich ihr Interesse an Es-Kontakten zwischen dem Therapeuten und dem psychotischen Patient in

---

[2] In diesem Zusammenhang kann man auch diskutieren, wie ein Kind Widersprüchlichkeiten ertragen lernt, im Gegensatz zu einer malignen Vulnerabilität für Doppelbindungssituationen, in denen das Kind auf widersprüchliche Botschaften mit deren Verleugnung reagiert. Wahrscheinlich macht dieses Verleugnen von Widersprüchlichem aus einem einfachen Ambivalenzgefühl eine echte Doppelbindungssituation (dazu später mehr).

Richtung auf eine verstärkte Betonung des Ich-Kontakts wandelte, also des Kontakts mit den gesunden und reifen Anteilen des Patienten. Neuere Entwicklungen in psychoanalytisch orientierten Behandlungszentren, die erst im nachhinein als Konzept formuliert worden sind, lassen eine allmähliche Verringerung solcher Entweder-Oder-Haltungen erkennen. Es kann also durchaus geschehen, daß ein Therapeut, der einen Patienten im Laufe einer Therapiestunde womöglich in tief regressive Themen begleitet hat, mit demselben Patienten am selben Tag in der Gesamtklinikkonferenz eine Sachdiskussion über das Arbeitsprogramm führt. Ebenso kann es in einem psychodynamisch orientierten Krankenhaus vorkommen, daß ein Therapeut einen Patienten an einem Tag in der Kaltpackung sieht und ihn am nächsten Tag zum Essen außerhalb des Krankenhauses einlädt. Die Fähigkeit des Therapeuten, stereotype Vorurteile über scheinbare Unvereinbarkeiten abzulegen, dürfte ein ausgesprochen wirksamer therapeutischer Faktor sein.

Die folgenden Beispiele zeigen Veränderungen in der erlebten Wirklichkeit, Beispiele für offensichtlich paradoxe Situationen, die ich in der Arbeit mit hospitalisierten Patienten gesammelt habe.

Eine Frau, die beträchtliche Fortschritte im Sozialverhalten gemacht hatte, forderte die Entlassung aus der Klinik mit ambulanter Weiterbetreuung. Der Antrag wurde abgelehnt, weil die Verbesserung im Sozialbereich als eine von der Patientin wohl berechnete Fassade betrachtet wurde und die Befürchtung aufkam, daß die geforderte Veränderung eine ungute Distanzierung fördern könnte. Die Patientin hielt dem entgegen, daß die Fähigkeit, ihr Verhalten zu *berechnen*, doch wohl ein deutliches Zeichen der Besserung nach der intensiven psychotischen Phase wäre, womit für sie die Klinikentlassung gerechtfertigt wäre. Dem Therapeuten war die Paradoxie bewußt, doch er veränderte seine Haltung in dieser Frage nicht. Dieselbe Patientin berichtete bald danach dem Stationsarzt über das Geschehen auf der Station während des Wochenendes. Als die Krankenschwester den Bericht hörte, sagte sie zum Stationsarzt: „Warum stellen Sie sie nicht als Stationshilfe ein?" Der Stationsarzt dachte über diese Anregung nach, und es wurde ernsthaft die Möglichkeit erwogen, sie als bezahlte Hilfskraft im Bereich der Arbeitstherapie für *Patienten* einzustellen, obwohl ihr die Statusänderung zur ambulanten Patientin gerade verweigert worden war. Diese Begebenheit veranschaulicht eine wahre Veränderung der jeweiligen Realitätsebene: Mit seiner Einwilligung, die Patientin als Stationshilfe einzustellen, hat der Stationsarzt sie in einer anderen „Realität" wahrgenommen und sie sich selbst ebenso. Die Erfahrung der Patientin darf nicht mit Alexanders Konzept der „korrektiven emotionalen Erfahrung" verwechselt werden, die auf einem bewußten Rollenspiel beruht. Die in solchem Zusammenhang entwickelten Erfahrungen und Konzepte können für das Verständnis der vielfältigen Rollenverschränkungen sowie bei der Aufstellung von Krankenhausprogrammen nützlich sein, in denen Patienten nicht nur anderen Patienten helfen, sondern selbst Verantwortung füreinander übernehmen sollen (Kafka 1964).

Als weiteres Beispiel für einen solchen im Rückblick festgestellten Wandel ist Mary zu nennen, die jahrelang Selbstverletzungen als Erpressungsversuch benutzt hatte. In einem weiteren symptomfreien Intervall verlangte sie die Entlassung aus der Klinik mit der Begründung, daß das fortgesetzte Zusammenleben mit gestörten Patienten zu einem Wiederauftreten ihrer Symptome führen könnte. Der Therapeut unterstützte die Forderung der Patientin, der Stationsarzt aber wandte ein: „Nein, das ist nur dieselbe alte Erpresserei." Die Wirklichkeit hatte sich jedoch gewandelt: Der Therapeut, der die neue Selbstwahrnehmung der Patientin bemerkt hatte, sah diese Forderung nicht länger als Erpressung an.

Das letzte Beispiel stammt aus der Entwicklungspsychologie: Wenn die Mutter ihrem kleinen Kind erlaubt, die ersten Schritte zu gehen, dann hat sie nicht etwa „die Angst überwunden" oder die Möglichkeit akzeptiert, daß das Kind hinfallen könnte. Vielmehr leben Mutter und Kind für einen Moment gemeinsam in der Wirklichkeit, daß es schon nicht hinfallen wird, eine Realität, die dem Beobachter wie ein Selbstbetrug oder eine *folie à deux* vorkommt. Wir beschäftigen uns hier mit dem ersten Paradoxon der Individuation, mit der Symbiose, die es dem Kind erlaubt, von der Mutter wegzugehen, sobald die Liebe und die beiderseitige Anerkennung des Getrenntseins subjektiv äquivalent werden.

Multiple Realitäten und Doppelbindungstheorie

Die Fähigkeit, in einer Wirklichkeit verankert zu sein und dabei doch offen zu bleiben für die Erfahrung anderer Wirklichkeiten, stellt offensichtlich ein interessantes Problem für Theoretiker der Doppelbindungstheorie dar. Im Gegensatz zur Behauptung solcher Theoretiker, daß die Konfrontation mit verschiedenartigen und widersprüchlichen Anweisungen oder Wirklichkeiten eher pathogen sei, finde ich die positiven, „gesunden" Aspekte der Fähigkeit, unterschiedliche Facetten und Wirklichkeit zu tolerieren, immer wieder beeindrukkend. Dennoch schien die Doppelbindungstheorie ein vielversprechender Lösungsansatz für schwierige Probleme zu sein. 1964 war ich Projektberater am National Institute of Mental Health, in dem besondere charakteristische Eigenschaften von frisch Verheirateten und von kurz vor der Trauung stehenden Paaren untersucht wurden. Es handelte sich um eine *prospektive* Studie, in der mögliche Einflüsse von bestimmten Eigenschaften von Paaren auf Merkmale ihrer zu erwartenden Kinder in bezug auf deren psychische Gesundheit und Art der Pathologie untersucht werden sollten. Bevor wir die Untersuchung begannen, fragten wir uns, welche Merkmale der zukünftigen Eltern einbezogen werden sollten, um die üblichen Schwierigkeiten bei nachträglichen psychogenetischen Rekonstruktionen und Erklärungen zu vermeiden. Wir kamen zu dem Schluß, daß die Hypothesen und das Untersuchungsdesign einfacher und sauberer zu handhaben sind, wenn sie auf *formalen* Eigenschaften der Kommunikationsmuster beruhen und nicht aus einer Unmenge unterschiedlich gearteter inhaltlicher Überlegungen abgeleitet sind. Die Doppelbindungstheorie legte eine solche formale Hypothese nahe und schien intensivere Berücksichtigung zu verdienen.

Die paradoxe Kommunikation, ein primäres Element der Doppelbindungstheorie, hängt mit dem allgemeineren Thema der Ambiguität zusammen. Viele einzelne, voneinander unabhängige klinische und theoretische Projekte können zwanglos unter dem übergeordneten Thema der Ambiguität subsumiert werden, besonders wenn es um deren positive Aspekte, das heißt um die Bedeutung der Suche nach und Toleranz von Ambiguität geht. Eine formale Definition von Ambiguität kann uns das Verständnis ihrer Bedeutung erleichtern und das Wesen der paradoxen Kommunikation klären helfen. In der Umgangssprache werden Informationen in der Regel dann als ambiguös bezeichnet, wenn sie sich widersprechen; in der Sprache der formalen Logik werden Informationen nur dann als ambiguös bezeichnet, wenn die einander widersprechenden Aussagen verschiedenen „logischen Typen" angehören, beispielsweise also auf verschiedenen Abstraktionsebenen liegen. Formal ist der Begriff „Ambiguität" eine Abkürzung des Ausdrucks „Ambiguität von Typen" oder noch korrekter „Ambiguität von logischen Typen". Es läßt sich zeigen, daß eine paradoxe Mitteilung immer aus widersprüchlichen Aussagen auf jeweils verschiedener Abstraktionsebene besteht. Obwohl wir aus psychologischer Sicht Ambiguität eher mit Unsicherheit als mit einer Paradoxie verbinden, sind ambiguöse und paradoxe Mitteilungen aus logischer Sicht synonym.

Nach denjenigen Aspekten der Doppelbindungstheorie, die formal am besten ausgearbeitet sind, wird besonders hervorgehoben, daß es pathogen oder genauer schizophrenogen sei, einer paradoxen Kommunikation *übermäßig stark* ausgesetzt zu sein. Da meine eigenen klinischen Beobachtungen die Vermutung nahelegen, daß sich die unvermeidliche Konfrontation mit zweideutigen Situationen im täglichen Leben besonders bei denjenigen Menschen zersetzend und unheimlich auswirkt und kaum erträglich ist, die in ihrer Kindheit paradoxen Kommunikationen *zu selten* ausgesetzt waren, befinde ich mich in offensichtlichem Widerspruch zu einer Kernaussage der Doppelbindungstheorie. Darüber hinaus zeichnet sich eine enge Beziehung ab zwischen der zu seltenen Konfrontation des Kindes mit Ambiguität in entscheidenden Entwicklungsphasen und der Angst der Eltern vor Paradoxien. Obwohl Doppelbindungstheoretiker auch auf „therapeutische Doppelbindungsinteraktionen" hinweisen, sind diese in *formaler* Hinsicht den pathogenen Varianten ähnlich. Die therapeutischen Formen sollen hiernach in einem wohlwollenderen Beziehungsklima auftreten, aber die formalen Ähnlichkeiten bringen konzeptionelle Schwierigkeiten mit sich, die die Anwendung dieser Theorie in der Forschung erschweren.

Wenn es aber tatsächlich möglich ist, pathogene Doppelbindungskommunikationen allein an formalen Merkmalen festzumachen, dann sollte es relativ einfach sein, junge Eltern zu finden, die zu paradoxen Kommunikationen neigen und deren Kinder später mit den Kindern von Eltern, die keine solchen paradoxen Botschaften senden, verglichen werden könnten. Olson (1969) stellte die Schwierigkeiten zusammen, die in anderen empirischen Untersuchungen im Zusammenhang mit der Verwendung des Doppelbindungskonzepts auftraten. Unsere eigenen Schwierigkeiten, Personen mit „pathogenen Doppelbindungen" ausfindig zu machen, hängen zusammen 1) mit dem Problem, zwischen guten „therapeutischen“ und pathogenen Bindungen zu unterscheiden, 2) mit der Ubiquität des Paradoxen (z. B. Ehefrauen, die ihre Ehemänner bitten, spontan liebevoller zu sein (Ryder 1970)), 3) mit der Beobachtung, daß in der menschlichen Kommunikation die verwendeten Abstraktions- bzw. Bedeutungsebenen ständig wechseln und 4) mit der Erkenntnis, daß Veränderungen im Abstraktionsniveau wahrscheinlich nicht von Veränderungen im *Rollenverhalten* unterschieden werden können. Somit hat sich die Doppelbindungstheorie nicht als unmittelbar nützlich für den beabsichtigten Forschungszweck erwiesen; dennoch haben die Fehleranalyse und die kritische Prüfung der Theorie zu einer Neuformulierung von Gedanken zur paradoxen Kommunikation von Eltern beigetragen.

Kritische Bewertung der Doppelbindungstheorie

Nach der Doppelbindungstheorie ist es schizophrenogen, unausweichlichen kommunikativen Fallen wiederholt ausgesetzt zu sein. Man versucht, das Gefühl des Patienten zu erklären, in der Falle zu sitzen, eine Erfahrung, in die der Therapeut sich leicht einfühlen kann. Bateson et al. (1956) führen eindrucksvolle Beispiele hierfür auf, wie etwa einen jungen Mann, der sich ziemlich gut von einer akuten schizophrenen Episode erholt hatte und im Krankenhaus von seiner Mutter besucht wurde. Erfreut, sie zu sehen, legte er impulsiv den Arm um ihre Schulter, und die Mutter wurde daraufhin ganz steif. Als er dann sofort seinen Arm zurückzog, fragte sie ihn: „Hast du mich denn nicht mehr lieb?“ Daraufhin wurde er rot, und sie sagte ihm, er solle sich doch nicht so schnell von seinen Gefühlen verwirren oder ängstigen lassen. Der Patient hatte die Botschaft erhalten, daß er seine Zuneigung zur Mutter zeigen muß und gleichzeitig nicht zeigen darf, wenn er die Beziehung zu ihr aufrechterhalten will. Betroffen und sensibilisiert von solchen unmöglichen, aussichtslosen Situationen, kann der Kliniker ähnliche Begebenheiten überall finden. Beispielsweise hat der Vater von Susanne, einem schizophrenen Mädchen, große Veränderungen in seiner Laufbahn als Geistlicher vorgenommen, um ihre Behandlung in einer Privatklinik bezahlen zu können. Trotz eines kurz zuvor aufgetretenen Herzanfalls hatte er die Kanzel verlassen und war ein schwer arbeitender, weithin bekannter Dozent und Autor geworden. Während eines Besuchs erklärte er der Tochter und dem Personal, daß er seine neu gefundene Energie und Frische, eine Art Lebenserneuerung und -wandlung, allein dem finanziellen Druck im Zusammenhang mit ihrer teuren Krankenhausunterbringung verdanke. Man kann nun aufgrund dieser Umstände sagen, daß die Patientin in einer Doppelbindung gefangen war. Würde sie erfolgreiche Anstrengungen unternehmen, schnell zu genesen, könnte sie dadurch dem Vater die beschriebene Quelle seiner Lebenserneuerung rauben; würde sie sich nicht genügend bessern, um aus der Klinik entlassen zu werden, könnte die fortgesetzte finanzielle Belastung als „tötende“ Arbeitsbürde auf dem Vater lasten. Angesichts dieser Doppelbindung war sie in einer aussichtslosen Situation.

Das folgende Fallbeispiel ist durch eine ähnliche kommunikative Falle gekennzeichnet: Bernhard, der musikalisch begabte Sohn eines Dirigenten, hatte von seiner Familie während seines ganzen jungen Lebens vermittelt bekommen, daß es der einzig wahre Lebensinhalt sei, Musiker zu sein. Gleichzeitig wurden ihm immer wieder Tragödien im Zusammenhang mit Söhnen von Musikern erzählt, die versucht hatten, in die Fußstapfen des Vaters zu treten. Man sagte ihm, in solch einer Situation sei der Konkurrenzkampf nicht nur für den Sohn, sondern für den gesamten Ruf der Familie und für den Namen des Vaters vernichtend. Trotz seines brennenden Wunsches, eine musikalische Ausbildung zu bekommen, wurde sie ihm in der von Musik gesättigten Familie vorenthalten. Mit 6 oder 7 Jahren pflegte er in einer besonderen, manieristisch wirkenden Weise auf seinen Vater zuzurennen, einen „Stakkato"-Kontakt zu ihm aufzunehmen, indem er kurz seine Arme um ihn warf und dann, so schnell er konnte, wieder von ihm wegrannte. Hervorstechende Züge des klinischen Bildes waren ein extremes Schwanken zwischen Größenideen und Gefühlen niedrigster Wertlosigkeit, eine Aufspaltung von Selbstrepräsentanzen sowie ein allgemeiner Mangel an Vorstellungskontinuität.

Später werde ich zu diesem und anderem Fallmaterial weitere Ausführungen machen. Solche Beispiele für Situationen nach dem Motto „Du bist verdammt, wenn du handelst, und du bist verdammt, wenn du nicht handelst", die in der Doppelbindungstheorie beschrieben werden, bilden einen verführerisch eleganten und unmittelbar einleuchtenden Rahmen, in den man auch eigene klinische Beobachtungen stellen kann. Als Beispiel für eine therapeutische Doppelbindung erwähnen Bateson et al. eine Episode aus einem Fall, der von Frieda Fromm-Reichmann behandelt wurde (und der später in Buchform *Ich habe dir nie einen Rosengarten versprochen* von Hannah Green veröffentlicht wurde). Einmal erzählte die Patientin der Therapeutin von dem Gott aus ihrer wahnhaften Welt. Die Therapeutin antwortete, sie glaube nicht an diesen Gott, und forderte die Patientin auf, ihren Gott um Erlaubnis zu bitten, daß sie in der Therapie mit der Ärztin arbeiten dürfe. Damit hat die Therapeutin ihre Patientin in eine therapeutische Doppelbindungssituation gebracht: Wenn die Patientin dazu gebracht würde, an der Existenz ihres Gottes zu zweifeln, dann hätte sie eine Übereinstimmung mit Fromm-Reichmann und somit eine gute therapeutische Arbeitsbeziehung erreicht; wenn die Patientin hingegen an der realen Existenz ihres Gottes festhielte und ihn um die Erlaubnis zur Mitarbeit in der Therapie fragte, dann würde sie dadurch einräumen, daß Fromm-Reichmann „mächtiger" ist als er, und somit ebenso eine gute therapeutische Beziehung erreichen.

Genauso wie die pathogene Doppelbindung entsteht die therapeutische Doppelbindung aus widersprüchlicher Information, die mit einer Verschiebung der Abstraktions- und Bedeutungsebenen einhergeht. Wie ich oben erwähnt habe, ist es wegen der Ähnlichkeit zwischen der therapeutischen und der pathogenen Doppelbindung hinsichtlich formal definierter Merkmale sehr schwierig, diese beiden Bindungsformen auseinanderzuhalten, wenn man zu wissenschaftlichen Zwecken tatsächliche Kommunikationssequenzen untersucht. Dieses Problem stellt sich besonders dann, *wenn man hypothesengeleitet nach Paradoxien sucht, die womöglich den „Entwicklungsprozeß fördern“* und in diesem Sinne vielleicht auch *außerhalb von Therapiebedingungen* therapeutisch genannt werden könnten. Bateson et al. konzentrieren sich jedoch auf die Bedeutung der Doppelbindung, die sie für die Entstehung der Schizophrenie annehmen, und geben die notwendigen Bedingungen für eine Doppelbindungssituation wie folgt an: 1) Zwei oder mehr Personen; 2) wiederholte Erfahrung; 3) eine in erster Linie negative Anweisung; 4) eine zweite Anweisung, die der ersten *auf einer abstrakteren Ebene* widerspricht und die, wie die erste Anweisung, ihre enorme Bedeutung durch Bestrafung oder eine vitale Gefährdung erhält; und 5) eine dritte negative Anweisung, die dem Opfer die Flucht aus dem Feld verbietet.

Gerade indem die Doppelbindungstheorie diesen Schwerpunkt auf die Verschiebung der Bedeutungsebenen setzt, unterscheidet sie sich am spezifischsten und interessantesten von anderen Konflikttheorien. Die qualitativ andersartigen Konflikte sind eben die Paradoxien. Worin unterscheidet sich aber eine Paradoxie (gleichbedeutend kann man auch von „Ambiguität von Typen“ sprechen) von einer Widersprüchlichkeit? Watzlawick et al. (1969) veranschaulichen eine Widersprüchlichkeit durch ein Stoppschild, dem ein anderes Schild mit der Aufschrift „Anhalten streng verboten“ hinzugefügt ist. In dieser *widersprüchlichen* Situation hat man die *Wahl*, eine der beiden Anweisungen zu befolgen. Ebenso stellt der Vater *widerspüchliche* Forderungen, wenn er seinem Sohn sagt, er solle nicht petzen, und ihn gleichzeitig ausfragt, was die kleine Schwester angestellt hat. Vermutlich kann sich der Sohn *aussuchen*, welcher Anweisung er gehorchen möchte. Das Rollenverhältnis zwischen Vater und Sohn ist hinsichtlich der Anweisung, „nicht zu petzen“, jedoch ein anderes als hinsichtlich der Nachfrage über die kleine Schwester. In der letztgenannten Frage ist folgende Botschaft implizit mitenthalten: „Sohn, in dieser besonderen Lage wirst du eher als ein Erwachsener wie ich betrachtet, und du solltest mir helfen, ein Kind zu beschützen und zu erziehen.“ Solche Überlegungen zu entsprechenden Verschiebungen der Bedeutungsebenen führen zu Zweifeln an der Existenz „reiner“ Widersprüche in der Alltagskommunikation. Dies ist ein weiterer Faktor, der die Unterscheidung von Paradoxien und Widersprüchlichkeiten bei der Erforschung von Kommunikationssequenzen erschwert.

Watzlawick et al. veranschaulichen eine Paradoxie anhand eines Straßenverkehrszeichens, auf dem steht: „Dieses Zeichen nicht beachten!“ Dieses Verkehrszeichen, wahrscheinlich als Witz aufgestellt, ist formal nicht *widersprüchlich*, aber es schafft eine echte Paradoxie durch den Bezug auf sich selbst. Wenn man es ignorieren will, muß man es beachten; doch eben durch das Beachten übertritt man die Anweisung des Schildes. Deshalb kann man dem Schild nur in Ungehorsam gehorchen. Whitehead u. Russell (1910) haben das Wesen solcher Paradoxien untersucht. Die Theorie der Typen von Russell führt zu der Feststellung, daß jede Paradoxie unterschiedliche Bedeutungsebenen beinhaltet, die nicht sofort offensichtlich werden. Die Paradoxie „Dieses Zeichen nicht beachten!“ beispielsweise beinhaltet einen solchen verdeckten Wechsel der Bedeutungsebenen, denn das *Wort* „Zeichen“ und das *materielle Verkehrszeichen*, auf dem das Wort geschrieben steht, liegen auf unterschiedlichen Bedeutungsebenen. Whitehead und Russell würden sagen, daß ich im vorigen Satz den verdeckten Wechsel der Bedeutungsebenen anhand „logischer Typen“ offengelegt habe: Ich habe über paradoxe Kommunikation kommuniziert, d.h. ich habe metakommuniziert und bin somit dem Paradoxen *entwichen.* Dieser Aspekt eines formalen, logischen Weges zum Verständnis des Paradoxen ist eng verbunden mit der Doppelbindungstheorie, die behauptet, daß derjenige, der von paradoxer Kommunikation der Eltern überfahren wird und für den die „Metakommunikation“ darüber tabu ist, ein höheres Risiko hat, schizophren zu werden. Ein weiterer Aspekt der Arbeit von Whitehead u. Russell stimmt sogar noch mehr mit der von mir vorgestellten Neuformulierung der Doppelbindungstheorie überein, wie ich im nächsten Abschnitt zeigen werde.

Neuformulierung von Auffassungen zur paradoxen Kommunikation von Eltern: Formale Grundlagen

Meine Neuformulierung legt den Schwerpunkt auf die Auswirkungen des speziellen Verhaltens von Eltern, paradoxe Aussagen ganz gezielt zu *vermeiden* sowie Ambiguitäten schlecht ertragen zu können. Die sich hieraus für den Heranwachsenden ergebenden Erfahrungen stehen im *Widerspruch* zu den unausweichlichen zweideutigen und paradoxen Erfahrungen, mit denen er in anderen Beziehungen konfrontiert wird und die er in seine „Wirklichkeit“ einfügen muß. Dagegen hilft es dem Kind, solche Widersprüchlichkeiten bewältigen zu lernen, wenn die Eltern die unauflösbaren Paradoxien, auf die das Kind in Erziehung und Spiel in seiner sich ausdehnenden Welt stößt, selber *tolerieren* können. Die spontanen Reaktionen der Eltern etwa auf Ereignisse, die man bemerken muß und gleichzeitig nicht bemerken darf, können dem Kind helfen, stufenweise die Wirklichkeit der Eltern in den Entwurf seiner eigenen Wirklichkeit zu integrieren. Diese Integration erleichtert es dem Kind, die Eltern als positive Objekte im psychoanalytischen Sinn zu erleben und sich an die paradoxen Systeme, die die Wirklichkeit ausmachen, zu gewöhnen.

Obwohl diese These v. a. von klinischen Beobachtungen abgeleitet und gestützt ist, macht der folgende Exkurs in die moderne formale Logik deutlich, daß auch dort entsprechende Bestätigungen vorliegen.

Bateson et al. konzentrieren sich auf die Techniken von Russell, wie man gar nicht erst in Paradoxien *hineingerät,* doch Whitehead und Russell empfehlen nur dann die Anwendung ihrer Vermeidungstechnik, wenn man schon in einer Falle *gefangen* ist. Eindringlich warnen sie allerdings davor, Fallen zu intensiv vermeiden zu wollen. Sie heben hervor, daß selbst im strikt formal-logischen Denken ein Stillstand einsetzen würde, wenn man zu rigoros die *Möglichkeit* des Auftretens von Paradoxien zu vermeiden suchte. Insbesondere betonen sie die *Notwendigkeit* für eine „Ambiguität der Typen“, um eine logische Schlußfigur auf eine unendliche Zahl von Fällen anwenden zu können. Dies wäre unmöglich, wollte man mehrdeutige Worte und Symbole völlig vermeiden. Sogar die klassischen Syllogismen enthalten eine gewisse „Ambiguität der Typen". Betrachten wir z. B. den Syllogismus „Alle Menschen sind sterblich. Sokrates ist ein Mensch. Also ist Sokrates sterblich." Russell würde dagegen sagen: Ob Sokrates wirklich sterblich ist, wissen wir erst dann, wenn er tot ist.

Whitehead u. Russell liefern keine formalen Beweise, wenn sie für die Notwendigkeit von Ambiguität plädieren. Es war Kurt Gödel (1931), der den Gedanken weiterführte und *formal* die Notwendigkeit der Unvollständigkeit eines geschlossenen Systems bewies, indem er folgendes zeigte: „Wenn die Arithmetik in sich widerspruchsfrei ist, kann diese Widerspruchsfreiheit nicht mit metamathematischen Überlegungen bewiesen werden, die innerhalb des Formalismus der Arithmetik darstellbar sind" (Nagel u. Newman 1958, S. 7).

Nagel u. Newman, die das Werk von Gödel für Nichtmathematiker verständlich gemacht haben, führen weiter aus, daß Gödels Überlegung nicht die Möglichkeit von streng vollständigen Beweisen, die in der Arithmetik nicht darstellbar sind, ausschließt. Aber offenbar kann sich niemand recht vorstellen, wie ein solcher vollständiger Beweis aussehen müßte, der sich nicht mathematisch formulieren ließe. Die Bedeutung von Gödels Werk in bezug auf meine vorgelegte Neuformulierung liegt in seiner Idee, daß man sich auf immer umfassendere Abstraktionsebenen begeben muß, sogar in formalen logischen Prozeduren, wenn man nicht Triviales sagen will. Somit unterstützt er formal die eindrucksvolle Warnung von Whitehead und Russell, mögliche paradoxe Widersprüche gerade *nicht* zu vermeiden. Dies stimmt mit einer auf klinischen Erfahrungen beruhenden Neuformulierung überein, in der die psychologische Notwendigkeit einer angemessenen Konfrontation mit Ambiguitäten betont wird. Gödels Ansatz kann auch diese Neuformulierung konzeptuell genauer fassen helfen: Das sich entwickelnde Individuum, das in einem *offenen* System Widersprüchlichkeiten erfährt, ist auf diese dann nicht ausreichend vorbereitet, wenn es in einem Elternhaus aufgewachsen ist, in dem so gehandelt und kommuniziert wird, als gäbe es nur ein *geschlossenes* System.

Während so etwas wie innere Konsistenz innerhalb eines geschlossenen Systems in der modernen Logik als trivial gilt, ist die entsprechende Reduktion auf ein einziges Abstraktionsniveau, in einem operationalen Begriffsverständnis, bei lebenden Systemen und besonders in der menschlichen Erfahrungs- und Kommunikationswelt undenkbar. Die Untersuchung unserer eigenen Wahrnehmungsprozesse stützt die in der Einleitung vorgestellte Annahme, daß jeder einzelne Wahrnehmungsakt verschiedene Organisationsstufen und -ebenen durchläuft. Später werde ich auf die tachistoskopische Darbietung von Rorschachtafeln (Stein 1949) näher eingehen; hieran läßt sich zeigen, daß wir unter solchen Bedingungen die lebensgeschichtliche Entwicklung unserer Wahrnehmung wiederholen. An dieser Stelle möchte ich schon einmal betonen, daß sehr kurze tachistoskopische Darbietungen zu ganz „konkreten" Reaktionen ähnlich wie beim Kind führen; längere Darbietungszeiten fördern höhere Abstraktionsebenen wie beim Erwachsenen zutage.

Deshalb kann, wie weiter oben schon erwähnt, hinsichtlich normaler menschlicher Kommunikation eine strikte Unterscheidung zwischen Widersprüchen (die auf derselben Abstraktions- bzw. Bedeutungsebene liegen) und Paradoxien (an denen mehrere Bedeutungsebenen beteiligt sind) sinnvollerweise nicht getroffen werden. Eine Unterhaltung, gesprochene und gehörte Worte, jede lebendige Kommunikation kann auf mehr als *einer* Bedeutungsebene gemeint und verstanden werden. Streng genommen ist *jeder* Widerspruch eine Paradoxie; das unmittelbare, verblüffende „Erleben des Paradoxen" — wie bei dem Schild mit der Aufschrift „Dieses Zeichen nicht beachten!" — entsteht aber in dem Maße, in dem man auf einen Wechsel der Bedeutungsebenen nicht gefaßt ist.[3]

Psychologische „Wirklichkeit" wird durch die jeweils aktivierte Bedeutungsebene erzeugt. Weiter oben in diesem Kapitel habe ich die Untersuchung von Klüver (1933, 1936) zu der Frage erwähnt, wie groß Unterschiede zwischen 2 Stimuli sein müssen, bis ein Individuum keine Ähnlichkeiten mehr erkennen kann. Seine Methode kann die Grenzen der *Bedeutungsebenen* aufdecken, innerhalb derer noch *subjektive Äquivalenz* besteht; diese Muster der subjektiven Äquivalenz — Organisations-, Abstraktions- und Bedeutungsmuster — sind als Grundbausteine unserer Wirklichkeit, unserer Struktur der Objektkonstanz bezeichnet worden, entsprechend der Begriffsverwendung sowohl in der experimentalpsychologischen *als auch* in der psychoanalytischen Literatur. Wenn also die „Wirklichkeitsmöglichkeiten" eines Menschen eng an die Spannbreite seiner Bedeutungsebenen gebunden sind, dann hängt die Verständigung mit anderen Menschen wesentlich davon ab, inwieweit die Breite der Bedeutungsebenen bei ihm und bei den anderen übereinstimmt. In Kap. 1 habe ich Einzelheiten der Gespächssteuerung in der Alltagskommunikation erörtert; zu einem großen Teil wird das Gespräch von unserer Einschätzung darüber gesteuert, auf welcher Bedeutungsebene unser Gesprächspartner unsere Worte aufnimmt (Kafka 1957b). Die klinischen Beschreibungen von verwirrenden, „verrückt"-machenden Kommunikationsmustern durch Searles (1965) verdeutlichen das wahrhaftig akrobatische Hin- und Herspringen zwischen verschiedenen Bedeutungsebenen.

Auf manche solcher Sprünge zwischen verschiedenen Bedeutungsebenen sind wir vorbereitet, andere erwarten wir dagegen überhaupt nicht. Ist dies auch eine *objektiv quantitative* Unterscheidung, so entspricht dem doch ein *subjektiv qualitativ* unterscheidbares Erleben: Erwartete Sprünge zwischen verschiedenen Bedeutungsebenen führen psychologisch zu einer Erfahrung, die

---

[3] Bestimmte Zeiten des Übergangs wie Pubertät oder Eheschließung bringen beträchtliche Veränderungen der sozialen Beziehungsstrukturen und der Bedeutungsebenen mit sich; diese Veränderungen müssen vom einzelnen erst einmal verarbeitet werden, obwohl er darauf oft kaum vorbereitet ist. Wenn das Ausmaß der Veränderung es erforderlich macht, kann die quasirituelle Funktion von Dritten (z. B. Trauzeugen) zu einer Diskontinuität im Erleben der Betroffenen beitragen, bevor diese mit einer „neuen Wirklichkeit" konfrontiert werden. Soziale Faktoren, die zur Überbrückung solcher Erlebensdiskontinuität vor und nach der Hochzeit beitragen, werden in einer Abhandlung von Ryder et al. (1971) umfassend dargestellt und diskutiert. Weiter unten (in Kap. 6) wird die Bedeutung von Ritualen im Zusammenhang mit Veränderungen von sozialen Rollen und von Bedeutungsebenen sowie die Beziehung zwischen solchen Veränderungen ausführlich untersucht.

wir weiterhin Widersprüchlichkeit nennen können; entsprechend führen unerwartete Bedeutungssprünge psychologisch zu einer Erfahrung, die wir weiterhin als Paradoxie bezeichnen können. Die erstgenannte Erfahrung erleben wir als *Ambivalenz*, die letztere als irgendwie *unheimliches* Gefühl, das sich in geringerer Intensität auch dann einstellt, wenn wir uns in einer Falle gefangen fühlen (und gerade nicht dazu aufgelegt sind, dieses Gefühl „wegzulachen"), wie etwa bei dem Schild „Dieses Zeichen nicht beachten".

Meine Begriffsverwendung von *Ambiguität* und *Paradoxie* in den folgenden klinischen Diskussionen geht auf diese Überlegungen zurück. Mary, die sich z. B. schneidet, um zu spüren, daß sie lebt, versucht der *Ambiguität* und nicht einem einfachen Widerspruch zu entfliehen; sie ist in diesem Moment nämlich nicht auf den Unterschied zwischen den Bedeutungsebenen vorbereitet, die zu der Erfahrung von „Lebendigkeit" und „Leblosigkeit" gehören. Später werde ich die Ambiguität von Lebendigkeit und Leblosigkeit und ihre Verbindung zum Belebten und Unbelebten gründlicher herausarbeiten.

Neuformulierung: Klinische Grundlagen

Mein Interesse an paradoxen Kommunikationen und die Beobachtung, daß sie ubiquitär sind, haben mich dazu geführt, ihre schizophrenogene Funktion in Frage zu stellen, selbst vor dem Hintergrund der Differenzierungen, wie sie von der Doppelbindungstheorie bezüglich ihrer Pathogenität herausgestellt wurden (Kafka 1971b). In einem späteren Kapitel werde ich schizophrene Denkstörungen systematischer behandeln; an dieser Stelle sind aber einige einschlägige Bemerkungen durchaus schon angebracht. Wie weiter oben schon erwähnt, habe ich bei genauerer Analyse der Doppelbindungsuntersuchungsdaten den zur Theorie gegensätzlichen Eindruck gewonnen, daß in einigen Familien von schizophrenen Patienten ein relativer *Mangel* an mehrdeutigen Mitteilungen besteht. Ringuette und Kennedy (1966) konnten zeigen, daß eine Gruppe von Experten, die an der Entwicklung und Formulierung des Doppelbindungskonzepts beteiligt waren, bei der Einschätzung von Doppelbindungen in Briefen von Müttern schizophrener Patienten nur eine geringe Beurteilerreliabilität aufweisen. Wenn Kliniker in der Beurteilung einer Doppelbindung übereinstimmen, dann beziehen sie sich meiner Erfahrung nach auf Situationen, in denen Patienten oder, noch häufiger, Eltern von Patienten mit auffälligen und seltsamen Abwehrhaltungen reagieren, sobald sie mit den von ihnen geäußerten Paradoxien konfrontiert werden. Im Vergleich zum üblichen klinischen Material sind die Paradoxien selbst oft nicht einmal besonders ungewöhnlich; es ist vielmehr die Reaktion auf die Konfrontation, die die Aufmerksamkeit des Therapeuten erregt. Die Briefe in der Studie von Ringuette und Kennedy lassen die Reaktionen auf eine eventuelle Konfrontation mit Paradoxien natürlich nicht erkennen.

Bei dem vorigen Beispiel des Geistlichen, der der hospitalisierten Tochter Susanne und den Krankenhausangestellten vermittelte, daß die kostspielige Hospitalisierung ihn zwang, einen Lebensstil „glücklicher denn je" anzunehmen und ihm einen Schwung verschaffte, der ihn gleichzeitig „umbrachte", war der paradoxe Widerspruch an sich nicht ungewöhnlich. Hingegen war die Reaktion auf die Konfrontation mit der Paradoxie — die auf einer Bedeutungsebene das Thema „Tod oder Leben" des Geistlichen und auf der anderen Bedeutungsebene seine Lebensqualität beinhaltet — bemerkenswert. Eines Abends machte der Familientherapeut in der Klinik einen ersten Versuch, dem Vater die „aussichtslose" Situation „zurückzuspiegeln", in die er die Tochter mit seinen Darstellungen offensichtlich gebracht hat. Für den nächsten Morgen wurde ein Termin verabredet, um die Angelegenheit weiter zu besprechen. Als der Familientherapeut zum Gesprächstermin eintraf, wurde ihm mitgeteilt, daß der Vater unerwarteterweise seine andere Tochter hätte besuchen müssen, die in einer anderen Stadt lebt; sie hätte ihn angerufen und ihm von einer plötzlich aufgetretenen Störung und Belastung in der Beziehung zu ihrem Psychiater erzählt. Kurz danach wurde die Patientin von der Familie in eine andere Klinik verlegt, und der Vater ließ die Bemühungen des Familientherapeuten, mit ihm noch einmal zu reden, unbeantwortet. Manchmal läßt sich die Intoleranz gegenüber Ambiguität an der ins Bizarre gehenden Strenge erkennen, mit der Familienmythen aufrechterhalten werden. In dem oben erwähnten Beispiel von Bernhard, dem Sohn des Dirigenten, wurde dem Therapeuten im Verlauf seiner über 10jährigen intensiven psychoanalytischen Arbeit mit dem Patient (neben dem direkten Kontakt mit seinen Familienangehörigen in Zeiten seiner Hospitalisierung) besonders deutlich, wie rigide man an einigen Familienmythen festhielt und wie sehr der Vater als starre mythische Figur gesehen wurde. Auf den ersten Blick erscheint die Paradoxie der Familiensituation sehr beeindruckend: einerseits legt die Familie als einzigen letztgültigen Wert des Vaters Größe und Unantastbarkeit fest und stellt andererseits das Verbot auf, diesem Ideal nachzustreben. Berücksichtigt man den Hintergrund der partriarchalischen Traditionen, aus denen diese Familie herstammt, so ist diese Paradoxie nicht einmal so ungewöhnlich. Die Versuche des Therapeuten, mit der Mutter über diese für ihren Sohn aussichtslose Situation zu sprechen, stießen auf beinahe feindseliges Starren und auf totales Unverständnis. Eine solche Betrachtungsweise war in dem rigiden Familienskript einfach nicht vorgesehen. Bei den Bemühungen des Therapeuten, sich diesem Thema auf dem Umweg über die Besprechung der Lebensgeschichte der einzelnen Familienmitglieder zu nähern, fiel ihm immer wieder auf, wie sehr die Unberührbarkeit des Mythos verteidigt wurde, wie etwa im folgenden Beispiel.

Die Mutter des Patienten legte ausführlich dar, wie sehr ihr unlängst verstorbener Ehemann fest entschlossen war, eine langersehnte musikalische Karriere zu verfolgen, und zwar entgegen dem massiven Druck durch seine Familie, die ihn in einer technischen Laufbahn sehen wollte. Ganz besonders hob sie hervor, er wäre an demselben Tag, an dem er sich in der Heimatstadt zum technischen Studium hätte anmelden müssen, in die Stadt X gefahren, um sich dort an der Musikhochschule einzuschreiben. Der Therapeut erkundigte sich mit dem Hinweis darauf, daß für die Therapie die Klärung auch scheinbarer Nebensächlichkeiten bisweilen wichtig ist, ob es denn nicht auch sein könnte, daß sich der Ehemann erst ein paar Tage später eingeschrieben hätte, da die

Stadt X von der Heimatstadt doch weit entfernt ist. „Nein", sagte sie, wiederum sehr bestimmt, „er nahm das Flugzeug und konnte alles am selben Tag erledigen." Obwohl sich die geschilderte Begebenheit lange vor der Einführung des kommerziellen Personenflugverkehrs zutrug, war die „am selben Tag" erfolgte Einschreibung zu einem wesentlichen Bestandteil des buchstäblich unantastbaren Familienmythos geworden und durfte deshalb nicht berührt oder gar in Frage gestellt werden, selbst wenn dafür faktische Begleitumstände verdreht werden mußten. In dieser Familie konnten die mit den Strukturen des Mythos verbundenen Widersprüchlichkeiten deshalb nicht etwas spielerischer gehandhabt werden, weil sie in dieser Hinsicht eben besonders empfindlich und verletztlich waren. Hierin ist das Bindeglied zwischen der verbissenen Verteidigung des Familienmythos, als ob es hierbei wirklich um Leben und Tod ginge, und dem Problem der Ambiguitätstoleranz zu sehen. Das Kind, das nur mit starren Mythen umzugehen gelernt hat, ist schlecht auf den Umgang mit Lebewesen und lebendigen Erfahrungen vorbereitet.

Die zeitlose Starrheit eines solchen defensiv verewigten mythischen Wesens bzw. Objekts ist gewissermaßen das Gegenteil der Beweglichkeit des Spielerischen, des Spielzeugs oder des Übergangsobjekts (Smith 1983; Winnicott 1969). Unzureichende Vorbereitung auf die notwendige Integration widersprüchlicher Erfahrungen war auch das gemeinsame Element in den folgenden 2 Fällen, von denen ich in einem späteren Kapitel genauer berichten werde. Das *Unheimliche*, das in den Erfahrungen von Mary, die sich selbst immer wieder schwer verletzte, und von Anna, einer Patientin mit zahlreichen Déjà-vu-Erlebnissen, enthalten ist, konnte auf paradoxe Erfahrungen zurückgeführt werden, auf die sie extrem schlecht vorbereitet waren.

Der Ausdruck *unheimlich* (Freud 1919) ist eine zutreffende Bezeichnung für den Gefühlszustand, den Mary jeweils unmittelbar vor einer erneuten Selbstbeschädigung erlebte und zu erkennen gab. Ihr Gefühl des Unheimlichen bezog sich auf die ähnlich intensiven, doch widersprüchlichen Überzeugungen, daß sie irgendwie wohl schon lebte, sich aber gleichzeitig überhaupt nicht lebendig fühlte. Sich selbst zu verletzen war für sie ein Ausweg aus dieser unerträglichen Last der Ambiguität.

Ich bin schließlich zu dem Verständnis gelangt, daß Mary ihren Körper als Übergangsobjekt — in diesem Fall als Übergang zwischen Belebtem und Unbelebtem — benutzte und daß sie hierdurch die (nach Winnicott) „fortgesetzte Aufgabe des Menschen, nämlich innere und äußere Wirklichkeit getrennt, aber doch aufeinander bezogen zu halten", zu lösen suchte. Winnicotts weitere Ausarbeitung der Auffassung, nach der ein „neutraler Erfahrungsbereich, der nicht in Frage gestellt wird", während bestimmter Entwicklungsphasen wichtig ist — nach Winnicott zeigen sich Übergangsphänomene erstmals ungefähr zwischen dem 4. und 12. Lebensmonat (S. 232) —, stimmt mit den hier dargelegten Vorstellungen durchaus überein. Erfahrung, die „nicht in Frage gestellt wird", was nach meiner Auffassung mit Ambiguitätstoleranz verbunden ist, erlaubt die allmähliche Bildung einer Art Einstellungs-„Membran", die in dem Maße Ichsynton ist, in dem sie eben nicht vorzeitig von außen auferlegt wurde, sondern sich individuell aufgebaut hat durch aktives, erforschendes Hin- und Herwandern in kulturellen Grenzbereichen, die kaum oder allenfalls zweideutig definiert sind. Im Laufe meiner Arbeit mit Mary erlebte ich bisweilen sadistische Gefühlsregungen, die damals für mich wohl ein unbewußter Versuch der Bewältigung *meiner* unheimlichen Erfahrungen waren, die durch meinen Kontakt mit ihr ausgelöst wurden. Diese unheimlichen Erfahrungen hängen vermutlich mit den „unverdauten", dissoziierten Übergangszuständen der Patientin zusammen, die auf die von ihr stark empfundene Spannung zwischen der belebten im Gegensatz zur „unbelebten" Natur ihrer Körperlichkeit zurückzuführen sind. Auf diese Überlegung werde ich weiter unten noch zurückkommen.

Anna, die Patientin, die viele Déjà-vu-Erlebnisse hatte und im Zusammenhang mit hysterischen Fuguezuständen zur Psychoanalyse kam, erfuhr kleinere Manifestationen dieser Zustände während der Sitzungen. Die bei diesem Fall auffällig enge Verbindung zwischen synästhetischen und Déjà-vu-Phänomenen (die weiter unten näher beschrieben wird) führte mich (Kafka 1966) zu folgender Überlegung als Erklärungsversuch. Als eine schematische Hinführung zu dieser Überlegung kann man sich ein bestimmtes Wellenmuster auf einem Oszilloskop vorstellen, das visuelle, akustische oder taktile Stimuli darstellt. Ein wahrnehmender Organismus (oder auch ein elektronischer Detektor) soll nun angeben, ob es sich um ein bekanntes *visuelles* Muster handelt. Wenn sich die Reaktion unabhängig von der Sinnesmodalität auf das *Muster* bezieht, dann ist die Wahrscheinlichkeit für Bekanntheit erheblich größer. Das bedeutet, daß ein Déjà-vu oder eine ähnliche Empfindung dann hervorgerufen wird, wenn das Muster der visuellen Stimulierung ein entsprechendes Echo in *irgendeiner* anderen (akustischen, taktilen usw.) Sinnesmodalität hervorruft. Anders gesagt ist die Wahrscheinlichkeit dafür, daß das Muster ein Gefühl von Bekanntheit hervorruft, dann erheblich größer, wenn ein bestimmtes Stimulusmuster, etwa ein Muster visueller Reize, in einem Moment in Erscheinung tritt, in dem die Sinnesmodalitäten besonders eng miteinander verwoben sind.

Schachtel (1947) entwickelte überzeugend die Hypothese, daß hinter der kindlichen Amnesie *nicht* der Inhalt frühkindlicher Erfahrungen steht, sondern die Tatsache, daß die Erfahrungsschemata sich von denen der Erwachsenen unterscheiden. Synästhesie ist eher für frühe Erfahrungen charakteristisch; die Unterscheidung nach den verschiedenen Sinnesmodalitäten, also eine sensorische Differenzierung, ist dagegen eher für spätere Erfahrungen charakteristisch. In Kap. 3 werde ich ausführlich klinisches Material von der Patientin mit vielen Déjà-vu-Erlebnissen vorlegen; von ihr wurde aufgabenorientiertes Verhalten mit der Notwendigkeit sensorischer Differenzierungen verfrüht schon in jenen Entwicklungsphasen gefordert, in denen spielerische, „traumartige" synästhetische Erfahrungen von ihr herbeigesehnt wurden und ja auch angebrachter sind. Ich bin schließlich zu der Auffassung gelangt, daß ihre Schwierigkeiten im wesentlichen auf (in bestimmten Entwicklungsabschnitten) unzureichende Möglichkeiten zurückgehen, sich in dem Übergangsbereich zwischen Synästhesie und sensorischer Differenzierung gleichsam spielerisch hin und her bewegen zu können.

Das Erleben von seltsamen und unheimlichen Dingen, von etwas Überirdischem oder Übernatürlichem entsteht dann, wenn der Erlebnisinhalt unmittelbare Evidenz und Überzeugungskraft für uns hat, gleichzeitig aber abwegig oder sinnlos erscheint und wir den Erlebnisinhalt nicht einfach zur Seite tun können. Zwei widersprüchliche Erlebenserfahrungen, die gleichermaßen evident und überzeugend und damit stark gefühlsbesetzt sind, lassen das Gefühl des Unheimlichen entstehen. Der Affekt des Unheimlichen bei Déjà-vu-Erleben („Ich habe mich dabei ertappt, daß ich etwas als bekannt erlebte, was mir ganz sicher überhaupt nicht bekannt war“) ähnelt dem irgendwie seltsamen Gefühl beim Lesen des Schildes „Dieses Zeichen nicht beachten“. Wenn man das Gefühl des Unheimlichen als Ergebnis gleichzeitig auftretender widersprüchlicher Erlebensinhalte mit angenähert gleichstarker Evidenz versteht, so findet man diese Situation beim Déjà-vu-Erleben sehr deutlich vor. Man mißtraut seinen Sinnen, zweifelt am eigenen Verstand, ist besorgt um seine „Ichheit“. Ich bin nicht der Meinung, daß die Synästhesie ein notwendiger Bestandteil des Déjà-vu-Erlebens ist; allerdings bin ich der Überzeugung, daß eine Ambiguität — ob diese nun aus einer Vermischung im Gegensatz zur Differenzierung der Sinnesmodalitäten, aus der Spannung zwischen Belebtem und Unbelebtem oder zwischen linearen und nichtlinearen „Kausalitäts“-Systemen, oder aus irgendeiner anderen Quelle herstammt — besonders seltsam und unannehmbar für jene Menschen ist, von denen ein differenziertes Verhalten bereits sehr früh verlangt wurde, nämlich in Zeiten, in denen eine solche Differenzierung normalerweise von den Eltern vorgenommen wird, was dem Kind somit ermöglicht, ohne Gefährdung in der Vielfalt von Vermischungen und anderen widersprüchlichen Erfahrungen zu schwelgen.

Weiter unten werde ich näher ausführen, wie bei der Patientin mit der Neigung zu Selbstverletzungen und bei der anderen Patientin mit Fuguezuständen und Déjà-vu-Erlebnissen die Psychotherapie Prozesse in Gang setzte, die dazu führten, daß Gefühle der Fremdheit (verglichen mit dem gewohnten Welterleben) besser angenommen werden konnten und sich schließlich eine gewisse *Vertrautheit* mit solchen Fremdheitsgefühlen einstellte. Die im Erleben des Unheimlichen (beim Gefühl von Vertrautheit und gleichzeitig von Fremdheit) mitenthaltene Furcht ist damit vermindert, und das Unheimliche verliert an Grauen. Im Laufe meiner Arbeit mit hospitalisierten Patienten (Kafka und McDonald 1965; Kafka 1966) habe ich immer wieder die Erfahrung machen müssen, daß wenig ambiguitätstolerante Eltern dazu neigen, ihre Kinder der Behandlung zu entziehen; deswegen muß man in der Arbeit mit Familien die notwendigen mythenzerstörenden Maßnahmen mit stabilisierenden Interventionen verbinden. Dies bedeutet, mit möglichst vielen Familienmitgliedern in Kontakt zu kommen und dabei auch gezielt mit solchen Verwandten gemeinsame Gespräche zu führen, die es bislang vermieden haben, miteinander alleine zu sein (vgl. Kap. 6). Wenn beispielsweise vor einem mit Tochter und Vater gemeinsam verabredeten Gespräch sie oder er krank wird, plötzlich einen dringenden beruflichen Termin hat oder irgendeinen anderen Grund findet, um das Gespräch abzusagen, dann gewinnt das Bemühen um Verständnis und um Überwindung dieses Vermeidens eine ganz besondere Bedeutung. Ein solcher spezifischer Widerstand ist oft die Tür, hinter der ein Familienmythos verborgen ist.

Zusammenfassung

Formale und klinische Überlegungen zu den 2 Arten von widersprüchlicher Kommunikation — Widersprüche, die *theoretisch* auf einer Bedeutungsebene liegen, und Paradoxien oder Ambiguitäten, die mehr als nur eine Bedeutungsebene betreffen — haben mich zu der Auffassung gebracht, daß sich menschliche Erfahrung und Kommunikation immer auf mehreren Bedeutungsebenen vollziehen. Wenn man auf eine Konfrontation mit konflikthaftem Material bezüglich der verschiedenen Bedeutungsebenen vorbereitet ist, dann wird dies *subjektiv* gewöhnlich als Widersprüchlichkeit empfunden, und es entstehen Gefühle der Ambivalenz, insbesondere wenn die widersprüchlichen Momente ungefähr gleich stark sind. Konflikthaftes Material mit verschiedenen Bedeutungsebenen, auf die man *nicht* vorbereitet ist, wird als paradox oder ambiguös empfunden und führt zum Erleben des Unheimlichen und der Dissonanz sowie zu einem mehr oder minder starken Verlust des Gefühls der „Ichheit" und zur Depersonalisation — insbesondere wenn die betroffenen Bedeutungsebenen annähernd gleichrangig sind (wie beim Déjà-vu).

Das Leben bringt für die Menschen das unaufhörliche Erleben von Paradoxien und eine ständige Auseinandersetzung mit paradoxen Systemen, die die Wirklichkeit darstellen (von leichten Déjà-vu-Erlebnissen bis hin zur Spannung zwischen Wellen- und Quantentheorie in der Physik), mit sich. Im Mittelpunkt steht hierbei der Gesichtspunkt, daß nur dann eine Individuation ohne Fremdheitsgefühle gelingt, wenn in der Entwicklung von persönlichen „Wirklichkeiten" der Umgang mit Paradoxien durch die Eltern internalisiert ist. Aus dem hier dargestellten Blickwinkel wird die Ambiguitätstoleranz der Eltern — in einer Form und Intensität vermittelt, die dem jeweiligen Entwicklungsstand des Kindes angemessen ist — eine reguläre Individuation des Kindes und für die Prävention eines „pathologischen" Maßes an „splitting", Fremdheitsgefühl und Dissonanz als zentral notwendig konzeptualisiert. Eine solche Ambiguitätstoleranz ist einer guten Entwicklung des Kindes besonders dann hilfreich und förderlich, wenn sie in ein Kommunikationssystem eingebettet ist, das durch eine gemeinsame Wirklichkeit von Eltern, Kind und Kultur gekennzeichnet ist — durch ein Überlappen der verschiedenen Bedeutungsebenen und der „subjektiven Äquivalenzen" von Kind, Familie und Gesellschaft.

Solche Überlegungen bezüglich der positiven Seiten von Ambiguität wirken sich durchaus auf Konzeptbildungen in Forschung und Therapie aus. Wie weiter oben beschrieben, blieben unsere Bemühungen erfolglos, Eltern bzw. zukünftige Eltern mit der Neigung zu pathogenen Doppelbindungen zu identifizieren — vermutlich teilweise aufgrund von Inkonsistenzen innerhalb der Doppelbindungstheorie. In einem verwandten Forschungsfeld erhoben Ryder und Goodrich (Ryder 1966, 1968, 1969; Ryder u. Goodrich 1966; Goodrich u. Boomer 1963) experimentelle Befunde zum Interaktionsverhalten von Paaren, die mit nicht zu vereinbarenden Informationen konfrontiert werden. Eine Anzahl von Eheleuten wurden einem „Farbenvergleichstest" unterzogen; in der

Instruktion klang an, daß es um die Untersuchung von visuellen Wahrnehmungsfunktionen ginge. Die Ehepartner saßen einander gegenüber und blickten auf Tafeln mit numerierten Farbfeldern; hierbei waren die Tafeln jeweils für den anderen nicht einsehbar. Infolge der irreführenden Instruktion mußten die Eheleute annehmen, daß ihrer beider Tafeln identisch waren, und wenn beide gefragt wurden, welche Farbe durch bestimmte vorgegebene Zahlen gekennzeichnet sind, dann kamen sie anfänglich tatsächlich zu übereinstimmenden Antworten. Später im Experiment geschah es dann jedoch ab und zu, daß Zahl und Farbe auf den beiden Tafeln nicht übereinstimmten. In einem solchen Fall können die Versuchspersonen nun beispielsweise annehmen, der Ehepartner oder der Versuchsleiter wolle sie täuschen; sie können an ihrer eigenen Wahrnehmungsfähigkeit zweifeln oder auch die Diskrepanz übergehen; die Eheleute können über ihre Zweifel und hypothetischen Vermutungen miteinander sprechen oder es auch unterlassen. Vor dem Hintergrund der hier dargestellten Auffassungen würde ich vermuten, daß Paare oder einzelne Personen, deren aufgabenbezogene Leistungsfähigkeit bei Konfrontation mit unerwartet widersprüchlichen Daten abnimmt *und* die sich über die widersprüchliche Situation *nicht* verständigen (im Sinne von Metakommunikation), mit ihren heranreifenden Kindern wahrscheinlich schwer zurechtkommen, sobald diese sie mit widersprüchlichen Wirklichkeitserfahrungen konfrontieren. Die Nutzanwendung solcher Vorhersagen für die Beratung von Eltern in Erziehungsfragen hängt natürlich davon ab, inwieweit sich die Befunde aus dem Laborexperiment auf das Verhalten gegenüber dem Kind in vertrauter Umgebung übertragen lassen. Versuche, Ambiguitätstoleranz anhand von Gesprächsprotokollen einzuschätzen, sind noch in ihren Anfängen, können aber bereits in begrenztem Maß angewandt werden. Der Untersuchungsansatz von Berlyne (1966) zur Bestimmung der optimalen Ambiguitätsspanne — als Optimum hinsichtlich der Aufrechterhaltung von Interesse und Neugier — könnte sich auch als nützlich erweisen, um Eltern mit kleinen bzw. großen optimalen Ambiguitätsspannen ausfindig zu machen. (In diesem Zusammenhang ist ein interessanter Ansatz von Hohage und Kübler (1987) zu erwähnen, Ambiguitätstoleranz und Einsichtigkeit bei Psychotherapiepatienten mit Hilfe von Schätzskalen zu erfassen und deren Veränderung im Verlauf der Psychotherapie zu beschreiben.)

Innerhalb der hier dargestellten Neuformulierung der Doppelbindungstheorie wird die therapeutische Doppelbindung etwas zurückhaltender als in der ursprünglichen Theoriefassung begriffen, nämlich als eine Art Verlagerung dessen in die Therapie, was in entscheidenden Entwicklungsphasen gefehlt hat: eine angemessene Konfrontation und Auseinandersetzung mit Paradoxien und Widersprüchen, wodurch man auf ein Leben als unabhängiges und einzigartiges Individuum vorbereitet wird; und Paradoxien und Widersprüche halte ich für eine wesentliche Komponente eben dieses Individuationsprozesses. Der therapeutische Einsatz von Ambiguität bedeutet aber keineswegs einen geplanten oder berechnenden Gebrauch von Paradoxien oder von Irrationalem, sondern er bezieht sich eher auf die Handhabung von Ambiguitäten, die natürlicherweise im Hin und Her von Übertragung und Gegenübertragung innerhalb der therapeutischen Beziehung auftreten, und beinhaltet die Verwendung von Kommunikation und Metakommunikation gemäß dem jeweiligen Entwicklungsstand der Patient-Therapeut-Dyade.

Die zeitliche Dimension im Zusammenhang mit der Organisation multipler Realitäten wird von Doppelbindungstheoretikern nicht ausdrücklich berücksichtigt und hat in meiner Kritik und Neuformulierung der Hypothese bisher auch keine Rolle gespielt. Nach und nach hat mich jedoch die offensichtliche zeitliche Konnotation des Begriffs der Objekt*konstanz* zur gemeinsamen, verbindenden Betrachtung der Themenstellungen der multiplen Realitäten und Zeit geführt, die im nächsten Kapitel ausführlich dargestellt wird.

3 Déjà-vu, Drogen, Synästhesie und die Synthese von Geist und Zeit

Die uralte philosophische Frage nach dem Wesen der Wirklichkeit verliert im Kontext der Psychiatrie viel von ihrer Abstraktheit, gewinnt hier sogar an persönlicher Schärfe, weil Entfremdung von der Wirklichkeit tragische Isolierung für einen Menschen bedeuten kann. Die zentrale Bedeutung der Zeit wird deutlich werden, wenn wir aus klinischer, experimenteller und theoretischer Sicht die Phänomene untersuchen, die bei einer Entfremdung von der konsensuell validierten Wirklichkeit entstehen.

Im vorangegangenen Kapitel ist das Konzept der subjektiv äquivalenten Stimuli (Klüver 1936) in bezug auf die Untersuchung der Bausteine der psychischen Realität diskutiert worden. Ich werde hier weitere Gedanken von Klüver mit klinischen Daten und psychoanalytischen Konzeptbildungen verbinden, wobei ich deren Bedeutung nicht nur für ein Verständnis von Objektkonstanz (Kafka 1964), sondern vor allem auch bezüglich verwandter Themen der Ambiguität, Paradoxie und Zeit herausarbeiten werde.

Obwohl sich Freud mit der Fehlwahrnehmung von Realität, besonders mit der Fehlwahrnehmung bezüglich der Unterschiedlichkeiten zwischen männlichen und weiblichen Genitalien beschäftigt hat, so gab es doch für ihn im Grunde eine einzige (Alltags)wirklichkeit, die richtig wahrgenommen wird oder eben nicht. Hartmann (1939) behandelt einige Aspekte der Relativität von Wirklichkeit; für ihn ist aber diese Relativität ziemlich genau umschrieben, und er findet immer noch festen Halt in einer „durchschnittlich zu erwartenden Umgebung". Eine solche Festigkeit, selbst wenn sie derart begrenzt ist, wird von Autoren wie Loewald, Wallerstein, Novey und Lichtenstein problematisiert. Diese Autoren unterscheiden sich zwar hinsichtlich der Gewichtung von entwicklungspsychologischen, sozialen oder psychisch-strukturellen Problemstellungen sowie in der Beurteilung, inwieweit die sozialen und die innerpsychischen, strukturellen Realitätsprobleme miteinander zusammenhängen oder getrennt zu betrachten sind; sie teilen aber gemeinsame Auffassungen etwa im Hinblick auf den Zusammenbruch von der Vorstellung einer verbindlichen Alltagsrealität, die Krise der konsensuellen Validierung und die abnehmende Übereinstimmung hinsichtlich der durchschnittlich zu erwartenden Umgebung. Novey (1955) geht noch weiter und hebt die grundsätzliche Ähnlichkeit zwischen „normal" geordneten Realitätssystemen und Wahnsystemen hervor.

Lichtenstein (1974) zeichnet „die Transformation von ‚Realität' seit Freud" (S. 353) nach und illustriert mit Fallmaterial die „sich wandelnde Funktion des Es" (S. 358) und des Über-Ich, die aus einer radikal gewandelten Realitätswahrnehmung resultiert. Im Hinblick auf das Es stellt Lichtenstein fest: „Sexuelle Erfahrungen in den Dienst eines verzweifelten Versuchs zu stellen, sich der Realität des eigenen Selbst ebenso zu versichern wie der Realität des anderen, (...) bedeutet eine Veränderung in der Funktion psychischer Strukturen" (S. 360). Im Hinblick auf das Über-Ich beschreibt er eine nichtschizophrene Patientin, die nach etlicher Erfahrung mit psychedelischen Drogen das Gefühl bekam, daß es in Wirklichkeit keine „Dinge" gebe, daß alles Kraft sei, Energie, die durch alles Lebende und Nichtlebende fließe, in ungebrochenen Wellen bzw. Vibrationen. Sie fing dann an, Aufsätze über moderne Physik im *Scientific American* zu lesen, durch die sie sich in ihrer Auffassung bestätigt fühlte, daß es so etwas wie Objektivität oder feststehende Gesetzmäßigkeiten überhaupt nicht gebe und daß die gewöhnliche Alltagsrealität nur einen begrenzten Ausschnitt aus einer umfassenderen Wirklichkeit darstelle. Sie war allerdings nicht in der Lage, die innere Kluft zwischen ihrer Wirklichkeitsauffassung, die sie (so sagte sie) wie in einem inneren Raum gefangen hielt, und der wetteifernden Umwelt zu überbrücken. Wenn sie in der Natur sein konnte, fühlte sie sich eins mit sich und der Welt; sie sehnte sich aber nach Gemeinsamkeiten mit Menschen, nach emotionalem Kontakt und nach inhaltsvoller Kommunikation, und gerade das alles ging ihr mehr und mehr verloren (S. 363).

Vor dem Hintergrund von Lichtensteins Schilderung kehren wir nun zum Konzept der Objektkonstanz und seiner Verbindung zur subjektiven Äquivalenz zurück. Wie ich in Kap. 2 bemerkt habe, bezieht sich „Objektkonstanz" in der Psychoanalyse gewöhnlich auf die Vereinigung einander partiell widersprechender Vorstellungen, beispielsweise auf das Zusammenbringen der Vorstellungen von der befriedigenden „guten" Mutter und der frustrierenden „bösen" Mutter in einer inneren Repräsentanz der Mutterfigur. Anna Freud sprach in einem Vortrag auf dem Internationalen Psychoanalytischen Kongreß 1971 in Wien von der Objektkonstanz als der Fähigkeit, das frustrierende Objekt gleichwohl zu lieben.

Ich möchte kurz innehalten und darauf hinweisen, daß Klüvers „subjektive Äquivalenz" nicht nur im Hinblick auf Objektkonstanz, d. h. auf die Identität von Objekten, sondern ebenso im Hinblick auf Zeit angewandt werden kann. Viele der klinischen und experimentellen Befunde zum Zeitthema, die in Kap. 1 erörtert worden sind, sind systematischere Ausarbeitungen der Alltagsbeobachtung, daß die Zeit manchmal schneller und manchmal langsamer verstreicht. Und das muß auch bedeuten, daß *objektiv unterschiedlich lange* Zeitabschnitte durchaus *subjektiv äquivalent* sein können.

Für Lichtensteins Patientin gab es „wirklich keine Objekte", weil bei ihr kein einziges Muster von subjektiver Äquivalenz durchgängig vorherrschte. Sie stellte sich eine Art fließender Energie oder Kraft vor, die unbelebte wie auch belebte Objekte in Wellen durchströmte und in rascher Aufeinanderfolge verschiedene Muster von subjektiver Äquivalenz entstehen ließ. Diese Beschreibung befindet sich im Einklang mit klinischen Unterscheidungen (Kafka 1964) zwischen Subjekt und Objekt, zwischen Selbst und Nichtselbst, die sich infolge der subjektiven Äquivalenz einiger fragmentarischer Selbstrepräsentanzen mit fragmentarischen psychischen Repräsentanzen von anderen auflösen oder jedenfalls in den Hintergrund treten können. Ähnlichen Vorgängen bin ich bei der Untersuchung psychotischer Phänomene und psychedelischen Drogenerlebens begegnet (Kafka 1964; Kafka u. Gaarder 1964). Es scheint, daß bei Lichtensteins Patientin solch ein Verschwimmen der Grenzen die Kommunikation mit anderen erschwerte, die die Welt anders, d. h. in Form von stabilen, voneinander dauerhaft differenzierten Objekten wahrnehmen.

Zu den Faktoren, die die Bildung eines Systems von subjektiven Äquivalenzen beeinflussen, zählen motivationale Kräfte — die Trieborganisation und deren aktuell bestehender Aktivierungszustand. Die Organisation von Mustern der subjektiven Äquivalenz hängt offensichtlich irgendwie mit der Art der frühen Objektbeziehungen zusammen. Für die Entwicklung von stabilen Mustern der Objektkonstanz im psychoanalytischen Sinn sind sehr wahrscheinlich auch stabile Muster von Objektkonstanz im „perzeptuellen" Sinn notwendig. Diese beiden Begriffsbedeutungen enthalten überlappende Elemente, die aus der ursprünglich gemeinsamen Matrix stammen. Die Untersuchung von Drogen, die Wahrnehmungsprozesse tiefgreifend beeinflussen, hat manchen besonders bedeutsamen Befund zu Tage gefördert. Weil ich an der Untersuchung von zwei Substanzen mit ganz verschiedenen Wirkungen, LSD und Sernyl, mitgearbeitet habe, kann ich nun eigenes Anschauungsmaterial vorlegen.

Beispiele aus der LSD-Studie

Wenn Wahrnehmungsprozesse eng mit Objektkonstanz verbunden sind, dann gewinnt die Unterscheidung zwischen gewöhnlicher (d. h. sensorisch differenzierter) und synästhetischer Wahrnehmung an besonderem Interesse. Synästhesie bedeutet ja, wie schon erwähnt, die Vermischung unterschiedlicher Sinnesmodalitäten, beispielsweise eine Verbindung zwischen Farben und bestimmten Tönen oder Musik.

Bevor LSD eine Modedroge wurde, nahm ich gemeinsam mit Psychoanalytikerkollegen, die ebenfalls mit psychotischen Patienten arbeiteten, an einem systematischen Forschungsprojekt zur Untersuchung psychedelischer Substanzen teil. Wir nahmen am Sonntag LSD, sprachen dann am Montag mit Patienten und untersuchten auf diese Weise die Auswirkungen des LSD-Erlebens auf die therapeutische Arbeit. Ich möchte betonen, daß die Forschung mit den von uns verwendeten Substanzen damals erlaubt war und daß wir nicht unter akutem Drogeneinfluß standen, wenn wir mit Patienten zusammen waren. Ganz besonders interessierte uns, ob Erfahrung mit einer Droge, der man ja nachsagt, daß sie zu psychoseähnlichen Zuständen führt, unser Verständnis für psychotische Patienten und die therapeutische Arbeit mit ihnen fördert.

Einige meiner Kollegen hatten den Eindruck, daß das LSD-Erleben keine Auswirkung auf ihre therapeutische Arbeit hatte, und wir alle stimmten darin überein, daß eine Vielzahl von Faktoren, das soziale Setting einbegriffen, das LSD-Erleben mitgestalten können, das sich von ekstatischem Überschwang bis hin zum entsetzlichsten Horror erstrecken kann. Dennoch glaubten wir, einige

Verallgemeinerungen vornehmen zu können, zumal ähnliche Erfahrungen hinsichtlich formaler Merkmale auch von vielen anderen Personen mitgeteilt worden waren, die LSD genommen hatten. Sie erlebten sich miteinander „in tune“, wenn auch das Erleben „exquisit individuell“ war und auch als solches geschildert wurde. Das Erleben einer gemeinsamen Wellenlänge (ein Erleben, das sich zwangsläufig aus der Mehrdimensionalität des LSD-Erlebens ergibt) war dasjenige formale Merkmal, das eine Verallgemeinerung wohl am meisten rechtfertigte.

Es gab zwar bereits viel Literatur zu LSD-25 und zu verwandten Drogen, aber es gab nur wenige psychodynamisch orientierte Untersuchungen aus jüngster Zeit. Einer von Unger (1963) veröffentlichten Literaturübersicht ließ sich entnehmen, daß immer wieder die Unterschiede zwischen dem durch die Droge hervorgerufenen Zustand und den spontan auftretenden psychopathologischen Symptomen hervorgehoben wurden (Hoch et al. 1958). Es wurden allerdings ebenso durch LSD hervorgerufene Ich-Zustände (Savage 1955) in ihrer teilweisen *Übereinstimmung* mit spontan auftretender Psychopathologie beschrieben und den Psychotherapeuten zur Beachtung anempfohlen. LSD-Forscher (z. B. Abramson 1959) vertraten die Auffassung, daß jeder, der mit LSD therapeutisch arbeiten wolle, sich selbst Erfahrung mit der Droge verschaffen sollte. Bei unserer Literatursichtung haben wir aber keine einzige Untersuchung entdecken können, die sich speziell mit der Frage beschäftigt hätte, welche Auswirkungen sich auf die therapeutische Arbeit ergeben, wenn der Psychotherapeut Erfahrung mit LSD oder anderen Halluzinogenen hat.

In die Untersuchung wurden 5 Psychotherapeuten einbezogen, die unter ärztlicher Kontrolle LSD-25 in einer Dosierung von 75–250 µg einnahmen; 2 Psychotherapeuten nahmen die Droge zweimal, die anderen 3 jeweils nur einmal. Es wird zwar allgemein angenommen, daß höhere Dosierungen zu intensiveren Wirkungen führen; nach unserer begrenzten Erfahrung gab es jedoch weder bei wiederholter Drogeneinnahme noch bei Änderungen der Dosierung keine systematischen Auswirkungen auf das Muster des Drogenerlebens oder auf die Art der späteren therapeutischen Arbeit. Umfassende medizinische Betreuung im Hintergrund war gewährleistet, ein Arzt und eine Krankenschwester standen für einen eventuellen Notfall bereit, und die Drogensitzungen wurden auf Tonband aufgezeichnet. Ferner wurden einige Psychotherapiesitzungen nach der Drogeneinnahme sowie einige Falldiskussionen mit den 5 Versuchspersonen ebenfalls auf Tonband aufgezeichnet. Zusätzlich diskutierten sie ihre Erfahrungen mit 8 anderen Psychotherapeuten, die woanders Erfahrung mit LSD gesammelt hatten. Bei der Aufbereitung der Untersuchung für die Veröffentlichung bemühten wir uns darum, den gemeinsamen Kern unserer eigenen Beobachtungen und der der anderen darzustellen (Kafka u. Gaarder 1964).

Wir haben 2 Arten von Auswirkung auf die Arbeit des Therapeuten beschrieben. Einmal ließ sich bei den Therapeuten ein rascheres, spontaneres, weniger gut durchdachtes Interventionsverhalten beobachten, was die Therapeuten selbst mit großer Überraschung registriert haben. Zum anderen kam es zu theoriebezogenen Überlegungen, die durch eine die Spontaneität fördernde LSD-Wirkung angeregt wurden.

Wenn auch der Reichtum der Erfahrungen bei der zusammenfassenden Darstellung Schwierigkeiten macht, versuchten wir trotzdem, einige Verallgemeinerungen hinsichtlich der Phänomenologie von LSD wiederzugeben. Im wesentlichen ist der Zusammenbruch der Kategorien der formalen Logik zu nennen. Unter LSD erlebt sich die Versuchsperson gleichzeitig als A und als B, beispielsweise als ein Selbstbeobachter in einem Drogenexperiment und gleichzeitig als „Linie auf einem Notenblatt". Die verschiedenen Schichten des Erlebens, die vielfältigen Bedeutungsebenen, all das kommt dem Selbstbeobachter gleichermaßen zutreffend vor, obwohl er sich durchaus darüber im klaren ist, daß nur eine der Bedeutungsebenen von seinen Kollegen, die nicht unter dem Einfluß der Droge stehen, als die richtige empfunden wird.

Inwieweit kann nun LSD der Schizophrenie ähnliche Zustände hervorrufen? Ein Therapeut unter LSD sagte: „Ich weiß genau, wo ich mich befinde und welches Datum wir haben, all dies hat aber für mich nicht dieselbe Bedeutung wie für euch." Vergleichbare Bemerkungen hört man auch von schizophrenen Patienten, wenn sie sich klinisch auf dem Weg der Besserung befinden. Peter, den ich in Kap. 5 ausführlicher besprechen werde, konnte die halluzinierten Stimmen von Vater und von Gott zwar unterscheiden, er empfand jedoch die Unterscheidung absolut bedeutungslos. Darüber hinaus verhalten sich manche regredierte schizophrene Patienten in bestimmten Situationen, etwa beim Ausbruch eines Feuers auf der Station, vollkommen angemessen. Dies kann als Hinweis auf ihren Zugang zu Wissensbeständen sowie auf die Gezieltheit ihrer Reaktionen auf Stimuli und Situationen gelten, die auch in ihrem eigenen Bedeutungsrahmen „einen Unterschied ausmachen". In einer Vielzahl von Fällen (allerdings nicht in allen) können Beobachter auf Tonband aufgezeichnete LSD-Interviews von ähnlich geführten Interviews mit schizophrenen Patienten zutreffend unterscheiden (Abramson 1959). Die nähere Untersuchung der Ausnahmen (also derjenigen Patienten, die nicht von den LSD-Versuchspersonen unterschieden werden können) könnte aufschlußreiche Befunde ergeben.

Kommen wir zu unserem Hauptthema, den Auswirkungen von LSD-Erfahrung bei Therapeuten auf ihre Arbeit mit Patienten, zurück. Zunächst verringerte sich durch die Mehrdimensionalität ihres LSD-Erlebens bei mehreren Therapeuten die Angewohnheit, ihren Patienten „Entweder-oder"-Fragen zu stellen. Für die Beschreibung der Mehrdimensionalität der LSD-Welt haben wir ein erweitertes Synästhesiekonzept hilfreich gefunden, das über die übliche sensorische Synästhesie des Sehens, des Hörens, des Berührungs-, Bewegungs- und des Temperatursinnes hinausgeht und Stimmung, Gefühl, Raum und Zeit miteinschließt. In einer Erlebenswelt, in der sich die Unterscheidung zwischen Subjekt und Objekt aufgelöst hat, befindet sich auch das Empfinden des eigenen Körpers in ständigem Fluß; so kann man beispielsweise das Gefühl haben, daß eine Oberfläche wie in einem surrealistischen Film zu einer S-förmigen Linie wird oder daß eine Linie, die auf einen zukommt, sich in Zeit auflöst.

Man meint die primäre Energie zu fühlen, noch ehe sie sich in einer spezifischen Sinnesmodalität manifestiert.

Nach der Erfahrung dieser „in jeder Hinsicht auftretenden Mehrdimensionalität" und des Zusammenbruchs der logischen Kategorien hatte ein Therapeut den Eindruck, daß er nun besser verstehen könnte, weshalb Patienten, insbesondere psychotische Patienten, auf Entweder-oder-Fragen oft so reagieren, als würde es sich um unpassende oder gar beleidigende Fragen handeln. In der Arbeit mit einer psychotischen Patientin mit Wahnsymptomen und Wahrnehmungsstörungen, deren Worte und Gebärden auf ihre Vorstellung hinwiesen, daß Leute ihr Gedanken in den Kopf hineinstecken oder sie wieder herausholen, hat sich der Therapeut oft Gedanken über spezifische Einzelheiten dieser Vorstellungswelt gemacht: Wird ihre Schädeldecke wohl weich und durchlässig? Geht die Hand wirklich hindurch? Und so weiter. Nicht bei jedem Patient mit Wahnsymptomen und Halluzinationen ist dem Therapeuten eingefallen, derartige Fragen aufzuwerfen, wohl aber bei dieser Patientin wegen ihrer besonderen Ausdrucksweise und Gebärden. Nachdem der Therapeut dann LSD genommen hatte, kam ihm seine Neugierde, wie sich die Patientin das Hineinstecken und Herausholen von Gedanken vorstellte, als schwachsinniges Interesse vor. Indem der Therapeut der Patientin dieses vermittelte, ermöglichte er eine Bereicherung der therapeutischen Kommunikation.

Des Therapeuten LSD-bedingte Erfahrung mit gleichzeitig vorhandener Bedeutungsvielfalt und besonders mit Synästhesie im erweiterten Sinne führte zu einer weiteren Änderung in der Therapie mit derselben Patientin. Ein endloses und erschöpfendes, sich wiederholendes Gerede der Patientin kennzeichnete einige Therapiesitzungen. An einer Stelle erklärte sie dem Therapeuten, daß sie deshalb immer wieder erneut wiederholte, was sie gesagt hatte (meistens waren es Wünsche und Forderungen), und auch auf seine Fragen und andere Interventionen nicht reagierte, um den Gang ihrer Gedanken und auch sich selbst, ihre Identität und ihre Ziele nicht zu verlieren. Wochen nach dieser Erklärung entwickelte die Patientin eine seltsame Verhaltensgewohnheit. Als sie sich einmal beklagte, daß sie vom Pflegepersonal schlecht behandelt und grob angefaßt würde, wurde sie darauf aufmerksam gemacht, daß es an ihr selbst läge, daß sie sich ja immerfort vor Türen und in Durchgängen aufhielte und dabei immer jemandem „im Wege" stünde. Die LSD-Erfahrung des Therapeuten hinsichtlich der „Synästhesie von Reden und Verhalten" half ihm, solches Verhalten mit ihren sprachlichen Wiederholungen gleichzusetzen. Er sagte der Patientin, daß offenbar eine Bedeutung ihres Verhaltens die konkrete, körperbezogene Aussage sei: „Ich bin hier; ich bin es, ich bin es." Die Patientin wirkte erfreut und bedankte sich mit der Bemerkung: „Das ist ein sehr schöner Aschenbecher; haben Sie ihn selbst gemacht?"

Bei einigen Therapeuten führten in unserem Experiment mehrere Einzelheiten ihrer LSD-Erfahrung zu mehr Toleranz gegenüber Schweigepausen in den Therapiesitzungen. Ein weiterer Faktor hierbei war vielleicht auch die in manchen Phasen des LSD-Trips aufgetretene Verwischung der Unterscheidung zwischen belebten und unbelebten Objekten. Einem Therapeuten beispielsweise erschienen manche Stimmen mechanisch und leblos, während er bestimmte

Gegenstände wie das Bettgestell, an dem er sich während des LSD-Versuchs bisweilen festhielt, als voll von lebendiger Energie erlebte. Die „Physiognomie" der Möbel, ein Muster im Teppich und dergleichen vermittelten dem Therapeuten unter LSD eine derart überwältigende, reichhaltige Erfahrung, daß er besonders bei einem Patienten, der offensichtlich auf die Physiognomie der Gegenstände reagierte, nun sehr viel mehr geneigt war, den Patienten im stillen Erleben der Umgebung zu begleiten. Eine Patientin forderte ihn wiederholt auf, einmal in ihr Zimmer zu kommen, um ihm dort „manche Dinge zu erklären"; sobald er ihrem Wunsch aber nachkam, verfiel sie unweigerlich in tiefes Schweigen. Seine LSD-Erfahrung bezüglich der Reichhaltigkeit der Physiognomie von Objekten ließ ihn dieses Benehmen als weniger absurd erleben, da er jetzt anzunehmen in der Lage war, daß sie ihn eingeladen hatte, diesen Reichtum schweigend mit ihr zu teilen.

Zunehmendes Vertrauen in die Genauigkeit sozialer Wahrnehmungen während des LSD-Erlebens und wenigstens noch einige Zeit danach kann ebenso zur Akzeptanz von Schweigen beitragen. In zumindest einem Fall führte solches Vertrauen sogar dazu, daß der Therapeut in scharfem Ton den Patienten zum Schweigen aufforderte. Am Tag nach der Einnahme von LSD fühlte sich der Therapeut in der Arbeit mit einem neurotischen Patienten sehr viel sicherer bei der Annahme, daß der Patient zwar viele Worte machte, aber doch nur „sinnlos schwatzte". Zu seiner eigenen großen Überraschung hörte sich der Therapeut recht aufgebracht zu dem Patienten sagen, daß er doch still sein sollte, wenn er nichts zu sagen hätte. Der erschrockene Patient antwortete mit einem Schimpfwort, schwieg daraufhin fast 20 Minuten lang und nahm dann, nachdenklich und in sinnvollerer Weise bemüht, das Gespräch wieder auf.

Nachdem ein Therapeut unter LSD panische Angst vor einer drohenden Desintegration erlebt hatte, fühlte er sich im handgreiflichen körperlichen Kontakt mit einigen psychotischen Patienten, die gegen einen befürchteten Kontaktverlust ankämpften, weniger befangen. Er stand jetzt der Vorstellung, daß sich der psychotische Patient leicht vom Therapeuten bedroht fühle, sehr skeptisch gegenüber, weil er in dem LSD-Versuch die Erfahrung gemacht hatte, daß die Angst vor Kontaktverlust erheblich größer ist als die Angst vor einem feindseligen Kontakt. Bei psychotischen Patienten machte er sich fortan das Mittel des Körperkontakts häufiger zunutze, und er handhabte die Verordnung von Kaltpackungen als eine Zwangsmaßnahme zur Wiedererlangung der Orientierung während der Therapiesitzungen etwas freizügiger.

Manche Therapeuten stellten fest, daß in dem Drogenzustand die Ordnung ihrer Erlebniswelt durch ein plötzlich auftretendes Geräusch, etwa ein Niesen, zerstört werden konnte. Dies ließ sie für Verhaltensänderungen bei Patienten nach Auftreten eines unerwarteten Stimulus aufmerksamer werden. Daß ein kaleidoskopartiger Wechsel von einer Erlebniswelt in eine andere bei manchen psychotischen Patienten häufiger vorkommt, ist eine klinisch gut bestätigte Hypothese. Nach unserem Eindruck sind die kaleidskopartigen Veränderungen beim LSD-Erleben und die unter manchen psychotischen Umständen einander phänomenologisch ähnlich. Nach unseren LSD-Erfahrungen hatten wir den Eindruck, daß einige schizophrene Patienten spürten, daß ihre Therapeuten gewissermaßen „dort“ gewesen waren und nun andere, leicht zerstörbare Welten besser in den Blick nehmen konnten; und dies führte zu einer Erweiterung der Verständigungsgrundlage.

Ebenso wie es infolge der LSD-Erfahrung spezifische Auswirkungen auf unsere Behandlungstechnik gab, waren unsere *theoretischen Begründungen* für die therapeutischen Konzepte in der Mehrdimensionalität des LSD-Erlebens verwurzelt. Wenn auch die einzelnen Schilderungen sehr unterschiedlich waren, so wurde doch von allen Versuchspersonen die Vielfalt von Bedeutungen betont, die sie unter LSD allen Ereignissen, Wahrnehmungen und Erlebnissen zugeschrieben hatten.

Da der LSD-Reichtum bisweilen durchaus als „bedrängend“ empfunden wird („ich komme nicht mehr mit“), formulierten wir beispielsweise die Hypothese, daß die hebephrene Dummheit ein verstehbarer Versuch des Fliehens vor Bedeutung sei. Die Auffassung, daß Bedeutung selbst, in ihren formalen Merkmalen, sich bedrohlich auswirken kann, könnte die therapeutische Arbeit mit hebephrenen Patienten durchaus beeinflussen. Vor dem LSD-Versuch hatte ein Therapeut die Sorge, er könnte sich in der Behandlung eines hebephrenen Patienten zu intensiv mit Inhalten beschäftigen und verblieb, übervorsichtig, mit dem Patienten in einem Bereich, den er als weniger angsterregend als die meisten anderen Themen einschätzte, in einem Bereich, in dem der Patient die Kommunikation mit „Dummheit“ aufrechterhalten konnte. Nach der spezifischen Einsicht, daß *formale* Bedeutungsmerkmale bedrohlich sein können, hatte der Therapeut mehr inneren Freiraum, des Patienten Übernahme von Bedeutung als einen gewaltigen Beweis von Vertrauen in die Beziehung, wie sie in diesem Moment war, anzunehmen. Hatte denn der Patient nicht schließlich die durch den Therapeuten vorgenommene Bedeutungsverleihung sich zu eigen gemacht, sei es nun aus Verzweiflung oder wegen seines Vertrauens oder aus beiden Gründen, nachdem ihm bislang eine überwältigende Zahl von verschiedenen Bedeutungen gleichermaßen zutreffend vorgekommen waren? Mit mehr Gelassenheit und weniger Ängstlichkeit konnte der Therapeut nun die zeitweilig vom Patienten akzeptierte Bedeutung (man könnte auch sagen: das Sicheinlassen auf den Sekundärprozeß) therapeutisch nutzen.

Ein weiteres theoretisches Konzept, das für die therapeutische Arbeit relevant sein kann, betrifft die von den LSD-Versuchspersonen erlebten Schwankungen hinsichtlich des Ausmaßes an Verlust von Selbstkontrolle und Realitätskontakt. Die LSD-Erfahrung intensivierte die uns vertraute Beschäftigung mit der Frage, ob ein Patient, besonders ein psychotischer Patient, ein bestimmtes Symptom willentlich kontrollieren kann. Einer der Therapeuten, der LSD nahm, hatte manchmal den Eindruck, daß es nur einen einzigen Punkt gab, an dem er dem Kollegen und der Krankenschwester, die bei seinem Experiment zugegen waren, etwas voraus hatte, daß er es nämlich besser wußte, wann er mehr oder weniger „hinüber“ war. Er gab dieses Geheimnis nur äußerst ungern preis. Als er einige Zeit nach seinem LSD-Experiment im Hinblick auf die willentliche Kontrolle von psychotischen Symptomen bei einem Patienten im Zweifel war, teilte er dem Patienten seine Zweifel mit, fügte nun aber auch hinzu, daß er des Patienten Bedürfnis, ihm in dieser Hinsicht etwas voraus zu sein, versteht und respektiert. Seine Andeutung, daß er das Bedürfnis des Patienten, dieses Geheimnis zu wahren, gut verstehen könnte, löste beim Patienten augenzwinkernde Anerkennung aus und hielt die Kontinuität der Verständigung in der Therapie zu einem Zeitpunkt aufrecht, als der Austausch extrem dürftig war.

Auch wenn die eindrücklichsten Auswirkungen der LSD-Erfahrung auf unsere therapeutischen Techniken bei der Arbeit mit Psychotikern zu beobachten waren, so hatten wir doch den Eindruck, daß sich die Drogenerfahrung auch auf unsere Arbeit mit nichtpsychotischen Patienten beträchtlich, wenn auch nicht so offensichtlich ausgewirkt hat. So wurden wir beispielsweise durch unsere Träume nach dem LSD-Versuch dazu hingeführt, in den Traumberichten neurotischer Patienten vermehrt auf die Dimension des „abstrakten Expressionismus", wie wir sie nannten, zu achten; damit sind die Gefühlsintensität sowie reichhaltige affektive Bedeutungsgehalte gemeint, die von einem abstrakten und formalen Muster geprägt sind (Kafka u. Gaarder 1964).

Nach dem LSD-Versuch hatte ein Therapeut Träume, die wegen ihrer formalen Eigenarten ungewöhnlich für ihn waren. Zum Beispiel träumte er von „einer beinahe, aber eben doch nicht vollständig geraden, fortlaufenden Linie mit gelegentlichen kleinen Windungen, die die Nazizeit und die 6 Mio. ermordeten Juden darstellten". Nach dem Erwachen hatte er das Gefühl, eine „Erweiterung der Geschichte" geträumt zu haben. Nach und nach kehrten dann in seinen Träumen die formalen Merkmale wieder zu den üblichen Mustern zurück.

Man kann spekulieren, daß eine in den abstrakten Traummustern unserer Patienten enthaltene größere emotionale Bedeutung möglicherweise dem entspricht, was in der Terminologie von Rorschach als dilatierter Erlebnistyp bezeichnet wird (im Rorschach-Test kommt es dabei zu vermehrten Bewegungs- und Farbantworten). Wir haben ferner angenommen, daß eine in den abstrakten Traummustern neurotischer Patienten zunehmende Gefühlsbesetzung mit einer Schwächung von Abwehrstrukturen in Zusammenhang stehen könnte. Nach unseren LSD-Erfahrungen richteten wir größere Aufmerksamkeit auf diese möglichen Bedeutungsgehalte der Dimension des abstrakten Expressionismus in den Träumen von Patienten.

Bei dem Versuch, die Auswirkungen unserer LSD-Erfahrung auf die therapeutische Arbeit zu verallgemeinern, ist uns deutlich geworden, daß sich vieles von dem, was wir beschrieben haben, in Einklang mit dem Zeitgeist des phänomenologischen und existentiellen Bewußtseins in der Psychiatrie befindet und nicht notwendigerweise und ausschließlich mit psychotropen Drogen zusammenhängt. Dennoch glauben wir, daß diese unsere Forschungsbemühungen unser Wissen über Therapie, Therapeuten und Psychopathologie sowie über die Phänomenologie von Drogen in wichtigen Punkten bereichert haben. Einige der beobachteten Wirkungen mögen einfach das Resultat einer neuartigen und einschneidenden Erfahrung sein, sei diese nun traumatischer oder lustvoller Art gewesen, oder auf den verbesserten Zugang der Therapeuten zu bislang weniger realisierten Bereichen ihres Seelenlebens zurückzuführen sein; manche Wirkungen sind vielleicht infolge der Auseinandersetzung mit Techniken des Festhaltens an der Wirklichkeit und der konsequenten Bewältigung von Angst entstanden; und manches hängt vielleicht damit zusammen, daß wir mit unseren Patienten eine Welt teilen gelernt haben, in der die selektive Filterung, die wir Sekundärprozeß nennen, weniger als in anderen Situation wirksam war. In unserer Untersuchung sind wir weitergehenden Fragen nach einer eventuellen therapeutischen Verwendung von psychotropen Substanzen nicht nachgegangen: etwa wie nützlich es für Patienten in Psychotherapie ist, solche Drogen zu nehmen; oder was passiert, wenn Therapeut und Patient gleichzeitig die Droge nehmen; oder was geschieht, wenn ein unter Drogeneinfluß stehender Therapeut einen Patienten sieht, ob mit oder ohne einen Kotherapeuten. Für eine Untersuchung solcher weiterführender Fragestellungen müßte erst das Problem gelöst werden, mit welchen Beobachtungsmethoden Angaben und Daten zu erhalten sind, die über den Sekundärprozeß hinausgehen, wobei aber gleichzeitig Selbstbeobachtung, Verständigung und Integration weiterhin möglich sind.

Als Zusammenfassung der Ergebnisse aus unserer LSD-Studie, die in einer Zeit duchgeführt wurde, als LSD noch ein weithin zugelassenes und geschätztes Forschungsmittel und eben noch keine Straßendroge war, lassen sich die folgenden rasch aufgetretenen Wirkungen der LSD-Erfahrung der Therapeuten nennen sowie einige erst nachträglich formulierte theoretische Auswirkungen. Der Zusammenbruch von logischen Kategorien, die Mehrdimensionalität des Drogenerlebens, das Verschwimmen der Grenzen zwischen belebten und unbelebten Objekten, die Bedeutung der Physiognomie der Objekte sowie vermehrtes Vertrauen in die eigene soziale Wahrnehmung: all dies wurde zu den Faktoren gerechnet, die zur Verringerung von Entweder-oder-Fragen führten. Die gesteigerte Beachtung der Physiognomie der Objekte und die größere Sensibilität für die durch Körperhaltung oder andere Details der Körpersprache vermittelte Botschaft brachte eine Erweiterung der nonverbalen Kommunikation und somit auch eine größere Toleranz für Schweigepausen mit sich. Die eher theoretischen Auswirkungen betreffen die Überlegung, daß die hebephrene Dummheit als Versuch aufgefaßt werden kann, einer Bedrohung durch übermäßige Fülle und Vielfalt von Bedeutungen zu entfliehen; ferner wurde angenommen, daß es für manche Patienten deshalb enorm wichtig ist zu verheimlichen, inwieweit sie sich in die Psychose hineinbegeben bzw. sich aus ihr herausbegeben, weil sie den nichtpsychotischen Menschen, die ja den Vorteil einer stabilen Bezugsstruktur haben, auch etwas voraushaben wollen.

Beispiele aus der Sernyl-Studie

In einem anderen Teil unserer Untersuchung bezüglich der Auswirkungen von Drogenerfahrung bei Psychotherapeuten wurde Kenneth Gaarder die Substanz Sernyl [1-(1-phenylcyclohexyl)-Piperidin-HCL] intravenös injiziert; ich war der Hauptbeobachter seiner Reaktionen. Die chemische Struktur, die neurophysiologischen Mechanismen und die psychologischen Auswirkungen von Sernyl sind völlig verschieden von der Substanzgruppe LSD, Meskalin, Psilocybin. Als Gaarder im Herbst 1963 bei einem Symposium in Chestnut Lodge über die Forschungsarbeit berichtete (Gaarder u. Kafka 1963), ahnten wir noch nicht, daß diese Untersuchung zu den letzten zugelassenen Humanexperimenten mit dieser gefährlichen Droge zählen würde, die heutzutage unter der Bezeichnung PCP besser bekannt ist. (Neuere Untersuchungen und Ergebnisse zu PCP finden sich beispielsweise in der Zeitschrift *Trends in Neuroscience* ; Heft 10 (1987) ist gänzlich der Substanz PCP gewidmet.) Mit unserem unveröffentlichten Bericht, auf den ich mich im folgenden ausführlich beziehe, versuchten wir 2 Ziele zu verfolgen. Einmal wollten wir den allgemeinen Wissensbestand um eine wichtige neue Methode zur Erzeugung psychotroper Wirkungen erweitern; zum anderen wollten wir zur Phänomenologie des Sernylerlebens einen Befund mitteilen, der bis dahin noch nicht beobachtet worden war.

Für die Ordnung und Beschreibung der Reaktionen von Gaarder legten wir bestimmte *Annahmen* zugrunde: Sowohl Schizophrene wie auch Versuchspersonen unter dem Einfluß einer psychotropen Droge unterliegen einer *Vielfalt* von Erfahrungen, bei denen tiefgreifende Ich-Veränderungen auftreten; diese Ich-Veränderungen können als eine Abfolge von „Ich-Zuständen" beschrieben werden, die sich häufig ganz erheblich voneinander unterscheiden; innerhalb eines jeden Ich-Zustands gibt es eine bestimmte Organisationsform der Besetzungsenergie des Ich, die sich hinsichtlich der Verteilung auf die verschiedenen Ich-Funktionen von den anderen Ich-Zuständen in Qualität und Quantität unterscheidet; es gibt Übergangszustände, in denen das Ich und seine Energie an dem Wechsel von einem Zustand in den anderen beteiligt sind; und die Untersuchung der drogeninduzierten Zustände, der Übergänge zwischen den einzelnen Zuständen und der Eingriffe, durch die diese Zustände und Übergänge geändert werden können, kann ein Hilfsmittel für ein erweitertes allgemeines Verständnis von Ich-Zuständen und deren Übergängen sein.

In der wenig ergiebigen psychiatrischen Literatur zu Sernyl wird beschrieben, daß die Droge die besondere Eigenschaft der selektiven Hemmung des sensorischen Systems aufweist. Hiernach liegt die hauptsächliche Wirkung von Sernyl darin, daß es sehr schnell so etwas wie sensorische Deprivation erzeugt, und zwar ohne den sonst hierfür erforderlichen gewaltigen Aufwand einer Isolationskammer. Alle Sinnesmodalitäten werden gehemmt, ohne daß das Bewußtsein, das Denken oder die Motorik beeinträchtigt würde. Mit einer Dosissteigerung kommt es zu einem allmählichen Verlust an peripheren Empfindungen (Schmerz, Lagesinn usw.) wie auch an den Fernsinnen wie Sehen und Hören. Aufgrund von klinisch-neurologischen Untersuchungen ist man zu der Auffassung gelangt, daß Sernyl direkt auf das primäre sensorische Zentrum, den Thalamus, wirkt, obwohl das Mittelhirn und der sensorische Kortex ebenso betroffen sind (Meyer et al. 1959; Luby et al. 1959). Unterschiede gibt es zwischen den Autoren in der Frage, ob Sernyl nun vorwiegend innere oder äußere Empfindungen beeinflußt. Denjenigen Forschern, die die Droge als Anästhetikum in der Chirurgie untersucht haben, hat sich die Frage nach ihrer Fähigkeit zur Herabsetzung der äußeren Wahrnehmung erst gar nicht gestellt

(Meyer et al. 1959). Diejenigen Forscher, die die Droge in Verbindung mit apparativ erzeugter sensorischer Deprivation untersucht haben, weisen auf den Verlust an innerer Wahrnehmungsfähigkeit hin (Luby et al. 1959; Pollard et al. 1960), da die Versuchspersonen unter Isolationsbedingungen weniger Symptome und weniger Belastung erleiden als in gewohnter Umgebung.

Ähnlich wie bei der sensorischen Deprivation treten Wirkungen auf Denkprozesse und Motorik allenfalls sekundär auf, es sei denn, die Versuchsperson gerät bei hoher Dosierung in eine katatone Starre. Zu weiteren nennenswerten Wirkungen, die bei verschiedenen Dosierungen beobachtet wurden, gehört das Gefühl, daß Teile des eigenen Körpers nicht zu einem gehören, weiterhin das Gefühl, tot zu sein, die Unfähigkeit zum Führen und Aufrechterhalten einer anspruchsvollen Unterhaltung und der Verlust des Vorstellungsvermögens für die jeweils momentan visuell nicht wahrnehmbare Umgebung und auch des Tiefensehens, so daß der für die Versuchsperson existierende visuelle Raum auf eine kleine Halbkugel vor ihrem Gesichtsfeld beschränkt ist. Als Anästhetikum in der Chirurgie hat sich Sernyl schließlich als ungeeignet erwiesen, weil eben diese Wirkungen den postoperativen Verlauf durch psychotische Episoden komplizieren. Ferner hat sich herausgestellt, daß Sernyl bei schizophrenen Patienten zu akutem Unwohlsein und zu Unruhezuständen führen kann. Kinder und ältere Menschen vertragen Sernyl besser als junge Erwachsene (Meyer et al. 1959; Luby et al. 1959; Pollard et al. 1960).

Zusammenfassend läßt sich mit Sernyl untersuchen, wie Enterozeption, Exterozeption, Körperschema, Denkprozesse, Motorik und Realitätskonstrukte dynamisch zusammenspielen und so das lebendige Ich erschaffen. Die Untersuchung von Sernyl erhielt eine besondere Bedeutung für das Verständnis der Schizophrenie vor dem Hintergrund der Hypothese von Gaarder (1963), nach der die schizophrene Denkstörung das Ergebnis von sensorischer Deprivation ist, der sich der Patient infolge von interpersonalen und intrapsychischen Mechanismen ausgesetzt hat.

Unsere Beobachtungen waren auf eine einzige Versuchsperson (Gaarder) beschränkt, die ein einziges Mal eine relativ niedrige Dosis (3,3 mg intravenös; das sind 0,05 mg/kg Körpergewicht) nahm. Gaarder war mit der Literatur über Sernyl gut vertraut, er hatte die Wirkung der Droge aber noch nie selbst erfahren. Die Wirkung setzte innerhalb von 10 Minuten nach Injektion der Substanz ein und war nach ungefähr 45 Minuten vorüber. Einige Stunden lang gab es noch Nachwirkungen in Form von Überempfindlichkeit gegen Geräusche.

In den folgenden Ausschnitten aus dem Tonbandprotokoll meiner Unterhaltung mit Gaarder auf dem Höhepunkt des Drogenerlebens sind die Eintönigkeit, die Schwierigkeiten beim Denken, die Verwirrung bei existentiellen Fragen sowie das Fehlen von zwischenmenschlichem Einfühlungsvermögen in seinen Äußerungen besonders bemerkenswert.

K.G.: (...) Etwas ist hier los und hm, hm — ich lebe — und hm — ich tue etwas aus irgendeinem Grunde, und ich weiß nicht, was ich tue und hm — was geschieht mit mir jetzt — und sind Worte solche Dinge, wie das, was jetzt geschieht? — Was bedeutet das, was jetzt geschieht? Ist es ein Wort? — Und Leute reden — und was ist reden? — und hm — ich weiß nicht, was los ist.

K.G.: (...) Ich bin ein Mensch in einem — es gibt ein Raum-Zeit-Kontinuum — und hm — etwas ist hier los — was das alles soll, weiß ich nicht, und auch nicht, wer ich bin und wo und wie und solche Sachen, und ich bin in einem Büro — und ein Büro ist etwas, in dem Leute sitzen, weil sie über etwas reden wollen, und Sigmund — Sigmund Freud — ich habe schon seit einiger Zeit nicht mehr über Sigmund Freud nachgedacht — Sigmund Freud ist jemand, der etwas herausgefunden hat, äh — hm — ich weiß es nicht. Was ist ein Psychiater? Es ist sehr (lacht) — es ist eine sehr interessante Erfahrung. Ich mache irgendeine Erfahrung, und ich weiß nicht, was los ist, und ich weiß nicht, was sagen, was los ist, ist das Sagen (...)

K.G.: (...) Hm — lebe ich ? Oder — was heißt leben?

J.K.: Du lebst — was immer das heißen mag.

K.G.: Was heißt das?

J.K.: Mann — du hast diese Droge genommen, damit du es uns sagen kannst! Du hast eine Droge genommen.

K.G.: Wer? Ich?

J.K.: Ja, du.

K.G.: Wann?

J.K.: Vor wie lange, glaubst du, hast du sie genommen?

K.G.: Mal sehen — mal sehen — ich habe eine Droge genommen in — äh — vor ungefähr 15 Minuten, glaube ich — stimmt's?

J.K.: Wie bist du auf diese Zeit gekommen?

K.G.: Habe ich recht viel geredet?

J.K.: Hmh-hmh.

K.G.: Gut! Hm — was auch immer passiert, wenigstens werde ich erfahren, was ich gesagt habe — Aber wer bin ich? — Was tue ich? Ich meine, warum bin ich — hm — was ist los?

R.M. (technische Hilfskraft): Ich messe jetzt Ihren Blutdruck, Ken.

J.K.: Würdest du dich wohler fühlen, wenn ich dir sage, was los ist? Möchtest du es wissen?

K.G.: Ja.

J.K.: Du hast Sernyl genommen — das ist eine Droge, für die du dich interessierst — du bist ein Psychiater, und du hast Sernyl genommen, um herauszufinden, wie es dir dabei ergeht, und du stehst eben jetzt unter dem Einfluß dieser Droge.

In der Literatur über Sernyl wird meistens beschrieben, daß sich die Versuchsperson eines ganz auffällig veränderten Körperbildes deutlich bewußt ist; eine solche Veränderung des Körperbildes wird geschildert als Gefühl, vom eigenen Körper wegzufließen oder tot bzw. ein Leichnam zu sein, wobei dies ausdrücklich als tiefgreifendes *körperliches Erleben* empfunden wird (Bakker u. Amini 1961). Interessanterweise hat Gaarder dies nicht erlebt. Obwohl er aufgrund seiner vorangegangen Lektüre auf so etwas gefaßt war, so war er doch bei dem Experiment in hohem Maße auf ein intellektuelles, theoriebezogenes Erleben eingestellt. Da er um die in der Literatur beschriebene Apathie der Versuchspersonen wußte, war er fest entschlossen, das, was geschehen würde, sprachlich zu äußern, damit die Bandaufzeichnung möglichst viel Material enthielte. Zusätzlich hat vielleicht noch die selbstauferlegte Struktur der Sprache und das Sprechen selbst das Ausmaß seiner Desorientiertheit ganz entscheidend begrenzt. Woran es auch immer lag, er erlebte keineswegs den Verlust seines Körperbildes, sondern wunderte sich eher intellektuell, ob er nun lebte oder nicht; er war sich seines Körpers ebensowenig bewußt wie ein Mensch, der sich intensiv mit anderen Dingen beschäftigt.

Die hervorstechendste Erfahrung von Gaarder bestand in einer tiefgreifenden Änderung des Denkens, wobei ihm die Bedeutung von logischen Kategorien und das Erleben von Kausalbeziehungen verlorengingen, und zwar sowohl während der Drogeneinnahme (wie die Bandaufzeichnung ausweist) wie auch im Rückblick zu einem späteren Zeitpunkt. Er hatte zwar alle wesentlichen „Tatsachen“ über seine Person und über die momentane Situation parat (Zeit, Ort, Anwesende, seine Funktion und die Erinnerung, daß er am Vormittag mit mehreren Patienten und mit einem Supervisor gesprochen hatte), er war aber nicht in der Lage, diese Tatsachen miteinander in Verbindung zu bringen, und das hat ihn stark beunruhigt. Ähnlich, wie die in der Literatur über Sernyl beschriebenen Versuchspersonen fest überzeugt waren, daß ihr Körperbilderleben Wirklichkeit war, so schilderte auch Gaarder das Gefühl der tiefen Beunruhigung wegen der Fragen, die er stellte. Vielleicht stellte er die Fragen aber deshalb immer wieder, um den Kontakt nicht abreißen zu lassen.

Da Gaarder auch LSD genommen hatte, konnte er beide Drogen miteinander vergleichen. Nach seiner Erfahrung gehen die relativ begrenzten und strikt geregelten logischen Zusammenhänge und Verbindungen, wie sie für das übliche, „normale“ Denken kennzeichnend sind, bei beiden Drogen verloren. Während LSD ihn in die Lage versetzte, den Reichtum und die Vielfältigkeit der unterschiedlichen Bedeutungen der Aufeinanderbezogenheit der Dinge zu sehen, und dies eine „schöpferische“ Erfahrung für ihn war, führte Sernyl zum Verlust der Bedeutung der Aufeinanderbezogenheit der Dinge und stellte daher eine außerordentlich beunruhigende Erfahrung für ihn dar.

Die generelle Verarmung beim Sernylerleben zeigte sich noch in 3 weiteren Bereichen. Der 1. Bereich betrifft die (radikal veränderte) Einstellung Gaarders, daß *ihm die Interaktion mit den Beobachtern ziemlich gleichgültig war* und er von dem, was sie subtil taten oder sagten, weitgehend unbeeindruckt blieb; um bei ihm eine deutliche Wirkung zu erreichen, mußten die Beobachter ihre Botschaft sehr massiv an ihn heranbringen. Die Beobachter wurden von der psychischen Schwere, dem Fehlen einer feineren Modulierung im Fühlen und Denken richtiggehend angesteckt; sie gelangten zu dem Eindruck, daß die eintönige Wiederholung von Orientierungsfragen der Versuchsperson hilfreich wäre, vielleicht besonders in Verbindung mit Körperkontakt. Dies war ein sehr auffälliger Gegensatz zum LSD-Versuch, bei dem sich der Beobachter unversehens in einen bunten psychologischen Reigen von Gedanken, Wahrnehmungen und Gefühlen verwickelt sah. Auch für die Versuchsperson stand dies in scharfem Gegensatz zum LSD-Erleben, bei dem sie sich mit den Beobachtern als viel zu sehr „in tune“ empfand und sich einer Art Schneeballeffekt ihrer wechselseitigen Interaktion zu sehr ausgesetzt fühlte, was zwischendurch beispielsweise zu einem paranoiden oder einem intensiven gefühlsmäßigen Austausch führte.

Der 2. Bereich der Verarmung bestand in der von den Beobachtern festgestellten *Unfähigkeit* der Versuchsperson, sich mit jemandem, der anders ist, *zu identifizieren.* In einem psychologischen Test, bei dem es um die Betrachtung von Photographien von Menschen geht, konnte sich die Versuchsperson dementsprechend nur mit jenen Bildern näher beschäftigen, die ihr in Geschlecht und Alter ähnlich waren. Doch selbst dann waren die Assoziationen der Versuchsperson recht spärlich; Bilder von Kindern, jungen Frauen und alten Leuten wurden dagegen vollkommen abgelehnt. Dies steht wieder in scharfem Gegensatz zur Erweiterung und Bereicherung von Assoziationen, die wir und andere bei LSD festgestellt haben und die auch bei anderen ähnlichen Drogen beobachtet wurden.

Der 3. Bereich der Verarmung betrifft die *visuelle Wahrnehmung.* Im Rückblick gelangte die Versuchsperson zu der Auffassung, daß die Wahrnehmung ganz subtil in einer Weise eingeschränkt wurde, die sich am besten mit der Welt von Cartoonzeichnungen vergleichen läßt; kennzeichnend hierfür ist die Gestelztheit und Einfachheit des Wahrgenommenen — flache, einfache, homogen ausgefüllte Flächen, scharfe und gerade Begrenzungslinien sowie das Fehlen von feineren Einzelheiten und Schattierungen.

Schließlich fühlte sich Gaarder noch mehrere Stunden nach dem Abklingen der akuten Drogenwirkung abgespannt und apathisch und erlebte, wie in der Literatur berichtet, einen „Kater" („hangover"). Währenddessen hatte er den Eindruck, ein besseres Verständnis der physiologischen Vorgänge bei solchen „Katern" im allgemeinen zu gewinnen. Seine leichten Kopfschmerzen nahmen zu, wenn Geräusche lauter wurden oder jemand mit ihm zu sprechen versuchte. Er faßte den „Kater" schließlich als akute Überempfindlichkeit gegenüber Sinnesreizen auf, so daß hiernach Kopfschmerzen und der Wunsch nach Rückzug erste Reaktionen auf eine relative Überstimulierung sind. Dies entspricht den Beobachtungen der Forschergruppe um Gottlieb (Luby et al. 1959), daß sich Versuchspersonen unter Sernyl unter Isolationsbedingungen recht ruhig fühlen, in normaler Umgebung aber überreizt sind.

Zusammenfassend konnten wir in unseren Drogenexperimenten beobachten, daß sich das Sernylerleben in folgenden Punkten vom LSD-Erleben unterschied: anstelle von Verzerrungen des Körperbildes kam es zur Ausblendung des Gewahrwerdens eines Körperbildes; zwischenmenschliches Einfühlungsvermögen ging zurück; die Identifikationsfähigkeit nahm ebenfalls ab; in formaler Hinsicht veränderte sich die Wahrnehmung hin zu vermehrter Detailarmut; und der „Kater" nach der Sernyleinnahme konnte auf eine Überempfindlichkeit gegenüber Sinnesreizen zurückgeführt werden.

Nach dieser Erfahrung mit Sernyl meinten wir voller Hoffnung, daß psychotrope Drogen erheblichen praktischen Nutzen haben könnten, insofern sie über spezifische biochemische Belastungsreaktionen eine Verschiebung der Ich-Besetzung erzwingen. Sie könnten eine Situation entstehen lassen, in der sich von der Versuchsperson und vom Therapeuten/Beobachter herausfinden läßt, welche Interaktionen die Selbstkontrolle und funktionale Anpassungsreaktionen stärken und welche Interaktionen dem entgegenwirken. Mit anderen Worten: solche Drogen könnten, so dachten wir, die experimentelle Untersuchung von Psychotherapie bei Psychosen sozusagen unter Laborbedingungen ermöglichen. Das sich entwickelnde allgemeine Bewußtsein im Hinblick auf die Gefahren, die mit derartigen Substanzen verbunden sind, führte dann allerdings bald zum Ende solcher experimenteller Forschungsarbeit.

Unser Ausflug ins Drogenerleben veranschaulicht ziemlich dramatisch, wie unterschiedlich Wirklichkeit gestaltet sein kann. Ganz besonders beeindrukkend ist der Gegensatz zwischen der Erweiterung der Wahrnehmungswirklichkeit hin zur Mehrdimensionalität unter LSD und der entsprechenden Einengung unter Sernyl. Ein beredtes Beispiel hierfür ist der offensichtliche Bedeutungsverlust in der wortwörtlich aufgezeichneten Unterhaltung, während die Versuchsperson unter dem Einfluß von Sernyl stand. Wir konnten hierbei beobachten, wie Bedeutung „ausgewaschen" wird, und zwar durch ein bruchstückhaftes Zeiterleben in Verbindung mit dem infolge der dramatischen Verschlechterung des Kurzzeitgedächtnisses eingetretenen Verlust an erlebter Kontinuität. Ein Mensch mit zeitlicher Desorientiertheit (beispielsweise Billy Pilgrim in der Erzählung von Kurt Vonnegut, die ich weiter oben schon erwähnt habe) befindet sich in „einem ständigen Zustand von Lampenfieber, (...) weil er nicht weiß, welche Rolle seines Lebens er als nächste wird spielen müssen", aber wenigstens kann er immer noch handeln. Ein Bedeutungsverlust in Verbindung mit Brüchen in kurzen zeitlichen Zusammenhängen oder der Verlust der Bedeutung des Wahrgenommenen macht hingegen ein Handeln unmöglich.

Die Erforschung des psychedelischen Drogenerlebens und psychoanalytisch-klinisches Material haben mir eine Hypothese nahegelegt, die das Phänomen der Synästhesie mit einem zeitlichen Phänomen, nämlich mit dem (bereits im letzten Kapitel eingeführten) Déjà-vu, Déjà-vécu (frz. „schon einmal erlebt") oder allgemeiner mit dem „Déjà"-Erleben in Verbindung bringt.

Klinische Bedeutung der Synästhesie

Wie bei der LSD-Diskussion werde ich von einem erweiterten Verständnis von Synästhesie ausgehen, das nicht nur die Vermischung der Sinnesmodalitäten (Sehen, Hören usw.), sondern ebenso von Stimmung, Gefühl sowie Raum- und Zeiterleben einschließt. Ich werde diesen Zustand ausführlicher am Beispiel einer Patientin erläutern, die schon in Kap. 2 kurz erwähnt wurde.

Fallbeispiel

Anna war eine attraktive Frau Anfang 30, Ehefrau und Mutter, hochintelligent, mit abgeschlossener Hochschulausbildung. Das Symptom, weswegen sie zur Psychoanalyse überwiesen wurde, war ein mehrere Stunden andauernder Dämmerzustand — der schwerste von einer ganzen Reihe; sie befand sich währenddessen zu Hause im Spielzimmer mit ihren Kindern und verhielt sich offenbar unauffällig, hatte später aber keine Erinnerung mehr daran. Sie hatte in dieser Zeit Déjà-vu-Erlebnisse, die unheimlich und beängstigend waren; es erschienen ihr bruchstückhafte traumartige Vorstellungsbilder, in denen es um Operationen und riesige Chirurgen ging. Zu ihrer Symptomatologie gehörten ferner phobische Ängste beim Autofahren und Telephonieren sowie langanhaltende Zwangsgedanken über mögliche Unfälle. Die Phobien waren im Laufe der letzten Jahre entstanden und während der letzten 3 Jahre stärker geworden, nachdem ihr Ehemann mit (unbestätigtem) Verdacht auf Koronarverschluß ins Krankenhaus eingeliefert wurde.

Im Verlauf der mehrere Jahre dauernden Psychoanalyse ließ sich ein Verständnis ihrer traumähnlichen Vorstellungsbilder während der Dämmerzustände erarbeiten. Die Patientin war in einer kleinen frankokanadischen Stadt aufgewachsen, in der die Familie des Vaters sehr angesehen war. Die Mutter war in einem Waisenheim aufgewachsen und hatte allgemein einen ungewöhnlich ärmlichen Lebenshintergrund. Trotz seiner akademischen Bildung betrieb der Vater der Patientin nur einen kleinen Reparaturladen für elektrische Geräte und wurde weder in wirtschaftlicher noch in sonstiger Hinsicht völlig unabhängig von seiner Herkunftsfamilie. Während der Schwangerschaft der Mutter starb der 2jährige Sohn an einer Nierenkrankheit. Die Patientin war somit das einzige Kind der vergrämten und chronisch depressiven Mutter. Die Patientin selbst hatte in der Kindheit öfter Nierenbeckenentzündungen mit hohem Fieber.

Die häusliche Atmosphäre wurde von der Patientin oft als bedrückend erlebt. Fortgesetzt maskenhaftes Lächeln, die Vorliebe der Eltern, besonders aber der Mutter für „Seelenfriedenliteratur", wie die Patientin sie nannte, und eingehende Erzählungen der Mutter aus ihrer eigenen schwierigen und gefühlsmäßig entbehrungsreichen Kindheit verstärkten die Angst der Patientin vor Unheil und Verlust und führten auch zur Entwicklung von Schuldgefühlen. Oft wurden ihr viel zu früh eigenständige Entscheidungen abverlangt. Als sie zum Beispiel ihre Mutter fragte, was sie gegen die Lausbuben tun sollte, die auf dem Schulweg mit Steinen nach ihr warfen, antwortete diese nur, daß sie ihr Gewissen erforschen sollte, dort würde sie schon die richtige Antwort finden, was zu tun wäre. Die Patientin empfand auch dann Gewissensbisse, wenn ihr „Dinge leichtfielen", als sie beispielsweise ohne große Anstrengung eine gute Schülerin wurde.

Als einziges überlebendes Kind hatte die Patientin erheblichen Einfluß auf die Stimmungslage ihrer sozial ziemlich isoliert lebenden Eltern; hieraus entwickelten sich allmählich nachhaltige Omnipotenzgefühle. Der Vater, der „jedes Spielzeug mit eigenen Händen anfertigen konnte", wurde bis zu Beginn ihrer Adoleszenz als omnipotent erlebt, und sie identifizierte sich mit ihm auf vielen Gebieten. Allmählich nahm die Patientin dann aber doch seine Unzulänglichkeiten sowie seine Abhängigkeit von seinen Eltern zur Kenntnis. Vor diesem Hintergrund bildete sich bei ihr schließlich eine geringschätzige Einstellung gegenüber Männern heraus.

Als sie mit 18 Jahren das Elternhaus verließ und zur Universität ging (dieselbe, die auch ihr Vater besucht hatte), hatte sie im Sinn, „ein besserer Mensch als Vater" zu werden, und sie erlebte den Auszug von zu Hause als Befreiung. Doch bald danach starb ihr Vater plötzlich. Die Patientin hatte die Ängste ihres Vater vor der geplanten Gallenblasenoperation auf die leichte Schulter genommen, obwohl er ihr brieflich seine Ängste mitgeteilt hatte. Er starb auf dem Operationstisch, offenbar weil eine Herzkrankheit als Gallenblasenerkrankung fehldiagnostiziert worden war. Die Patientin entwickelte eine intensive Angst vor ihrer destruktiven Macht, besonders wenn ihre Omnipotenzgefühle in Verbindung mit Vergleich und Rivalität auftraten, und sie bildete die Vorstellung aus, daß es gefährlich sei, sich von bedrückenden Gefühlen zu befreien und manche Dinge auf die leichte Schulter zu nehmen, und daß es noch viel gefährlicher sei, ein Unheil nicht vorauszusehen. Die traumartigen Bruchstücke der Dämmerzustände waren auf den Tod ihres Vaters bezogen, wobei die Patientin sich sowohl mit den „destruktiven Chirurgen" als auch mit dem Opfer identifizierte und hierbei als Vergeltung für ihre destruktiven Wünsche leiden mußte. Die Dämmerzustände traten schließlich auf, als ihre feindseligen und rivalisierenden Gefühle gegenüber ihrem Ehemann und die Ablehnung ihrer weiblichen und mütterlichen Rolle besonders ausgeprägt waren.

In dem Maße, in dem sich einzelne Begebenheiten ihrer Lebensgeschichte zutage fördern ließen, konnte die Patientin nun auch Verbindungen zwischen bislang unverbunden und isoliert nebeneinander stehenden Bereichen erkennen. Sie war erstaunt und erleichtert darüber, daß sie immer wieder Verbindungen zwischen ihren Träumen, den traumartigen Details in ihren Dämmerzuständen und den erinnerten Begebenheiten und Gefühlen erkennen konnte.

Obwohl in der Analyse der Patientin die Übertragungsneurose und deren Deutungen natürlich eine wichtige Rolle spielten, möchte ich mich hier auf einen bestimmten Aspekt dieses Falles beschränken: auf den Zugewinn an Verständnis, der sich anhand der im kleinen auftretenden Wiederholungen von sogenannten Dämmerzuständen während der psychoanalytischen Sitzungen erreichen ließ. Solche Sitzungen waren durch eine tranceartige Atmosphäre sowie durch die Thematisierung des aktuell ablaufenden Synästhesieerlebens gekennzeichnet. Beispielsweise wurde ein glänzender Gegenstand im Behandlungszimmer als „schrill klingend" erlebt und beschrieben. In diesem Moment hatte die Patientin gewöhnlich ein aktuelles Déjà-vu-Erleben, und sie brachte das Unheimliche oder gar Numinose dieses Augenblicks zur Sprache. Nach mehreren Minuten „lastender" Stille kam dann eine Erinnerung an die „Atmosphäre" in ihrer Kindheit, das heißt an eine synästhetische Mischung von Geräuschen, visuellen Eindrücken, Rhythmus, Geschmacksempfindungen und Gerüchen, die sie in einer bestimmten Umgebung oder zu einem bestimmten Zeitpunkt erlebt hatte. (Die Atmosphäre im Geschäft des Vaters erinnerte sie besonders lebhaft.) Ein Bildfragment aus einer Dämmerepisode konnte dann auf eine tatsächliche oder phantasierte Begebenheit im Zusammenhang mit dem Zeitpunkt oder dem Ort der erinnerten „Atmosphäre" zurückverfolgt werden.

In Kap. 2 habe ich zur Veranschaulichung des Zusammenhangs zwischen Synästhesie- und Déjà-vu-Phänomenen eine schematische Analogie zu einem Muster von Schwingungen auf dem Oszilloskop hergestellt, ein Analogmuster visueller, akustischer oder taktiler Stimuli. Ich habe die Überlegung angestellt, daß ein lebender Organismus oder eine elektronische Lesemaschine angeben kann, ob eine Schwingung ein bekanntes *visuelles* Muster darstellt, daß sich aber die Wahrscheinlichkeit für ein Wiedererkennen ganz erheblich vergrößert, wenn sich die Antwort unmittelbar auf das *Muster* bezieht, unabhängig davon, ob es sich um die visuelle, akustische oder taktile Sinnesmodalität handelt. Wenn mit anderen Worten also ein Reizmuster zu einem Zeitpunkt einwirkt, in dem die Sinnesmodalitäten miteinander verwoben oder vermischt sind, dann steigt die Wahrscheinlichkeit ganz beträchtlich, daß das entsprechende Wahrnehmungsmuster ein Gefühl der Bekanntheit, und das heißt ein Déjà-vu- oder verwandtes Erleben entstehen läßt.

Arlow (1959) hat eine umfassende Literaturübersicht zum Déjà-vu-Phänomen vorgelegt und gleichzeitig selbst einen bedeutenden Beitrag zum Verständnis solcher Phänomene geleistet. Arlow zufolge ging Freud anfänglich davon aus, daß das Déjà-vu-Erleben auf die Aktivierung eines unbewußten Erinnerungsbildes von einem tatsächlichen Ereignis zurückgeht; später gelangte Freud aber zu der Auffassung, daß ebenso eine unbewußte Phantasie und nicht notwendigerweise nur ein unbewußtes Erinnerungsbild beteiligt sein kann. Arlow trug auch die später u. a. von Ferenczi und Oberndorf durchgeführten Elaborationen dieses Konzepts zusammen, nach denen nicht nur unbewußte Phantasien, sondern auch verdrängte Bruchstücke früherer Träume sowie bewußt erlebte, aber dann doch verdrängte Motive bei der Entstehung von Déjà-vu-Phänomenen eine Rolle spielen können. Ganz besonders hob Arlow die (von Oberndorf herausgearbeitete) Sicherheit gebende Funktion des Déjà-vu-Erlebens („Ich habe das schon einmal mitgemacht, also wird es auch diesmal gutgehen.") sowie die von Marcovitz geäußerte Sicht hervor, nach der die Déjà-vu-Reaktion als Ausdruck des Wunsches aufgefaßt werden kann, noch einmal eine Chance zu erhalten. Arlows eigener Beitrag besteht hauptsächlich in der durch sorgfältige psychoanalytische Beobachtungen gestützten Feststellung, daß die Déjà-vu-Reaktion in ihrer *formalen* Struktur subtile Merkmale von Abwehrreaktionen und Wunscherfüllung aufweist. Er behandelt die berichteten Déjà-vu-Erlebnisse in gleicher Weise wie den manifesten Inhalt von Träumen. Die Person, die ein Déjà-vu-Erlebnis hat, glaubt, daß es die äußere Situation früher schon einmal gegeben habe, wohingegen es durchaus auch sein kann, daß die Bekanntheit nicht aus der manifesten Situation, sondern aus der dahinterliegenden, latenten Bedeutung entsteht.

Arlow zufolge ist in der einschlägigen Literatur nicht einmal der Versuch unternommen worden, „die Affekte des Unheimlichen, des Fassungslosen oder des Ängstlichen, die ein solches Erleben meistens begleiten, zu erklären" (S. 614). Er fügt hinzu, daß „das lauernde diffuse Gefühl des Unbehagens oder des Unheimlichen, das bei einem Déjà-vu-Erlebnis auftritt, offenbar mit der Intensität der zugrundeliegenden Angst zusammenhängt und darauf hindeutet, daß es dem Ich nicht völlig gelungen ist, diese Angst mit Hilfe der erwähnten verschiedenen Mechanismen zu bewältigen" (S. 629).

Arlow führt den besonderen Affekt des Unheimlichen auf die Ambiguität zurück, die aus der Spannung entsteht zwischen dem Gefühl, daß die aktuelle manifeste Situation früher schon einmal aufgetreten ist, und dem gleichzeitig vorhandenen Gespür dafür, daß nur die latente Bedeutung der Situation bekannt ist. Diese Ambiguität berührt in Gestalt des Begriffspaars *manifest* und *latent* mehrere Abstraktionsebenen und verkörpert damit genau die Form von Paradoxie, die ich in Kap. 2 ausführlich erörtert habe. Die Ambiguität und das Unheimliche am Déjà-vu-Erleben liefern wichtige theoretische Verbindungsstücke zwischen dem Zeiterleben (in diesem Fall Erleben von zeitlicher Dislozierung) und der Wahrnehmung (in diesem Fall synästhetische Wahrnehmung). Dies ist ein Schritt in Richtung auf meine Gedanken zur Synthese von Geist und Zeit.

In seiner Abhandlung „Über ‚fausse reconnaissance' (‚déjà raconté') während der psychoanalytischen Arbeit" schreibt Freud: „(...) beim Abschluß einer Behandlung (...) sagt der Patient: *‚Jetzt habe ich die Empfindung, ich habe es immer gewußt.'* Damit ist die analytische Aufgabe gelöst" (1914, S. 123; Hervorhebung von Freud). Ich glaube, daß es in der Analyse von Anna, meiner Déjà-vu-Patientin, zu einer Annäherung der Organisation des Kindheitswissens und des Erwachsenenwissens gekommen ist; d.h. synästhetische Aspekte der Kindheitsschemata sind reaktiviert worden. Die Gefühlsqualität des Unheimlichen sowie Depersonalisationserlebnisse sehe ich in Verbindung mit verfrühten Forderungen nach einem unzweideutigen Funktionieren des Ich. Ich komme damit auf meine Vorstellung zurück, daß die Analyse als Lernprozeß aufgefaßt werden kann, wie sich Entfremdungsgefühle weniger unangenehm verarbeiten lassen — Gefühle der Entfremdung von dem Erleben seiner selbst und von der Wahrnehmung der Welt, von der konsensuell validierten Realität; als ein Prozeß, der zu mehr Toleranz bzw. Akzeptanz solcher Gefühle führt. Ich möchte an dieser Stelle die Bezeichnung *verfrüht* im Sinne von zu schneller Reifung besonders betonen. Wie ich in Kap. 4 weiter ausführen werde, können auch Wahrnehmungsprozesse einer Reifung unterliegen, und an reifen Wahrnehmungsakten läßt sich die Wiederholung der Ontogenese der Wahrnehmung beobachten. Klinische Beobachtungen, die meine Hypothese von der Pathogenität verfrühter Forderungen stützen, inklusive verfrühter Forderungen an die Wahrnehmungsorganisation, werden ebenfalls im nächsten Kapitel mitgeteilt.

Wenden wir uns nun von der klinischen Beschäftigung mit Ambiguität, Paradoxien und der zeitlichen Dislozierung bei Déjà-vu-Phänomenen auf der Grundlage von synästhetischer Wahrnehmung ab, und beschäftigen wir uns mit einigen theoretischen Themenstellungen, die ich schon weiter oben eingeführt habe. Vielleicht hat uns Gödel ja eine formallogische Beschreibung des Unbewußten gegeben, indem er sich eine unendlich rekursive Reihe von Ambiguitäten der Typen ausmalte. In der Überlegung, daß für das Voranbringen von Reifung, Kreativität und therapeutischer Arbeit vielleicht eine ständige Auseinandersetzung mit solchen Ambiguitäten erfolgen muß, sehe ich ein weiteres Verbindungsstück zur psychoanalytischen Beschäftigung mit dem Problem des Zeiterlebens.

Wie angedeutet, ist das besondere Interesse des Psychoanalytikers für das Zeiterleben vielleicht hauptsächlich darin begründet, daß er fortlaufend beobachten kann, wie vergangene Erfahrungen in der Gegenwart neu strukturiert werden. Und er ist in der Lage, die Auswirkungen einer solchen Restrukturierung auf das Zeiterleben und auf die zeitliche Perspektive zu beobachten. Mit dem allgemeineren Problem des Erlebens von Paradoxien verbunden ist die Frage nach der Integration des diskontinuierlichen Augenblicks in den kontinuierlichen Zeitablauf. Diese Aufgabe des Ich kann genauer beschrieben werden als Tolerierung von qualitativ verschiedenen, einander unvereinbar gegenüberstehenden paradoxen Erfahrungen.

Bonaparte (1940) erwähnt eine Äußerung Freuds ihr gegenüber, in der er von der „späteren" Transformation von „sukzessiver Besetzung (...), von Quanten, die vom Ich ausgehen" in die Kontinuität des Erlebens durch die Psychoanalytiker spricht. Wenn wir über das Wesen des Zeiterlebens reden, dann weichen wir durch eben dieses Wort *später* der eigentlichen Fragestellung aus; somit wurde in meinem Verständnis das Problem der Integration des diskontinuierlichen Augenblicks mit dem steten Fließen der Erlebenskontinuität von Freud weder vermieden noch gelöst. Der Begriff *Quanten* mit seiner Konnotation hinsichtlich der innerhalb eines geschlossenen Systems bestehenden Unvereinbarkeit von Wellen- und Teilchentheorie ist hingegen von einigem Interesse. Freud lebte und wirkte ja in der Zeit, in der die Quantenmechanik formuliert wurde. Die Quantenmechanik wurde vorwiegend zwischen 1900 und 1926 entwickelt; die Unbestimmtheitsrelation wurde von Heisenberg 1927 formuliert; und zur selben Zeit warnten Physiker bereits vor einem auf diesen Entwicklungen in der Physik aufgebauten ungezügelten Philosophieren und Psychologisieren. Trotzdem möchte ich versuchen zu „psychologisieren", da die Selbstbeobachtung psychischer Prozesse uns mit den Konnotationen von Stehen und Fließen in der Situation des Beobachters und gleichzeitig des Beobachteten ebenso konfrontiert wie mit ihren paradoxen Implikationen, die sich aus den verschiedenen Abstraktionsebenen ergeben. Es liegt eine Analogie nahe zwischen Teilchen und Welle auf der einen Seite und dem diskontinuierlichen Augenblick und dem kontinuierlichen Zeitfluß auf der anderen Seite. Mittels Selbstbeobachtung wird versucht, das Statische, welches das Veränderliche erfassen möchte, das wiederum das Statische erfassen möchte, also Gegensätze, auf verschiedenen Abstraktionsebenen miteinander zu vereinen; und diese Gegensätze können als Paradoxien aufgefaßt werden — als ein *Regressus ad infinitum* von Ambiguitäten der Typen, die ich von Gödel zur formallogischen Beschreibung des Unbewußten entliehen habe.

In einer eindrucksvollen Abhandlung, die sich mit der im *Jetzt* konzentrierten Präsenz von Vergangenheit und Zukunft befaßt, gelangt Loewald zu der abschließenden Formulierung, daß „psychische Strukturen ihrem Wesen nach zeitlich sind" (1962; dt. 1986, S. 35), daß mithin eben die Zeit „gleichsam das innere Gewebe dessen [ist], was wir psychisch nennen" (S. 45). Ich möchte hier die Frage aufwerfen, ob die zeitlich gefaßte Struktur der Paradoxie des Statischen und Fließenden womöglich eine besonders zugespitzte oder vielleicht extrem formale Aussage ist, die sich auf das Problem bezieht, das dem Psychoanalytiker bei der Untersuchung dessen, „was wir psychisch nennen", am Ende begegnet. William Fry, der sagt, „wann immer man das Selbst erforschen will, wird man dem Selbst gegenüberstehen und entdecken, daß das Selbst der Forscher ist", stellt auch fest: „Ich habe (...) keine Technik entdeckt, mit der sich die *unmittelbare* Gleichzeitigkeit, die in der Paradoxie geschaffen wird, veranschaulichen ließe" (1968, S. 172; Hervorhebung von mir).

In einer philosophischen „tour de force" legt Jorge Luis Borges in einem Aufsatz mit dem paradoxen Titel „Eine *neue* Widerlegung von Zeit" (1964; Hervorhebung von mir) überzeugend dar, wie sehr wir doch die Zeit als der Seele Kern anzusehen geneigt sind. Er führt nicht nur aus, daß selbst die idealistischen Philosophen bei dem Versuch der Außerkraftsetzung der Zeit ihrer eigenen Logik nicht folgen konnten (was Borges allerdings anstrebt), sondern er setzt uns auch einen ungewöhnlichen theoretischen Integrationsversuch bezüglich einer Erlebnisqualität vor, die mit dem Déjà-vu-Erleben wohl zumindest einige Merkmale teilt. „Diese reine Repräsentanz homogener Objekte (...) ist nicht einfach identisch mit derjenigen, die für so viele Jahre dort präsent war; sie ist *ohne Ähnlichkeit oder Wiederholungen genau dieselbe.* (...) Ich fühle mich tot, (...) ein abstrakter Beobachter, (...) der Besitzer eines schweigenden oder abwesenden Sinnes für die unvorstellbare Ewigkeit (...), Zeit (...) ist eine Täuschung" (S. 226; Hervorhebung von mir). Ähnliche Erfahrungen sind uns auch aus der psychoanalytischen Arbeit, obgleich meistens weniger explizit reflektiert, nicht unbekannt und können dort Knotenpunkte bei der Umgestaltung der Lebensperspektive darstellen.

Und noch einmal: selbst wenn der Begriff *Objektkonstanz* auf eine spezifisch psychoanalytische Bedeutung (fortgesetzte libidinöse Besetzung eines Objekts, auch wenn dieses frustrierend sein mag) beschränkt wird, kann das Konzept nicht von der Kontinuität in der Zeit abgetrennt werden. Die Paradoxie (des Fließenden und des Sprunghaften), der wir im Zentrum des Zeiterlebens begegnen, ist auch in dem Problem der Objektkonstanz enthalten. Bei der Beschäftigung mit dieser Paradoxie und mit dem ständigen Thema der Toleranz für das Paradoxe und für *qualitativ* unterschiedliche Erfahrungen können wir vielleicht mit Gewinn die näherliegende Aufgabe des Ich anschauen, nämlich die Integration von *quantitativ* unterschiedlichen und wechselnden Formen des Erlebens von zeitlicher Dauer. Wenn wir das Konzept der subjektiven Äquivalenz auf die Zeit selbst anwenden, erinnern wir uns, daß verschieden lange Intervalle, „objektiv" mit der Uhr gemessen, als subjektiv äquivalent erlebt werden können. Ebensowenig wie subjektiv äquivalente Objektkonstanzen, die Bausteine psychischer Wirklichkeiten, mit „objektiven" Konstanzen übereinstimmen müssen, so können auch subjektiv äquivalente Zeitkonstanzen von „objektiv" äquivalenten *Uhrzeit* -Intervallen abweichen.

Wenn das Konzept der subjektiven Äquivalenz auf die Zeit übertragen wird, dann wird eine ohnehin schon schwierige Vorstellung, die dem „gesunden Menschenverstand" Gewalt antut, noch um eine weitere schwierige Dimension vermehrt. Ein auf subjektiv äquivalenten Objekten begründeter Realitätsbegriff geht eben nicht von einer einfachen spiegelbildlichen psychischen Repräsentanz der äußeren Wirklichkeit aus. Die Grundelemente der psychischen Wirklichkeit sind Konstruktionen; es sind immer nur mehr oder weniger stabile Konstrukte, weil die Wahrnehmungsprozesse, die bei „kognitiven" Formulierungen eine Rolle spielen, in einer affektiven Matrix eingebettet sind. Diese Matrix wiederum hängt vom Triebgeschehen ab, das in jedem einzelnen Augenblick die Ausrichtung von Wahrnehmungsvorgängen mitbestimmt. Eine solche räumlich begriffene Ausrichtung von Wahrnehmungsvorgängen geschieht in einem Bereich, in dem die Zeiteinheiten keine von „außen" vorgegebene „objektive" Stabilität aufweisen, da objektiv identische Intervalle nicht zwangsläufig auch „subjektiv äquivalent" sind. Es gibt eine alte, auf die Anfänge der experimentellen Psychologie zurückgehende und weitverzweigte Literatur, die sich mit der Suche nach dem nicht weiter reduzierbaren „Jetzt" beschäftigt, mit der Suche nach einer Zeiteinheit, die dem kürzesten „Augenblick" des Menschen entspricht. (In solchen Experimenten ist das „Jetzt" definiert als das kleinste Zeitintervall, das weder überschätzt noch unterschätzt wird.) Ob nun die in meinen Konzeptbildungen enthaltenen psychologischen „Päckchen" des Jetzt wirklich am kleinsten und nicht weiter reduzierbar sind oder nicht, die Organisation des subjektiven Zeitempfindens ist von komplexen, ununterbrochen ablaufenden Äquivalenzoperationen abhängig, die ihrerseits adaptiv von der ständigen Auswertung jeweils neuer Daten und sich fortgesetzt wandelnder Erinnerungen affektiv beeinflußt, korrigiert und modifiziert werden.

Meine Überlegung in anderer Formulierung: Bei näherer Betrachtung der paradoxen Aspekte von Zeitstrukturen kann man feststellen, daß Muster von subjektiven Äquivalenzen in den zeitlichen Rahmen, in das zeitliche Netzwerk eingebettet sind. Sowohl in der psychoanalytischen wie in der allgemeinpsychologischen Begriffsbedeutung von „Objektkonstanz" (als Vorstellung eines *überdauernden* Objekts) kann das Objekt mit wechselnden Zeitintervallen und -mustern im Erleben auftauchen und daraus wieder verschwinden; das Objekt verwandelt mehrfach seine Gestalt, indem es sich zwischen paradoxen Funktionen bewegt und dabei fortwährend subjektiv äquivalente Stimuli, mithin die Bausteine sowohl momentaner wie länger überdauernder Wirklichkeiten erzeugt. Umgekehrt wird weitgehend durch unsere Bedürfnisse und Triebe bestimmt, welche einzelnen Merkmale wir uns aus einer Stimuluskonfiguration für die Bildung unserer subjektiven Äquivalenzen auswählen. In einer sich verändernden Stimuluskonfiguration muß die Zeitspanne, die für die Wahrnehmung bzw. Ortung der dem momentanen Triebgeschehen entgegenkommenden Merkmale notwendig ist, sich ebenso kontinuierlich ausdehnen und schrumpfen können. Unser Triebgeschehen bestimmt folglich die subjektiv äquivalenten Zeitintervalle, die unserer zeitlichen Welt zugrunde liegen.

Wichtig ist in diesem Zusammenhang die Behauptung, daß sich in jedem Wahrnehmungsakt die Geschichte unserer Wahrnehmungsentwicklung wiederholt, eine Hypothese, die durch neuere Forschungsbefunde gestützt wird (vgl. Kap. 5). Unsere „Realitäten" sind also von einem extrem komplexen Zeitnetz der Wahrnehmung abhängig. Zunächst stelle ich mir hierbei unterschiedlich große „Maschen in dem Gitternetz" vor: die durch das Triebgeschehen bestimmten psychologischen Augenblicke; darüber hinaus kann ich mir vorstellen, daß die im jeweiligen Moment wirksame Entwicklungsprogression oder -regression dem Netzwerk je unterschiedliche „Formen" oder, noch besser, unterschiedliche „strukturelle Merkmale" hinzufügt. Verschiedene Netze mit unterschiedlicher Maschengröße, um die Analogie noch weiterzutreiben, erlauben jeweils verschiedenen Ich-Zuständen mit je unterschiedlichen Objektrepräsentanzen sozusagen die Passage — wie es beispielsweise bei meiner Patientin mit den Dämmerzuständen und den Déjà-vu-Erlebnissen der Fall war. Das Ausmaß, in dem der einzelne Augenblick durch synästhetische bzw. sensorisch differenziertere Wahrnehmungsprozesse gekennzeichnet wird, macht eines der ständig im Fließen befindlichen Elemente aus. Die Art der zeitlichen Körnung, das heißt die Muster und die Textur der vorhandenen Zeitnetze, trägt zu der Art und Weise bei, wie jeweils der Fluß des Erlebens in Objektkonstanzen überführt und organisiert wird. Manche drogeninduzierte Ich-Zustände ermöglichen die Untersuchung von extremen Fällen der Erweiterung oder Einengung von Wahrnehmungsprozessen, die sich vielleicht quantitativ, nicht aber qualitativ von dem unterscheiden, was wir Psychoanalytiker aus der Untersuchung der „normalen" Wahrnehmung und von unserer klinischen Arbeit her kennen. Durch solche Überlegungen verliert in einer Hinsicht die Welt an Stabilität, nicht jedoch in anderer Hinsicht, weil einige Dimensionen der Erweiterung und Einengung dieser Welt genauer bestimmt worden sind.

Über die klinische Bereicherung hinaus, die in den erweiterten Möglichkeiten des Psychoanalytikers liegt, auf die multiplen und paradoxen Realitäten von Patienten zu reagieren, bringt uns die Erforschung der Zeit dahin, unsere Grenzen des Verstehens allmählich auszuloten. Die hier dargelegten Vorstellungen befinden sich in Einklang nicht nur mit der Bemerkung von Loewald, nach der „psychische Strukturen ihrem Wesen nach zeitlich sind" (1962; dt. 1986, S. 35), sondern auch mit seiner Schlußfolgerung, daß Zeit als psychisches Ordnungsprinzip zu gelten hat.

4 Wie verändern wir uns? Diagnostik, Therapie und „Beseelung“

In diesem Kapitel möchte ich die mit dem Konzept der multiplen Wirklichkeitsorganisationen verbundenen Überlegungen auf das diagnostische und therapeutische Denken anwenden. Weder ist eine systematische Übersicht über frühere, gegenwärtige oder sich abzeichnende diagnostische Entwicklungen beabsichtigt, noch möchte ich eine systematische Darstellung von psychoanalytischen und psychotherapeutischen Behandlungstechniken vor dem Hintergrund eines Diagnoseschemas versuchen. Das Bestreben, möglichst theoriefreie bzw. theorieneutrale diagnostische Kategorien zu entwickeln, hat schließlich zur elaborierten Formulierung von diagnostischen Systemen geführt, die sich ziemlich eng auf direkt beobachtbares Verhalten beziehen, wie z. B. das „Diagnostische und statistische Manual psychischer Störungen“ (DSM-III-R) der American Psychiatric Association (1989). Im Bereich der Psychotherapie läßt sich offenes Verhalten als Reaktion auf verschiedene therapeutische Interventionen beobachten, die wiederum natürlich in verschiedenen theoretischen Modellen begründet sind. Diagnostisches und therapeutisches Denken sind eng miteinander verwoben und gleichermaßen Bestandteil des wechselseitigen, spiralförmigen Prozesses von Theorieentwicklung und Beobachtung. Die Leichtigkeit, zwischen verschiedenen inneren Wirklichkeitsorganisationen hin und her pendeln zu können bzw. ein entsprechender Widerstand dagegen beinhaltet auch eine Dimension der Gegenübertragung, die sich in der je unterschiedlichen Intensität des Gefühls von Anstrengung und Erschöpfung beim Therapeuten darstellt. Diagnostische Festlegungen sind keineswegs unabhängig von Gegenübertragungsreaktionen; deshalb ist es durchaus folgerichtig, daß in dem weiter unten dargestellten Fallmaterial diagnostische und therapeutische Überlegungen zusammenfließen.

Bei mir hat das Wechselspiel zwischen klinischer Beobachtung und Theorieentwicklung nicht nur zur besonderen Berücksichtigung des Zeitgeschehens bei der Organisation multipler Wirklichkeiten geführt, sondern auch zur besonderen Beachtung von Grenzen und Differenzierungen zwischen Belebtem und Unbelebtem bei der Konstruktion psychischer Wirklichkeiten. Das Thema „Belebtheit — Unbelebtheit“ hat sich mir nach einigen Jahrzehnten praktischer psychoanalytischer Erfahrung gestellt, als ich nach gemeinsamen Merkmalen bei jenen Patienten suchte, die sich im Verlauf (und nach meiner Meinung auch infolge) ihrer psychoanalytischen Behandlung offenbar „am meisten“ verändert haben. Obwohl ich bei der Suche nach einem gemeinsamen zentralen Thema ausdrücklich darauf geachtet habe, von theoretischen Hypothesen vorübergehend freizubleiben, drängte sich mir doch sofort diese theoretische Frage auf: Wenn wir aus unserem Fallmaterial jene Patienten auswählen, die sich „am meisten geändert" haben, meinen wir dann jene, bei denen sich eine „strukturelle" Änderung vollzogen hat? Was verstehen wir unter diesem Begriff, und gibt es eine Beziehung zwischen einer solchen Strukturveränderung und dem Schritt von der gewonnenen (inneren) Einsicht hin zur „aktiven" Änderung im (offen beobachtbaren) Verhalten?

Auch im Bereich der Psychoanalyse wird der Begriff *Struktur* ganz unterschiedlich verwendet; und ich möchte an dieser Stelle seine Bedeutungen im Rahmen der Strukturtheorie näher untersuchen — die Veränderung beispielsweise von einem „strengen" hin zu einem „milden" Über-Ich oder allgemeiner die Veränderungen innerhalb des psychischen Apparates oder in der Beziehung zwischen den „Strukturen" von Es, Über-Ich und Ich.

Loewald (1960) diskutiert das Thema der Strukturveränderung während psychoanalytischer Behandlungen folgendermaßen: „Wenn ‚strukturelle Veränderungen der Persönlichkeit des Patienten' irgendeine Bedeutung haben soll, dann die, daß wir davon ausgehen, daß die Ich-Entwicklung im therapeutischen Prozeß der Psychoanalyse wieder aufgenommen wird" (dt.: 1986, S. 209). Für Loewald ist der Psychoanalytiker ein *neues* Objekt im Leben des Patienten. Er stellt sich den Psychoanalytiker als Bildhauer vor; ich möchte aber betonen, daß die Vorstellung des Bildhauers davon, wie die fertige Statue einmal aussehen soll, wohl durch die Eigenarten des Marmors mitbestimmt wird. In Loewalds Sicht setzt der Bildhauer die Form nur frei, die in dem Stein immer schon enthalten ist, von diesem aber verborgen und gefangen gehalten wird. Da solche räumlichen Analogien die Gefahr der Reifikation in sich tragen, worauf ich auch in den bisherigen Kapiteln immer wieder hingewiesen habe, bevorzuge ich zeitliche Analogien und würde folglich als Analogie „Komposition einer Symphonie" der Vorstellung „Erschaffung einer Statue" vorziehen. Die Überlegung von David Rapaport (1960), daß Struktur und Funktion sich nur in der Geschwindigkeit ihrer Veränderung unterscheiden, entspricht ziemlich genau meiner Vorstellung.

Indem Loewald die Beziehungsseite im psychoanalytischen Prozeß, die zur Bildung einer *neuen* Struktur führt, hervorhebt, stellt er einen Verständnisrahmen für klinisch erhobene Daten von jenen Patienten bereit, „die sich am meisten geändert haben", und seine Formulierung der Strukturveränderung bleibt praxisbezogen: „Die Deutung führt den Patienten zur echten Regression — im Gegensatz zur neurotischen Kompromißbildung — und zeigt ihm so sein wahres Regressionsniveau, das durch Abwehrmaßnahmen und -strukturen verdeckt und unkenntlich gemacht wurde. Durch eben diesen Schritt vermittelt sie dem Patienten das höhere Integrationsniveau, das es zu erreichen gilt" (1960; dt.: 1986, S. 230). Die Deutung ermöglicht somit einen freieren Austausch zwischen dem unbewußten und dem vorbewußten System. Der psychoanalytische Prozeß besteht hiernach in bestimmten integrativen Erfahrungen in der Beziehung zwischen Patient und Psychoanalytiker als Grundlage für die Internalisierung solcher Erfahrungen: Umstrukturierung des Ich, „Strukturveränderung".

Rangell (1981) hat versucht, den Unterschied zwischen 2 Gruppen von Patienten psychoanalytisch herauszuarbeiten: einmal solche Patienten, die auf eine soeben gewonnene Einsicht mit „Und was nun?“ oder „Das verstehe ich, und was soll ich jetzt machen?“ (S. 131) reagieren, und zum anderen jene, die Einsicht eigenständig in beginnende Veränderung umsetzen. Rangell bezieht sich hierbei auf eine Bemerkung von Waelder, nach der die Psychoanalyse dem Patienten „die Möglichkeit für die Erarbeitung einer tauglichen nichtneurotischen Problemlösung“ (S. 135) bietet; die Grenzen solcher Formulierungen hinsichtlich des Unterschieds zwischen jenen, die handeln, und jenen, die bloß verstehen, werden durch den Umstand veranschaulicht, daß Rangell nicht umhin kann, in seine Überlegungen zur Bildung eines mehr oder weniger verhaltensbezogenen „Handlungs-Ich“ nicht näher genannte konstitutionelle Faktoren einzubeziehen.

Obwohl Beobachtungen an Kindern Befunde ergeben haben, die in Richtung konstitutioneller Vorläufer solcher Merkmalsfaktoren interpretiert werden könnten, hat mir meine Erfahrung mit erwachsenen Patienten andere Vorstellungen als Antwort auf die Frage nahegelegt, worin die Unterschiede in der Ausprägung von „verhaltensbezogenen“ Merkmalen des „Handlungs-Ich“ von Analysanden begründet sind. Ich denke hierbei an die ausgeprägten Unterschiede zwischen Menschen hinsichtlich des Ausmaßes an Internalität ihrer Kontrollüberzeugungen, d. h. darin, inwieweit sie sich selbst als Ursprung ihrer Handlungen erleben, sei es allgemein oder in spezifischen Konfliktsituationen. „Strukturveränderungen“ bei Patienten sind hiernach durch Änderungen im Ausmaß ihrer internalen Kontrollüberzeugungen gekennzeichnet. Patienten, bei denen sich eine solche Veränderung vollzogen hat, können sich *entscheiden,* ob sie bestimmte Änderungen in ihrem Leben vornehmen wollen oder nicht, und die Unterlassung einer Handlung geschieht bei ihnen absichtlich und nicht als Ergebnis einer Hemmung. In Falldiskussionen über Patienten, bei denen „Strukturveränderungen“ eingetreten sind, ist mir immer wieder deutlich geworden, wie sehr doch die klinische Begriffsverwendung der Kollegen meinem Verständnis gleicht.

Bei einem Rückblick auf die Fälle, bei denen eine wesentliche, vielleicht eine strukturelle Änderung eingetreten ist, konnte ich die Beobachtung machen, daß sich bei diesen Patienten ihr Aufmerksamkeitsschwerpunkt von den belebten Merkmalen der „Objekte“, die in der psychoanalytischen Arbeit eine Rolle gespielt haben, hin zu deren unbelebten Merkmalen verschoben hat. Diese Beobachtung wäre trivial, wenn es sich allein um ein Abwechseln in der Beschäftigung mit unbelebten und belebten Themen handelte. Die Art und Weise, wie sich bestimmte belebte bzw. unbelebte Themen in manchen dieser psychoanalytischen Behandlungen darstellten — beispielsweise besonders in Gestalt einer flüchtigen, doch bedeutungsvollen *Wahrnehmung* belebter Objekte als unbelebt — , legte die Überlegung nahe, ob sich solches Erleben zum Teil womöglich auf das in der frühen Kindheit aufkeimende Bewußtsein von der Differenzierung in belebte und unbelebte Welten zurückverfolgen läßt. Mit anderen Worten: es stellte sich die Frage, ob das Erleben der sich ändernden Objekte (als symbolische Änderung von deren Belebtheit hin zur Unbelebtheit und umgekehrt), d. h. eine Änderung in seiner *Objektbeziehung*, beim einzelnen Patienten mit der Wahrnehmungsdifferenzierung zwischen Belebtem und Unbelebtem oder gar mit der Kindheitsentwicklung dieser Differenzierung in Verbindung gebracht werden kann. Wenn nämlich die Bereitschaft für eine solche Besetzungsverschiebung hin zur *symbolischen* Repräsentanz von Belebtem und Unbelebtem tatsächlich von den individuellen, lebensgeschichtlich geprägten *Wahrnehmungserfahrungen* abhängt (auch wenn eine solche Wahrnehmungsumschaltung zwischen Belebtem und Unbelebtem nur in einigen Fällen klar und deutlich erkennbar ist), dann kann das Wissen um eine solche Verbindung zu einem besseren Verständnis der Entstehung des verhaltensbezogenen „Handlungs-Ich" beitragen.

Im Laufe meines weiteren Nachdenkens über die Unterscheidung zwischen Belebtem und Unbelebten als eine Aufgabe in der frühkindlichen Entwicklung bin ich zu der Auffassung gelangt, daß diese Unterscheidung wahrscheinlich mit der Unterscheidung zwischen Innen und Außen eng verbunden, wenn auch keineswegs damit identisch ist. Es ist eine Unterscheidung, die für die Vorstellung von Verhalten entscheidend wichtig ist: Nur was lebt, reagiert auch. Dennoch erweist sich diese frühe Unterscheidung eigentümlicherweise immer wieder als nicht sehr verläßlich. Bringt uns die Angst vor dem Sterben dazu, die Welt mit lebendigen Attributen auszustatten, indem wir beispielsweise vom fröhlichen Jagen der Wolken und von freundlichen Sonnenstrahlen reden? Auf jeden Fall setzt sich das Thema der Belebtheit und Unbelebtheit auch in der Eingebundenheit in zeitliche und andere Ambiguitäten fort und äußert sich subtil und allermeistens unbemerkt in einer Art und Weise, die man als Ich-syntone Ergänzung von Abwehrmaßnahmen gegen die Beschäftigung mit Tod und Sterben auffassen kann. Während Psychoanalytiker ihren Patienten zuhören, gleichen sie „Fehlleistungen" hinsichtlich Belebtheit und Unbelebtheit in ähnlicher Weise unbewußt aus, wie es oft auch bei anderen Fehlleistungen geschieht, es sei denn, sie haben eine spezifische Aufmerksamkeit ausgebildet.

Sobald mir die mögliche Bedeutung von Veränderungen im klinischen Material hinsichtlich der Unterscheidung nach Belebtem und Unbelebtem erst einmal bewußt geworden war, konnte ich entsprechende Fehlleistungen, die auf ein Schwanken der Patienten zwischen den Bereichen des Belebten und des Unbelebten hindeuteten und die ich bisher aus eigenen Abwehrgründen häufig überhört oder unbemerkt ausgeglichen hatte, nun sehr viel deutlicher wahrnehmen. Ich machte die Entdeckung, daß sich solche Unsicherheiten und Verwechslungen bei vielen meiner Patienten auffinden lassen. Verschiedene einzelne Merkmale der Unterscheidung nach Belebtem und Unbelebtem sind jedoch kennzeichnend für verschiedene Patientengruppen. Solche Merkmalvariation ist diagnostisch wichtig und enthält Hinweise auf die Schwere der Pathologie. Veränderungen der Unterscheidung nach Belebtem und Unbelebtem treten bei neurotischen Patienten in *abgespaltenen* konfliktbesetzten Bereichen auf und können den Analytiker zu diesen hinführen. Bei diesen Patienten ist offenbar eine Änderung in der Struktur dieser Unterscheidungsfunktion eingetreten, und die analytische Arbeit kann die Strukturveränderung wieder korrigieren. Ausläufer solcher *weitverbreiteten* Unsicherheiten bezüglich des Belebten und Unbelebten durchziehen einen Großteil der klinischen Arbeit mit narzißtischen und Borderlinepatienten. Dieses Durchdringende, glaube ich, erklärt manche Schwierigkeit in der Verfolgung von Strukturveränderungen bei solchen Patienten. Bei psychotischen Patienten ist die Belebtheits-Unbelebtheits-Unsicherheit ganz *massiv und allgegenwärtig.* Das Problem ist bei diesen Patienten allerdings oft nur schwer erkennbar, weil diese Unsicherheit so eng mit anderen Grenzziehungsproblemen verwoben ist. Mit all den üblichen Vorbehalten gegenüber der unvermeidlichen Übervereinfachung und Unvollständigkeit bei der Zusammenfassung der Arbeit von vielen Jahren möchte ich mich nun klinischem Material zuwenden, wobei ich von leichterer zu schwererer Pathologie voranschreite.

Kasuistisches Material

Frau A., 40 Jahre alt, seit fast 20 Jahren verheiratet und Mutter von 4 Jungen, machte sich große Sorgen über die Gesundheit ihres Mannes. Mit ihrer Ängstlichkeit steckte sie offenbar ihren Mann wie auch manche seiner Ärzte an: Herr A. wurde zweimal stationär gründlich durchuntersucht, ohne nennenswerte Auffälligkeiten. Wegen unlängst aufgetretener Unzufriedenheiten in der Ehe absolvierten Herr und Frau A. (die darauf gedrängt hatte) eine Paartherapie. Offenbar hatte sie den Eindruck, er wäre aggressiver und sarkastischer geworden, und er seinerseits erlebte sie als zunehmend ängstlicher, provokanter und kritischer. Als sich diese gegenseitige Vorwurfshaltung während der Paartherapie nicht änderte und die Spannungen im Gegenteil noch weiter zunahmen, empfahl der Therapeut beiden Eheleuten jeweils eine Einzeltherapie. Nach Darstellung von Frau A. war ihr Mann inzwischen ein heftiger Gegner jedweder Psychotherapie geworden, egal für wen; zu dieser Zeit hatten sich aber ihre Depressivität sowie die Schwierigkeiten mit ihren Söhnen und etlichen Bekannten schon so sehr zugespitzt, daß sie weitergehende Hilfestellung für sich suchte. Schließlich entschloß sie sich, eine Psychoanalyse aufzunehmen, in deren Verlauf die folgende Geschichte zum Vorschein kam.

Frau A. wuchs als jüngstes Kind einer kinderreichen Familie mit lauter Mädchen heran. Als sie zwischen 4 und 5 Jahre alt war, kam ein Bruder zur Welt, der aber mit 2 Jahren verstarb. Frau A. entwickelte sich zu einer attraktiven Jugendlichen und jungen Frau; sie hatte viele Freunde, die sie alle ihrer Familie vorzustellen pflegte. Der junge Mann, der später ihr Ehemann wurde, studierte dasselbe technische Spezialgebiet, in dem auch ihr Vater arbeitete. Unter all den jungen Männern, die sie nach Hause brachte, war er der einzige, mit dem sich der Vater ausführlicher unterhielt und zu dem er eine echte Beziehung entwickelte — eine Beziehung, die auch nach der Eheschließung bestehen blieb. Herr A. wurde beruflich sehr erfolgreich, und die gemeinsamen 4 Söhne gediehen gut. Viele Jahre lang schien Frau A. in ihrem Leben keine Unzufriedenheit zu empfinden — oder zumindest ließ sie keine Unzufriedenheiten erkennen.

Die Sorgen um die Gesundheit ihres Mannes sowie die Klagen und Symptome, die zur Paartherapie und dann zu ihrer Psychoanalyse führten, setzten wenige Monate nach dem Tod ihres Vaters ein. Dieser Sachverhalt, so läßt sich hinzufügen, stellte sich erst nach und nach heraus, weil die Patientin eine Reihe von „Fehlern“ bei den Angaben und Erläuterungen zu ihrer Lebensgeschichte machte. Schließlich beschrieb sie aber doch näher, wie sie eines Morgens, nicht lange nach ihres Vaters Tod, ihren noch schlafenden Mann kritisch betrachtete, ihn einen Moment lang als einen Fremden empfand und dann den Gedanken hatte: „Was mache ich denn bloß — wieso bin ich mit *dem da* verheiratet (‚married to *that* ‘)?“ Später fügte sie hinzu, daß sie ihn einen kleinen Moment lang als tot empfand — wie ein Stück Holz.

Einen Psychoanalytiker, der diese Geschichte liest, wird es nicht besonders überraschen, daß sich im Laufe der psychoanalytischen Arbeit das im folgenden umrissene Verständnis ergeben hat: Frau A. hatte als Kind auf ihren jüngeren Bruder gerichtete Todeswünsche, der als Junge für die Familie, und zwar ganz besonders für den Vater, ein Wunschkind war. Die zwangsläufige psychoanalytische Deutung beinhaltet ihre Schuldgefühle wegen des Bruders Tod, das Motiv der Verschiebung bzw. Wiedergutmachung bei der Partnerwahl, die zentrale affektive Bedeutung ihrer Beziehung zum Vater, dem zuliebe sie auch ihre 4 Söhne hervorgebracht und aufgezogen hat, und schließlich den Zusammenbruch ihres wesentlichen Lebensinhalts durch den Tod des Vaters. Die Probleme, die Frau A. in die Therapie führten, spiegeln den massiven Widerstand und die Komplexität der Manöver wider, die sie in Gang setzte, um nicht mit ihrem emotionalen Bankrott nach des Vaters Tod konfrontiert zu werden. Da ihr Mann die Funktion eines Brückenschlags zu ihrem Vater nun nicht mehr erfüllen konnte, mußte sie zur Kenntnis nehmen, daß er als Lebenspartner ungeeignet war und daß sie eigentlich eine schlechte Wahl getroffen hatte. Schließlich trennte sie sich von ihrem Mann und nahm — wenngleich im fortgeschrittenen Alter — ihre Weiterbildung wieder auf, so daß sie eine berufliche Laufbahn anstreben konnte. Die Überlegungen, auf die es mir in diesem Zusammenhang ankommt, könnten jedoch auch dann angestellt werden, wenn die Patientin statt dessen entdecken hätte, daß die Ehe jetzt eine größere Bedeutung als je zuvor bekommen hätte, daß sie mit einem Mann verheiratet war, zu dem sie jetzt erst recht eine echte Liebesbeziehung hätte haben können, da er nun nicht mehr die Funktion des konkreten Brückenschlags zu ihrem Vater erfüllen mußte.

Schematisch dargestellt, kam das auf die Übertragung bezogene *Agieren* in der Analyse anhand einer Bemerkung der Patientin zum Vorschein, daß sie nämlich die Termine der analytischen Sitzungen ihrem Ehemann verheimlichte. Warum? Er war ein etwas gewalttätiger Mann, der ganz entschieden dagegen war, daß sie in eine solche Therapie ging; sie hatte ihm aber schon gesagt, daß sie einen Psychoanalytiker aufsuchen wolle. Was würde aber passieren, wenn er die genauen Zeiten ihrer Therapiestunden wüßte? Nun, er würde sie vielleicht einfach umbringen — womöglich auch den Analytiker. (Verschiedene Variationen dieses Themas brachte sie in rascher Folge im Verlauf von mehreren Sitzungen vor.) Es ließ sich deutlich machen, daß sie sich sehr provokant verhielt, indem sie ihrem Mann von ihrer Analyse erzählte und gleichzeitig auf der Geheimhaltung der Sitzungstermine bestand. Die nähere Untersuchung des Themas der Provokation von Gewalt (sie stellte sich vor, daß sie ihren Mann töten müßte, um sich selbst oder den Analytiker zu schützen — und zwar gegen einen Angriff, den sie dann ja selbst provoziert hätte) führte über Träume und Assoziationen hin zu ihren Todeswünschen, die sich in erster Linie gegen ihren Mann und ihren Analytiker (in verschiedenen Übertragungsrollen) richteten; nach genauerer Ergründung und manchen Korrekturen ihrer zuvor dargestellten Lebensgeschichte führte die Spur zu affektiv besetzten Erinnerungen an ihres Bruders Tod und zu der oben umrissenen Deutung.

Affektiv besetzte Erinnerung im Verlauf einer Behandlung, in der sich eine

Übertragungsneurose ausgebildet hat, sowie Einsicht, die in diesem Falle ein spezifisches Verhalten zur Folge hatte, sind Konzepte, die in einer psychoanalytischen Beschreibung von Veränderung benutzt werden. Hat sich in der dargestellten Behandlung eine Strukturveränderung ergeben? Ein Großteil des Lebens von Frau A. war um ihre Schuldgefühle (wegen des Todes ihres Bruders) herum organisiert. Man kann sagen, daß sie ihn in ihrer psychischen Realität umgebracht *hat*; diese psychische Realität wurde in der Übertragungsspannung reaktiviert und manifestierte sich im Zusammenhang mit ihrem provokanten Verhalten in den verschiedenen Vorstellungsbildern („Wer bringt wen um?"). Ebenso kann man sagen, daß sich das Leben mit Frau A. in gewissem Sinne einen grausamen Spaß erlaubte. Sie hatte ja ein Gutteil ihres Lebens so gestaltet, als ob sie ihren Bruder tatsächlich umgebracht hätte, und die Psychoanalyse verhalf ihr zu der Änderung, die Opferrolle ablegen zu können, indem ihr die „erwachsene" Realität nahegebracht wurde, nach der sie ihren Bruder eben *nicht* umgebracht hat. Vielleicht kann man sagen, daß sie in der Analyse im Zusammenhang mit der Aufhebung der Verdrängung verschiedener Aspekte ihrer auf den Vater gerichteten Wünsche (zu denen auch sexuelle Wünsche gehörten) lernte, wie gern sie doch eigentlich ihren Bruder umgebracht hätte. Ich glaube, daß sie die Intensität ihres Todeswunsches auf unterschiedlichen Entwicklungsebenen erfuhr und daß eine solche Lernerfahrung wiederum auf einen innigen Kontakt mit unterschiedlichen Ebenen der Wahrnehmungsentwicklung zurückging.

Auch in dieser Hinsicht trägt die Vorstellung, daß sich in jedem einzelnen Wahrnehmungsakt die Ontogenese der Wahrnehmung wiederholt, zu einem psychoanalytischen Verständnis der Objektkonstanz bei. Durch eine solche Wiederholung kann man mit den frühesten Wahrnehmungsprozessen immer wieder von neuem kurz in Verbindung kommen, und es liegen Hinweise darauf vor, daß die Unterscheidung zwischen Belebtem und Unbelebtem genau einen solchen Prozeß darstellt. Zum Beispiel lenkte Margaret Mahler (persönliche Mitteilung, 1973) meine Aufmerksamkeit auf eine Beobachtung von Stirnimann (1947), nach der ein gesunder Säugling in seinem Greifverhalten schon in den ersten Stunden seines Lebens zwischen einem hingereichten Finger, einem Finger im Handschuh, einem Handschuh ohne Finger und einem Stock unterscheiden kann.

Wenn auch unvollständig und ziemlich vereinfacht, läßt sich doch zutreffend resümieren, daß Frau A. in einer mit Übertragungsaffekten aufgeladenen Situation entdeckt hat, daß Wunsch und Handlung keineswegs identisch sind, eine Unterscheidung, die in der Zeit des Todes ihres Bruder bei ihr noch nicht verläßlich ausgebildet war. Greenspan (1982) hat nachgewiesen, daß im Verlauf einer psychoanalytischen Therapie verschiedene Ebenen des Lernens integriert werden; er spricht von somatischem Lernen, von operantem Lernen und von vorstellungsmäßig-strukturellem („representational-struktural") Lernen. Verschiedene Ebenen des Lernens beinhalten verschiedene Ebenen der Wahrnehmungsentwicklung; d. h. es besteht eine enge Verbindung zwischen der Wiederholung von Wahrnehmungsprozessen und der Integration verschiedener Ebenen des Lernens. Als Frau A. in ihrem Bewußtsein den Gedanken zuließ: „Was mache ich denn bloß — wieso bin ich mit *dem da* verheiratet?", war die buchstäbliche Bedeutung wichtig: Das „dem da" („that") war nicht menschlich, nicht lebendig; es war ein Ding, eine Sache. Die nachfolgenden wilden Aktivitäten, die übertriebene Sorge *um* ihren Mann stellen Bemühungen dar, der Szene etwas Leben einzuhauchen.

Die Änderung im Leben von Frau A. ist leicht erkennbar, weil sie handelte, um ihre Situation zu ändern, nachdem sie Einsicht erworben hatte. Obwohl die Unterscheidung nach Belebtem und Unbelebtem eine grundsätzliche Bedeutung hat und an Knotenpunkten der Veränderung unter Umständen offen zutage tritt, bleibt das entsprechende Material oft völlig unbemerkt oder verlangt keine besondere Beachtung, so etwa bei der Analyse neurotischer Patienten mit einer *relativ* geradlinigen Entwicklungsgeschichte hinsichtlich dieser Unterscheidung. Loewald (1960) stellt hierzu fest: „Mit seinen Deutungen reorganisiert und reintegriert der Analytiker unbewußtes Material sowohl für sich selbst als auch für den Patienten" (dt.: 1986, S. 231). Ich glaube, daß die Fähigkeit des Analytikers, die „Entseelung" des Patienten in gewissem Maße nachvollziehen zu können, allgemein therapeutisch hilfreich ist. Frau A. war jedoch, ähnlich wie viele andere Patienten mit wesentlichen Ich-Defiziten, ins Agieren innerhalb der Behandlung und dann ins Handeln in ihrem Leben getrieben, nicht nur wegen der in der Übertragung angeregten Auseinandersetzung mit ihren destruktiven Wünschen, sondern auch durch eine kurze regressive Begegnung mit dem unheimlichen Zusammenbruch der Grenzziehung zwischen Belebtem und Unbelebtem: als sie nämlich ihren Mann als „das" („that") erlebte. Insofern Herr A., in einem grundlegenden Sinne, ein gleichsam dinglich-passives Hilfsmittel für den Kontakt mit ihrem Vater war, auf den als eigentliches Objekt sich ihre lebendige Besetzungsenergie richtete, war die Erfahrung ihres Mannes als (unbelebtes) „das" natürlich zutreffend.

Die Domäne der Ambiguität von Belebtem und Unbelebtem ist der Bereich des Unheimlichen, dem manche Patienten (so auch Frau A.) im Verlauf einer analytischen Behandlung kurz begegnen, in den andere Patienten aber immer wieder einmal oder für längere Zeit versinken. Das folgende Fallbeispiel veranschaulicht ebenfalls eine bedeutungsvolle Begegnung mit der Grenze zwischen Belebtem und Unbelebtem in der Behandlung.

Ein erfolgreicher und sehr kreativer junger Naturwissenschaftler brachte in einer Sitzung seine Zweifel zur Sprache, ob er seine Freundin heiraten solle oder nicht, daß sie möglicherweise schwanger sei; und es ging weiter mit ähnlichen Problemen, die durchaus den Eindruck erweckten, bei ihm ein emotionales Durcheinander auszulösen. Dennoch wirkte seine Aufgeregtheit und gelegentliche Verwirrtheit in der Sitzung losgelöst vom Inhalt. Der Analytiker thematisierte diesen Eindruck und erkundigte sich nach anderen Lebensbereichen des Patienten. Als Antwort begann der Patient heftig zu weinen und erinnerte sich plötzlich an einen Traum. Er flog über eine wunderschöne Stadt, die er mit vielen Einzelheiten ausführlich beschrieb. Als er die Stadt jedoch immer tiefer überflog und nach Lebenszeichen suchte, mußte er feststellen, daß sie absolut tot war: kein Geschäftstreiben in der Innenstadt, keine Kinder in den Schulhöfen, keinerlei Leben in den Wohngebieten.

Die Assoziationen des Patienten führten ihn zum Bericht über seine berufliche Arbeit. In einer Art Kreativitätssturm hatte er kürzlich ein elementares Problem gelöst, ein Problem, das schon seit über 100 Jahren bekannt gewesen war, über das viele Bücher geschrieben wurden, und über das es viele lebhafte Diskussionen gegeben hatte. Er hatte eine einfache und elegante Lösung für dieses alte Problem gefunden, er konnte jetzt „die Stadt überfliegen"; doch das intensive Leben im Umfeld einer grundlegenden wissenschaftlichen Problemstellung, ein Forschungsgebiet mit aufregenden Auseinandersetzungen und Kontroversen, an denen er ja ganz wesentlich teilgenommen hatte: all das war nun zu einem plötzlichen Ende gelangt. Das Problem war erledigt und gestorben. Die Bedeutung dieser Leistung des Patienten wurde allerorten rasch gewürdigt und führte zu einem steilen Anstieg seiner Karriere. Seinen Kollegen fiel ferner auf, daß sich von diesem Zeitpunkt ab sein Schreibstil ganz entscheidend geändert hatte. Obwohl er in einem exakten und hochabstrakten wissenschaftlichen Gebiet arbeitete, wurde er danach beglückwünscht für die Änderung seines trockenen Stils, wie er in seinem Arbeitsgebiet üblich ist, hin zu einer bemerkenswert leserlichen und lebhaften Art zu schreiben, die in einfacher Eleganz die Entwicklung seiner Gedanken und die Größe seines Denkens erkennen ließ.

In seiner ganzen Kindheit und Jugend wurde der Patient von seinem Vater in heftige Kämpfe am Schachbrett verwickelt, deren Wettkampfcharakter die Intensität seines späteren wissenschaftlichen Arbeitens mitgeprägt hatte. Ein reichhaltiges analytisches Material machte deutlich, wie sehr sein wissenschaftlicher Durchbruch mit ödipalen Problemstellungen und seiner Fähigkeit, einen ödipalen Sieg zu handhaben, verbunden war. Eine solche erklärende Deutung soll allerdings keineswegs die Bedeutung schmälern, die die Begegnung mit der *unheimlichen* Grenze zum Leblosen, vielleicht mit der *strukturellen* Unterscheidung zwischen Belebtem und Unbelebtem im Augenblick jener einschneidenden Veränderung für ihn annahm.

Freud diskutiert das Thema einer solchen Begegnung in erster Linie in seinem kulturkritischen und anthropologischen Werk, obwohl diese Themenstellung für ihn natürlich nicht vom klinischen Bezug abzulösen ist. Dieses Thema steht im Mittelpunkt seiner Abhandlung „Das Unheimliche" (1919), obwohl er bereits in *Totem und Tabu* (1912–13) auf die Verbindung zwischen dem Erleben des Unheimlichen und der Grenze zwischen Belebtem und Unbelebtem hingewiesen hatte: „Es scheint, daß wir den Charakter des ‚Unheimlichen' solchen Eindrücken verleihen, welche die Allmacht der Gedanken und die animistische Denkweise überhaupt bestätigen wollen, während wir uns bereits im Urteil von ihr abgewendet haben" (S. 106).

Während meiner psychoanalytischen Arbeit mit Anna, der in Kap. 2 und 3 vorgestellten hysterischen Patientin, zu deren Leitsymptomen Dämmerzustände gehörten und die viele Déjà-vu-Erlebnisse auch während der analytischen Sitzungen hatte, fiel mir bei ihr ein Pseudoanimismus auf, insofern sie Gegenstände in meinem Behandlungszimmer eigentümlich mit Leben erfüllte, was für solche Zustände kennzeichnend ist. Es stellte sich heraus, daß diese Begebenheiten die Funktion der Abwehr gegen die Wiederbelebung einer Situation hatten, in der sie völlig unvorbereitet mit dem Tod konfrontiert war, nachdem sie die drohende Gefahr auf die leichte Schulter genommen hatte. In diesem Fall wurde das Belebtheits-Unbelebtheits-Thema in der Arbeit mit einer neurotischen, im Grunde hysterischen Patientin wichtig, und das Vorherrschen von Synästhesie- und Déjà-vu-Phänomenen trug offenbar zu dem (Pseudo)animismus bei. Auf die Verbindungen zwischen der Synästhesie, dem Déjà-vu-Erleben, dem Unheimlichen und der fließenden Grenze zwischen Belebtem und Unbelebtem werde ich noch einmal weiter unten ausführlicher zu sprechen kommen.

Das Belebtheits-Unbelebtheits-Problem kommt in der Psychoanalyse und analytischen Psychotherapie *besonders* häufig und deutlich im Laufe der Arbeit mit Patienten mit betont narzißtischen Zügen zum Vorschein. Da sich ferner aus meinen Gedanken zur Bedeutung dieses Problems unmittelbare Auswirkungen auf die Behandlungstechnik vor allem bei solchen Patienten ergeben, werde ich behandlungstechnische Überlegungen zum Belebtheits-Unbelebtheits-Thema in erster Linie am Beispiel von narzißtisch gestörten Patienten veranschaulichen.

Eine junge geschiedene Frau eröffnete ihre Montagmorgensitzung mit einem Trommelfeuer an Klagen, die sich um ihre Unfähigkeit gruppierten, mit ihrem Baby fertig zu werden, das die ganze Nacht über geschrien hatte, sowie um ihren Freund, für den sie sich mehr interessierte als er sich für sie. In ihrer Schilderung gab es hinsichtlich der Gefühlstönung *keinen Unterschied* zwischen dem, was ihr *passiert* war, und dem, was sie *getan* hatte. Sie fuhr fort, über ihren schlechten Autofahrstil zu klagen sowie über ihr übermäßiges Essen und über den Wunsch, ihr Kind umzubringen. Alle diese (An)klagen wurden als Angriff gegen den Analytiker vorgebracht, der ihr bei keinem der Probleme geholfen habe. Sie fuhr dann fort: „Es ist richtig gefährlich, wenn ich Auto fahre. Ich hatte schon daran gedacht, mich umzubringen, und das Auto war mit mir wohl einer Meinung; es ist nicht angesprungen."

In der angloamerikanischen Literatur werden solche Verhaltensweisen, wie sie in dieser Vignette skizziert sind, mit dem Begriff „entitlement" beschrieben, was ich als „narzißtische Ansprüchlichkeit" bezeichnen möchte: Jemand hält sich dafür *berechtigt* und *beansprucht,* daß alles nach seinem Willen zu geschehen habe. Gemeint ist hiermit die Unfähigkeit, Ereignisse als Ergebnis eigenen (bewußt oder unbewußt) absichtlichen Handelns zu unterscheiden von external verursachten Ereignissen, also von solchen Ereignissen, deren Veranlassung nicht ohne weiteres eine eigene Absicht unterlegt werden kann. Für den Analytiker liegt hierbei das Problem darin, daß solches Fehlen der Unterscheidung für den Patienten Ich-synton ist; das bedeutet, daß der Analytiker erst einmal untersuchen muß, weshalb es für den Patienten selbstverständlich ist, zwischen Klagen wie denen über unkontrolliertes Essen, ein streikendes Auto und ein Gewitter keinen Unterschied zu machen. In seinem späteren Werk *Marxismus und Existentialismus. Versuch einer Methodik* (1964), das von Psychoanalytikern kaum zur Kenntnis genommen worden ist, betont Jean-Paul Sartre den Unterschied zwischen *Praxis* (intentionale Handlungen) und *procès* (im Sinne von Geschehen, Ereignis). Wenn die therapeutischen Bemühungen bei solchen Patienten erfolgreich sind, dann, so glaube ich, läßt sich das Ausmaß der Veränderung an der Fähigkeit des Patienten ablesen, inwieweit er nun zwischen (herbeigeführter) „Praxis" und unbeeinflußbaren Geschehnissen bzw. Zufälligem zu unterscheiden vermag.

Ein genauer Blick auf den „Austausch von Worten" in der analytischen Sitzung kann eine unmittelbare Anwendung mancher der hier entwickelten Vorstellungen veranschaulichen:

Die Patientin nahm sich ein Taxi, da ihr Auto nicht angesprungen war. Weil ein Bekannter von ihr kürzlich überfallen und beraubt worden war, bekam sie erhebliche Angst, als der Taxifahrer eine ihr unbekannte Fahrtroute wählte und durch einen Teil der Stadt fuhr, in dem nur wenige Menschen auf der Straße zu sehen waren. Bis zum Zeitpunkt dieser Sitzung, nach mehreren Jahren ihrer Analyse, hatte der Analytiker bereits gelernt, daß es kontraproduktiv war, die Patientin mit ihrer Neigung zu konfrontieren, die von ihr hervorgerufenen Ereignisse in derselben Weise zu behandeln wie von außen verursachte Ereignisse. Statt dessen erkundigte er sich, ob sie während der Taxifahrt an einen Überfall gedacht hätte. Die Patientin antwortete, daß das tatsächlich der Fall war und daß sie auch an Mordfälle gedacht hätte, über die sie in der Zeitung gelesen hatte. Die nächste Intervention des Analytikers gründet in der Überlegung, daß sozusagen das Atmosphärische der Gefahr eher angesprochen werden sollte als die Lokalisation der Gefahrenquelle; der Analytiker war nämlich der Auffassung, daß ihre Schwierigkeiten im wesentlichen in einer unzureichenden Unterscheidung darüber wurzelten, wer oder was eine Handlung einleiten kann (letztlich heißt das, was lebt) und, andererseits, auf was die Handlung gerichtet ist (das Unbelebte). Der Analytiker wählte seine Worte sehr sorgfältig und sagte: „Seit unserer letzten Sitzung hatten Sie in Ihrem Erleben viele Mordgefühle. Sie hatten Mordgefühle gegen ihr Baby, und Sie hatten ähnliche Gedanken, die gegen Sie selbst gerichtet waren." Ich möchte noch einmal als besonders wichtig hervorheben, daß der Analytiker die Patientin *nicht* mit seiner eigenen Unterscheidung von „Praxis" und „procès", nach dem Handelnden und dem Objekt der Handlung, konfrontierte, sondern vielmehr sorgfältig auf die Entwicklung einer solchen Unterscheidung bei der Patientin achtete. (Ganz besonders sei noch darauf hingewiesen, daß der Analytiker eine Unterscheidung zwischen „Gefühlen" und „Gedanken über Gefühle" vorgenommen hatte.) Es hilft der analytischen Arbeit dagegen nicht weiter, wenn der Analytiker, der sich zu Unrecht beschuldigt fühlt und für alles, was im Leben des Patienten schiefgeht, verantwortlich gemacht wird, deshalb mit einer Konfrontation reagiert — oder, vielleicht zutreffender gesagt, sich rächt — und sinngemäß etwa sagt, daß der Patient „groß genug" sein *sollte* , um unterscheiden zu können zwischen dem, was er tut, und dem, was ihm geschieht.

Wie kann sich nun in einer solchen analytischen Situation eine Änderung ergeben? Einige Monate nach der oben beschriebenen Sitzung brachte die Patientin wiederum eine Reihe unglücklicher Vorfälle in ihrem Leben zur Sprache. Sie hätte eine schlechte Nacht gehabt. Aus verschiedenen Gründen glaubte der Analytiker, daß die Patientin nicht über einen Traum berichten würde. Er fragte deshalb nach: „In dieser schrecklichen Nacht, hatten Sie da Träume?" Die Patientin wurde unruhig und sagte: „Ja, aber ich kann mich an keinen Traum mehr erinnern." Die Unruhe blieb fortbestehen, und nach einer ziemlich langen Schweigepause sagte die Patientin: „Also, Menschen waren da, und ich ging förmlich auseinander. Meine Blusenknöpfe gingen immer wieder auf." — „Zu viele Forderungen reißen Sie auseinander", sagte der Analytiker. „Aber das ist es nicht genau", fuhr die Patientin fort. „Es hat irgendwie mit Schlampigkeit zu tun. Mit Selbsterniedrigung. Ich werde fett." Man beachte hierbei, daß die Patientin den Analytiker nicht angegriffen und ihm keine Schuld an ihrem übermäßigen Essen gegeben hat. Es gibt in ihrer Äußerung allerdings auch Anzeichen für eine gewisse Verwirrung. Sie benutzte eine neutrale Redensart, die oft vom Analytiker verwendet wird: „Es hat irgendwie mit Schlampigkeit zu tun." Sie kam dann auf „Selbsterniedrigung", woraufhin folgte: „Ich werde fett." Sie war auf dem Weg zu der eigenständig gewonnenen Erkenntnis, daß sie zuviel aß und daß sie anfangen könnte, ihr Essen einzuschränken. Die Patientin gab damit zu erkennen, daß sie auf dem Weg zu einer autonomeren Lebensführung war.

Stracheys (1935) Vorstellungen von Veränderungen, von Identifikationen mit dem Analytiker und von der wohl dosierten Zurkenntnisnahme der Realität des Analytikers gehören hierher, ebenso wie die von Loewald hervorgehobene Auffassung, daß der Analytiker echte Regression und damit einen Neubeginn fördern soll. Im Hinblick auf die momentane Zielsetzung möchte ich betonen, daß der Behandlungstechnik des Analytikers die Vorstellung zugrunde liegt, daß die Schwierigkeit der Patientin mit einem Entwicklungsproblem hinsichtlich ihrer Wahrnehmungsdifferenzierung verbunden ist. Eine Konfrontation wurde vermieden. Dadurch waren die Kompromißbildungen hinfällig, die die Patientin üblicherweise als Reaktion auf die Angriffe, die sie mit ihrem Verhalten hervorruft, entwickelt; der Teufelskreis war unterbrochen worden. In Loewalds Terminologie hat eine wahre Regression — auf einen Zustand, in dem Belebtes und Unbelebtes noch nicht angemessen unterschieden sind — einen Neubeginn ermöglicht. „Procès" (im Sinne von Sartre) ist allmählich in „Praxis" überführt worden.

Weiter ist in Betracht zu ziehen: Die Patientin sagte, sie „wollte" zu ihrer analytischen Sitzung kommen, und sie dachte, daß der abgewürgte Motor ein Ereignis im Bereich der unbeeinflußbaren Geschehnisse wäre, das Versagen von toter Materie. Wenn man allerdings annimmt, daß sich in der Analyse herausstellen würde, daß die Vernachlässigung ihres Autos mit ihrer ambivalenten Haltung gegenüber der Behandlung in Verbindung steht: dann wäre der *procès* in *Praxis* überführt worden. In einer solchen analytischen Situation können Rückgriffe auf das Vorbewußte das „Zufällige" in sinnvolles und bedeutungsvolles, motiviert herbeigeführtes Geschehen überführen. Fehlleistungen sind hiernach nicht länger zufällig und erscheinen selbst dem Patienten nicht mehr als solche. Ich werde später erkenntnistheoretische Konsequenzen erörtern, die sich aus der Entdeckung der Unbestimmtheit der Grenze zwischen dem Sinnvollen und dem Zufälligen ergeben. Wenn wir dieser Grenze nicht mehr trauen können: gibt es dann möglichen Sinn und Bedeutung überall oder vielleicht gar nirgendwo?

Schließlich möchte ich mich dem Material eines Falles mit schwererer Psychopathologie zuwenden: der sich selbst verletzenden Patientin Mary, die ich in Kap. 2 schon kurz erwähnt habe. Solche Patienten geben in ihrer Psychopathologie die Durchschlagskraft der mit der Unterscheidung zwischen Belebtem und Unbelebtem zusammenhängenden Probleme zu erkennen. In der Entwicklungsphase des Spracherwerbs hatte Mary eine schwere Hautkrankheit, und ihre spätere Hauptsymptomatik umfaßte wiederholtes Schneiden in die Haut, sobald sie sich als unlebendig empfand, und sie sabotierte dann die Wundheilung (Kafka 1969).

Grenzprobleme — die Grenzen ihres Körpers, die Grenzen ihrer Kraft und die Grenzen ihrer Emfindungsfähigkeit — waren in Marys Analyse von entscheidender Bedeutung. Winnicotts (1969) Konzeption von Übergangsobjekten und Übergangsphänomenen bilden einen hilfreichen Rahmen für die Deutung mancher Aspekte aus der Geschichte der Objektbeziehungen dieser Patientin. Ich möchte die Vorstellung diskutieren, daß die Patientin ihren eigenen Körper als Übergangsobjekt behandelte und daß dies verstanden werden kann vor dem Hintergrund ihrer Vorgeschichte an Selbstverletzungen. Ferner werde ich Auswirkungen dieser Geschichte der Objektbeziehungen auf die Entwicklung von Übertragung und Gegenübertragung untersuchen.

Wenn man von Übergangsobjekten redet, dann ist es die Schmusedecke von Linus in der Comicserie „Peanuts", die einem eine besonders anschauliche und leicht eingängige Vorstellung davon vermittelt. Mary hat mir entscheidend zur Erweiterung meines Denkens über Übergangsobjekte verholfen. Man kann Zugang zu diesem Gesichtspunkt gewinnen, indem man sich den Anfang von

Chirurgielehrfilmen für Medizinstudenten vorstellt: Es wird ein sorgfältig gesäubertes Stück Haut gezeigt, der Rest ist mit matten, blauen Tüchern abgedeckt; die Lokalisation der Hautfläche wird in dem technischen Begleitkommentar erläutert; und dann nimmt die behandschuhte Hand des Chirurgen mit dem Skalpell einen raschen Schnitt vor. Mit kurzer Verzögerung, die dem Betrachter länger vorzukommen pflegt, als sie in Wirklichkeit ist, quillt dann Blut hervor, ehe der Betrachter sich des Gefühlsumschwungs bewußt wird, daß es sich tatsächlich um einen Eingriff am lebenden Körper handelt, nachdem es zunächst so ausgesehen hat, als ginge es um ein lebloses Präparat in der Anatomie. Ich bin der Auffassung, daß die sich selbst verletzende Patientin ihre Haut und ihren Körper in ähnlicher Weise behandelt, als ob sie diese in gewissem Sinne als unbelebt und als Übergangsobjekt ansieht. Bei der theoretischen Betrachtung solcher Phänomene müssen wir uns natürlich der Begrenztheit von Worten bewußt sein, denn es geht hier um nichtsprachliches, meist vorsprachliches Material. Dennoch können selbst solche Schlagworte wie „Übergangsobjekt" eine verbindende Atmosphäre schaffen helfen, die uns das Teilhaben am Erleben des anderen ermöglicht.

Mary war eine ungefähr 18jährige Oberschülerin, als ich mit ihr zu arbeiten anfing. Ihre psychoanalytische Behandlung dauerte annähernd 5 Jahre, von denen sie die ersten 2 Jahre hospitalisiert war. Ihr Vater ist ein trockener, zurückhaltender Ingenieur, und ihre Mutter ist eine eloquente Frau mit hysterisch und hypochondrisch anmutenden Eigenarten. Die Patientin hat einen älteren Bruder, dessen akademische Leistungen sie beneidete. Ihre Eltern hatten sich schon mehrere Jahre vor Marys Hospitalisation getrennt. Ein Psychiater, der sie über ein Jahr unregelmäßig betreut hatte, überwies sie zur stationären Psychoanalyse in eine Klinik, weil ihre Symptomatik in erster Linie darin bestand, daß sie sich häufig in die Haut schnitt und dann die Wundheilung hintertrieb. Manchmal schluckte sie auch wahllos Tabletten, verweigerte andererseits aber die verordneten Medikamente oder täuschte deren Einnahme nur vor. Sie betrachtete und behandelte ihre gesamte Körperoberfläche in narzißtischer Weise wie ein beinahe völlig konstantes, erotisch faszinierendes Objekt

Offenbar schon seit ihrer Kindheit, wahrscheinlich seit dem 6. oder 8. Lebensjahr kam es vor, daß sie die Wundheilung sabotierte, doch die Symptome, besonders die Selbstverletzungen, nahmen seit der Trennung der Eltern an Häufigkeit zu. Mary hatte Narben — besonders an den Armen, und sie wirkte im Äußeren insgesamt teigig und im Verhalten teilnahmslos, als ich mit ihr die Arbeit aufnahm.

Im 1. Lebensjahr war Mary an einer atopischen Dermatitis, die diagnostisch als allergische Reaktion beurteilt worden war, schwer erkrankt. Probleme mit Berührung und Hautempfindlichkeit spielten somit schon seit der Kindheit eine vorherrschende Rolle. Haus- und Spieltiere mit Fell und Haaren sowie Puppen waren in der Familie reichlich vorhanden. Durch frühe und intensive Kontakte mit solchen „Objekten" gewann die Bedeutung von Oberflächen für Mary prägende Bedeutung. Mutter und Tochter wetteiferten um die Pflege der Haustiere. Der Vater hatte Jahre vor der Trennung von der Mutter eine außereheliche Beziehung und war in dieser Zeit an seiner Frau sexuell nicht interessiert. Somit entwickelte die Mutter ein starkes erotisch gefärbtes Interesse an den Spieltieren und ebenso an ihrer besonders verschmusten Tochter, der die Atmosphäre gleichermaßen diffus erotisiert vorkam. Die Mutter leitete Mary an, dem Vater nachzuspionieren, der stets der Untreue verdächtigt wurde. Der Vater seinerseits war sich der Neugier seiner Tochter bewußt. Mary hatte immer wieder selbstzerstörerische Vorstellungen sowie Gedanken, daß sie in Gegenwart des Vaters in Gefahr wäre, daß er sie beispielsweise von einer Brücke herabstoßen könnte, und sie stellte zumindest flüchtige Überlegungen an, wie sie sich rächen könnte. Erotische Gefühle für ihren Vater waren somit in ganz eigentümlicher Weise mit sadomasochistischen Elementen verwoben. Die

Mutter benutzte verschiedenartige Konversionssymptome, um Aufmerksamkeit von ihrem Mann und von anderen zu erzwingen, und sie zeigte ihre unverhohlene Freude darüber, daß Mary in gleicher Weise erfolgreich war, und zwar unter Umständen, in denen das unmöglich scheint: so brachte sie etwa einen Busfahrer dazu, mitten auf der Strecke anzuhalten, damit sie sich etwas zu trinken kaufen konnte. Ihre Omnipotenzgefühle wurden durch eine Reihe solcher Erfahrungen angeheizt. Beispielsweise hatte sie schon mit 15 Jahren als Mitarbeiterin im Tierschutzbund Macht über Leben und Tod von streunenden Tieren: sie konnte entscheiden, welche Tiere „eingeschläfert" und welche für eine neue Unterkunft vorgesehen werden sollten.

Die ersten Abschnitte der psychoanalytischen Arbeit waren häufig durch Marys mürrische, schweigsame Haltung gekennzeichnet, und ich stellte fest, daß ich darauf mit ähnlichem Verhalten reagierte. Nach 2 Monaten der Analyse spitzte sich das Problem der Grenzen ihrer Macht dramatisch zu: sie entwikkelte eine schwere virale Lungenentzündung, was die Verlagerung in ein Allgemeinkrankenhaus notwendig machte. Es ging schnell mit ihr bergab, und trotz aller erdenklichen Maßnahmen gelangten die Internisten zu der Auffassung, daß die Patientin im Endstadium der Erkrankung wäre und die nächsten 48 Stunden nicht überleben würde. Als sie im Sauerstoffzelt wieder einmal bei vollem Bewußtsein war, bestand sie darauf, nur eine ganz bestimmte Fruchtsaftsorte trinken zu wollen, die es allerdings im Krankenhaus nicht gab, und sie lehnte die ihr angebotenen üblichen Fruchtsäfte ab. An dieser Stelle sagte ich ihr, daß man nicht damit rechnete, daß sie die Krankheit überstehe, und daß sie den verfügbaren Saft lieber trinken sollte, wenn sie überhaupt noch einmal den Geschmack von Fruchtsaft auf der Zunge spüren wolle. Daraufhin trat eine deutliche Änderung in ihrem Verhalten ein. Sie sah plötzlich angsterfüllt aus, sprach von ihrer Angst zu sterben und trank dann den angebotenen Saft. Dies schien ein eindeutiger Wendepunkt zu sein und gab mir das Gefühl, daß meine Fähigkeit, ihr grob entgegentreten zu können, ihr das Leben gerettet hat. Nachdem sie sich von der Lungenentzündung wieder erholt hatte, geriet das Thema meiner Macht über ihr Leben und ihren Tod in den Mittelpunkt der Analyse. Sie hörte allerdings nicht auf, sich die Arme und Beine zu zerschneiden, bis ich mir endlich meiner tatsächlichen Unfähigkeit, ihr das Leben zu erhalten, vollkommen bewußt wurde. Hingegen schien sie nun aber selbst ihr Leben stärker in den Griff zu bekommen und hörte auf, sich selbst zu beschädigen.

Die Entfaltung der Übertragung ließ viele Details ihrer Entwicklungsgeschichte, wie ich sie umrissen habe, erkennen. Als ich ungewöhnlich viele erotische und sadistische Phantasien spürte, konnten diese im Verlauf der analytischen Arbeit auf verdrängte Aspekte der Beziehung beider Eltern zu Mary zurückgeführt werden; die Beziehung der Mutter zu ihr hatte hierbei eine besondere Bedeutung. Für die weitere Diskussion der Analyse werde ich die Beschreibung und theoretische Betrachtung auf das Körpererleben der Patientin zentrieren sowie darauf, daß ich ihr immer wieder zurückspiegelte, daß sie sich offenbar nicht für „ein richtiges lebendes Wesen" hielt. Mit der regulären psychoanalytischen Arbeit möchte ich mich nicht weiter aufhalten; das Material, das sich im Zusammenhang mit vielfältigen zwischenmenschlichen Beziehungen ergab, wurde gründlich durchgearbeitet, nachdem sie die Klinik schließlich verlassen hatte, Ambulanzpatientin wurde, eine Arbeitsstelle fand, sich wenigstens einige der vielen Narben wegoperieren ließ und dann auch häufige und für sie wichtige Männerbekanntschaften hatte. Die intensive und komplexe Arbeit mit ihren Angehörigen sowie die während der stationären Behandlung aufgetretenen schwierigen Pflege- und Verwaltungsprobleme werden ebensowenig dargestellt. (Vgl. die Darstellung von Burnham (1966); dort wird u.a. geschildert, wie sie praktisch jeden Quadratzentimeter ihres Zimmers mit Plüsch- und Stoffgebilden, mit Tierbildern usw. ausschmückte.)

Auf dem Weg zur Beschreibung des Kernstücks von Marys Analyse möchte ich zunächst Winnicott (1969) zitieren:

Es wird allgemein anerkannt, daß eine Aussage über die Natur des Menschen ganz unzureichend ist, wenn sie sich nur auf Beziehungen zwischen Personen bezieht (...) Es gibt eine andere Art, Menschen zu beschreiben (...); hier wird angenommen, daß man von jedem Individuum, das die Stufe erreicht hat, auf der es zu einer Einheit geworden ist (*mit einer begrenzenden Membran und einem Außen und Innen*)*, sagen kann, es habe eine *innere Realität* , eine innere Welt, die reich oder arm, friedlich oder im Kriegszustand sein mag.

Ich behaupte: Wenn eine Notwendigkeit für diese doppelte Aussage besteht, muß man noch eine dritte hinzufügen; es gibt noch eine dritte Dimension im Leben eines Menschen, eine Dimension, die wir nicht unbeachtet lassen können, einen Zwischenbereich des *Erlebens* , zu dem sowohl die innere Realität als auch das äußere Leben beitragen. Es ist ein Bereich, der *nicht in Frage gestellt* * wird, denn er begründet seinerseits keinen Anspruch, es sei denn den, daß er als Ruheplatz für das Individuum vorhanden sein muß, wenn es mit der lebenslänglichen *menschlichen* * Aufgabe beschäftigt ist, die innere und die äußere Realität getrennt und dennoch miteinander verknüpft zu halten (S. 667 f.; * Hervorhebungen von mir).

Winnicott gab seiner Abhandlung den Untertitel „Eine Studie über den ersten Besitz, der ‚Nicht-Ich' ist", der mir für das Verständnis von Mary passend erscheint, da sie ihren Körper in genau diesem Sinne ansah. Als Kleinkind bekam sie eine Zahnklammer, die mit Stacheln versehen war, um sie vom Daumenlutschen abzuhalten; dies gelang allerdings nicht, und die drastische Maßnahme führte nur zu einer schlechten Zahnstellung; später war sie vom Thema des Autokannibalismus fasziniert. Sie hatte lebhafte Phantasien über Forschungsreisende in der Arktis, wie sie Teile ihres Körpers essen müssen, um zu überleben, und bisweilen aß sie selbst kleine (und manchmal auch gar nicht so kleine) Stückchen Fleisch und Haut von ihren Fingern.

Wegen der offenbar lebensbedrohlichen frühen allergischen Dermatitis mußte Marys gesamter Körper während des größten Teils ihres 1. Lebensjahres eingewickelt und bandagiert werden. Wie weiter oben erwähnt, bildet sich nach Winnicott (1969, S. 670) das Muster der Übergangsphänomene zwischen dem 4. und dem 12. Lebensmonat aus. Ganz besonders wurde darauf geachtet, daß Mary ihre Haut mit den Händen nicht reizen konnte. Die Eltern konnten sich noch gut an die Schwierigkeiten beim Hochnehmen und Berühren des Babys erinnern, und sie konnten anschaulich vermitteln, wie spannungsreich einerseits das starke Bedürfnis nach Berührung und andererseits die Schmerzen bei einer Berührung für das Baby gewesen sein mußten.

Im Laufe der Analyse beschrieb Mary ihre Empfindungen, wenn sie sich langsam und absichtlich in die Haut schnitt (z. B. mit einer Rasierklinge oder mit einer geplatzten Glühbirne, die sie unter die Bettdecke geschmuggelt hatte), während sie liebevoll ihre „Lieblingskrankenschwester“ ansah, die extra auf sie „aufpassen“ sollte. Ganz am Anfang empfand sie nie etwas, doch „ich hörte sofort auf, sobald ich es fühlte“, und sie schilderte dann die außergewöhnliche Grenzerfahrung, wie sie in diesem Augenblick ganz deutlich spürbar „lebendig wurde“. Dieser deutlichen Empfindung folgte dann der Blutstrom; in ihrer Beschreibung erschien das Blut als ein sinnliches Bad, als eine Empfindung von wohliger Wärme, die sich über die Hügel und Täler ihres Körpers ausbreitete und dadurch dessen Umriß ausgoß und ihm seine Form verlieh. Wenn Mary von ihrem Blut redete, dann sprach sie von der Beziehung zu einem Übergangsobjekt: von dem Gefühl, daß man, solange man Blut hat, im Besitz einer potentiellen Schmusedecke ist, die einem Wärme und wohltuende Umhüllung spendet. Das Traum- und Phantasiematerial legt die Deutung nahe, daß das *innere* Blut wahrscheinlich mit der internalisierten Mutter verbunden war und daß sich die Patientin anderen überlegen oder omnipotent fühlte, weil *sie* ihr Wissen für die Beschaffung dieser wohltuenden „Mutter“decke nutzen konnte. Zwar sagt Winnicott, daß die Mutter selbst auch das Übergangsobjekt sein kann („... daß es manchmal kein Übergangsobjekt außer der Mutter gibt“; 1969, S. 671); es geht bei ihm aber nicht genau um das hier zur Debatte stehende Thema, nämlich daß ein Teil des Körpers (im vorliegenden Falle Blut, das für die internalisierte Mutter steht) ein Übergangsobjekt sein kann.

Während des größten Teils der Analyse äußerte Mary ihre Sorge (gelegentlich drohte sie auch damit), daß die angenehme Empfindung beim Schneiden in die Haut es ihr unmöglich machen könnte, der Versuchung zu widerstehen, auch noch andere Körperregionen, etwa das Gesicht oder den Rumpf, zu verstümmeln. Bisweilen fühlte sie sich nicht nur anderen überlegen, sondern sie konnte offenbar auch gar nicht recht begreifen, wie andere es ihr Leben lang aushalten, nicht wenigstens gelegentlich einmal in dem verbotenen Genuß eines Blutbads zu schwelgen, das man sich doch so einfach durch einen „Reißverschluß“ in der Haut verschaffen kann. Sie machte Späße darüber, daß man ja Reißverschlüsse in der Haut habe, und sie berichtete über viele Träume, in denen es um Blutvergießen, um verbrannte Teerpappe mit abblätternden Brandblasen etc. ging. Ferner berichtete sie, daß sie in ihrer Kindheit in einer nördlich gelegenen Stadt bei den oft veranstalteten Schneeballschlachten lebhafte Phantasien hatte, daß eine sie umgebende, unsichtbare Hülle die Schneebälle kurz vor ihrem Körper aufhalten würde. Solche Phantasien können in einen Zusammenhang mit ihrem Körpergewicht gebracht werden, das über weite Strecken ihres Lebens stark schwankte. Sie war fasziniert von einem Zeitschriftenaufsatz, in dem ein progressiver Künstler beschrieben wurde, der die Haut seiner Modelle anmalte und diese dann aufforderte, sich mit dem Körper über eine Leinwand zu rollen oder sich dagegen zu pressen und damit die Farbe auf die Leinwand zu bringen. Schon Jahre zuvor hatte die Patientin in ähnlicher Weise experimentiert, indem sie Würmer durch ausgegossene Tinte hindurch auf weißes Papier kriechen ließ. Bei beiden Techniken lag die Faszination für sie in der Verwendung lebender Körper als Instrument, als ein Übergangsobjekt zwischen lebender und toter

Welt. Würmer waren für Mary von besonderem Interesse wegen ihrer klar segmentierten Struktur, wegen des Umstands, daß Ausscheidungs- und Sexualorgane in jedem Segment vorhanden sind, sowie wegen ihrer Fähigkeit, bei Beschädigungen nachzuwachsen. (Man kann nebenbei die Frage aufwerfen, ob ein Wurmsegment ein vollständiges oder ein Teilobjekt ist.) Vielleicht läßt sich in diesem Zusammenhang sinnvoll von einer Art *Übergang* zwischen dem partiellen und dem ganzen Objekt sprechen.

In der Gegenübertragung verhielt auch ich mich wie gegenüber einem Übergangsobjekt, insofern ich die Patientin als nicht richtig lebendig und nicht richtig leblos wahrnahm. Im Rückblick war es im wesentlichen meine Empfindung, daß sie kein richtig lebendiger Mensch sei, die es mir gestattete, Mary dermaßen grob oder vielmehr *scharf* zu behandeln, als sie an Lungenentzündung zu sterben drohte. Inwieweit man dem anderen die Eigenschaft der Belebtheit zuschreibt (vorausgesetzt, man empfindet sich selbst als lebend), hängt von der Fähigkeit ab, Empathie für den anderen zu entwickeln oder sich mit ihm zu identifizieren. Mit ihrem teigigen Äußeren und ihrer Fähigkeit, ohne jede Änderung ihres Gesichtsausdrucks in ihre Haut zu schneiden, behandelte sich Mary offenbar selbst als ein nicht richtig lebendiges Objekt oder sie hielt zumindest Teile ihres Körpers für etwas anderes als lebendes Gewebe. Angesichts ihrer Selbstverletzungen reagierte ich nicht immer mitfühlend, etwa mit den Worten: „Tun Sie das nicht! — Tun Sie sich nicht weh! — Ich werde nicht zulassen, daß Sie sich absichtlich verletzen." Mein Erleben lief wohl eher auf das hinaus, was Winnicott (1976) „Haß in der Gegenübertragung" genannt hat; zumindest meine subjektiven Gefühle lassen sich ungefähr folgendermaßen wiedergeben: „Mach nur zu, schneide dich doch in Streifen; wir wollen mal sehen, ob du nun lebendig bist oder nicht."

Weiter oben habe ich die Überlegung geäußert, daß eine Mutter der Täuschung (einer undifferenzierten Illusion von der Mutter-Kind-Einheit) erliegen muß, daß das Kind schon nicht hinfallen wird, um ihm die ersten Schritte zu ermöglichen. Meine Arbeit mit Mary hat dazu beigetragen, daß ich zu der Auffassung gelangt bin, daß eine weitere Täuschung der Eltern, wenn man so will, für die Heranreifung des Kindes notwendig ist: es handelt sich um die Illusion, daß das Kind nicht lebendig ist. Es herrscht der weitverbreitete Glaube, daß Ärzte Angehörige der eigenen Familie nicht fachgerecht behandeln können, weil sie nicht „objektiv" genug sind. Mit anderen Worten heißt dies: sie können die eigenen Familienmitglieder nicht richtig als *unbelebte Objekte* behandeln. In bestimmten Notfällen *müssen* alle Eltern bei der Behandlung ihres Kindes ein kleines bißchen Arzt sein. Mir fällt z. B. ein Patient ein, der schon angesichts der leichtesten Verletzung seines Kindes in seiner elterlichen Funktion gelähmt war. Es gibt manche Augenblicke, Grenzsituationen, in denen nicht nur die Behandlung von Verletzungen der Kinder, sondern viel allgemeiner das *Aufziehen* von Kindern das Zufügen von Schmerz verlangt; so kurz solche Augenblicke auch sein mögen, wir können damit nur zurechtkommen, indem wir das „Gewebe" nicht als genau so lebend und empfindlich wie unser eigenes ansehen.

Auf der deskriptiven Ebene befinden wir uns, glaube ich, auf ziemlich festem Boden, wenn wir das Konzept der Übergangsobjekte auf solche Situationen anwenden. Diese Patientin jedenfalls behandelte Teile ihrer Körperoberfläche *tatsächlich* so, als ob sie es mit „toter" Haut zu tun hätte, und es liegen etliche Hinweise vor, die die Auffassung unterstützen, daß sie großenteils noch mit der für sie weitestgehend *unerledigten Aufgabe* der Ausformung ihres Körperschemas beschäftigt war.[1]

Wenn ich das Konzept der Übergangsobjekte auf die *psychogenetischen* Aspekte dieses Falles anwende, dann befinde ich mich auf etwas weniger festem Boden. Psychogenetisch fasse ich die Intensität des frühen Kontaktbedürfnisses und den Schmerz, der beim *tatsächlich* eintretenden Kontakt entsteht, als einen traumatischen Fixierungspunkt auf, als Bereich einer zum Zeitpunkt des Analysenbeginns immer noch beeindruckend „unerledigten Aufgabe", als Bereich, in dem die „lebenslängliche menschliche Aufgabe (...), die innere und die äußere Realität getrennt und dennoch miteinander verknüpft zu halten" (Winnicott 1969, S. 668), besonders schwer zu erfüllen war. Die Möglichkeit, daß in diesem Fall ein entscheidender Zusammenhang zwischen der frühen Hautkrankheit und der späteren Symptomatik besteht, kann als Ausgangspunkt für das Verständnis ähnlicher Fälle gelten. Frühe traumatische Fixierungspunkte, die besonders mit der Ausbildung der Membran des Körperschemas im Zusammenhang stehen, spielen vermutlich eine wichtige Rolle in der Entstehungsgeschichte des Selbstverletzungssyndroms, auch wenn es nicht immer so dramatisch wie in diesem Falle zugeht. Die zuvor entwikkelte These, daß eine wohlwollende elterliche Übermittlung von Ambiguitätstoleranz mit der Heranreifung des Kindes ohne Entfremdungsgefühle verbunden ist, findet hier einen entsprechenden Ausdruck in der Ambiguität von Kontaktbedürfnis und gleichzeitig auftretendem Schmerz beim Kontakt.

Ohne Winnicotts Arbeit zur Bildung von „seelischen Membranen" über die Maßen zu bemühen, möchte ich die im vorliegenden Zusammenhang besonders wichtige Membran näher betrachten: die Haut des „Schnipplers". Obwohl Sadismus und Masochismus gewöhnlich als die zwei Seiten derselben Medaille angesehen werden, so herrscht doch bei einem bestimmten klinischen Bild oft die eine oder die andere Seite vor. Wenn man untersucht, wie der eigene Körper zu einem „Nicht-Ich"-Objekt werden kann, gelangt man zu einem näheren Verständnis der allgemeinen Frage nach der sadistischen oder masochistischen Objektwahl. In gewissem Sinne fällt das Verhalten des Schnipplers in den Übergangsbereich zwischen dem sadistischen und dem masochistischen Objekt, seiner *eigenen Nicht-Ich-Haut. Die Haut gehört zwar ihm — er erlebt sie jedoch als nicht* zu sich gehörig. Die Analyse des Auf und Ab von sadomasochistischer Übertragung und Gegenübertragung kann vor dem Hinter-

[1] Fußnote: In diesen Zusammenhang gehört die subtile, aber doch wichtige Unterscheidung zwischen dem Begriff des Körperbildes (Schilder 1935) und dem des Körper-Ich-Gefühls (Federn 1956). Diese Unterscheidung beinhaltet einerseits das Wissen um das Funktionieren des eigenen Körpers als Werkzeug, als Instrument, und andererseits das Empfinden der emotional intimen Nähe zum eigenen Körper als Teil des „Ich"-Gefühls. Vielleicht läßt sich in diesem Grenzbereich zwischen Körperbild und Körper-Ich-Gefühl das Konzept der Übergangsobjekte sogar am sinnvollsten anwenden.

grund der Entwicklung und Wandlung der Unterscheidung zwischen Belebtem und Unbelebtem verstanden werden, als entscheidender Faktor, der zur Ausbildung einer besser integrierten, mehr Ich-syntonen Körperhülle und damit letztendlich zum Verschwinden des Symptoms beiträgt.

Wie ich weiter oben erläutert habe, tritt die Verwischung von belebten und unbelebten Merkmalen bei neurotischen Patienten dann auf, wenn ein zentraler Konflikt aktiviert ist, und bei narzißtisch gestörten und bei Borderlinepatienten ist dies noch stärker ausgeprägt. Ich habe behauptet, daß dies bei schizophrener Phänomenologie weit verbreitet ist und daß das Belebtheits-Unbelebtheits-Problem offenbar den psychotischen (autistischen) Kern berührt. Im Laufe seiner Beschäftigung mit der Bedeutung der äußeren, dinglichen Lebensumgebung hat Searles (1960) viel einschlägiges klinisches Material zusammengetragen. Im folgenden Kapitel werde ich mich speziell mit der Schizophrenie beschäftigen; um aber die Kontinuität von weniger schwerer hin zu schwererer Pathologie weiter zu verdeutlichen, möchte ich an dieser Stelle zur Illustration ein weiteres Fallbeispiel kurz darstellen.

Ein junger Mann, der wegen einer foudroyanten schizophrenen Pathologie jahrelang in der Klinik war, hatte sich offensichtlich bemerkenswert erholt. Beeindruckend war bei diesem Patienten das Ausmaß seiner Einsicht sowie die Fähigkeit, seine Erfahrungen zu schildern. Im Zusammenhang mit dem Auftauchen aus der Psychose bezeichnete er den ersten kurzen, vorübergehenden Augenblick, in dem er sich wieder normal gefühlt hatte, als „Gefühl, daß er fühlen konnte". „Das Gefühl, *nichts* fühlen zu können", war für ihn das Hauptmerkmal seines krankhaften Zustands. In solchen Zeiten hatte er den Eindruck, daß seine Umgebung (die Wände, Autos, Teppiche usw.) nicht real war, daß diese Dinge womöglich nur „hingestellt" waren, um ihn zum Narren zu halten, um ihn glauben zu machen, daß etwas Reales da *wäre*. Doch selbst in solchen Zeiten gelang es ihm offenbar, den Glauben an seine eigene reale Existenz aufrechtzuerhalten, etwa gemäß dem Satz „Cogito ergo sum". Er existierte zwar, doch es gab für ihn keinerlei Möglichkeit, in seiner Umgebung irgendetwas zu bewirken. „Es ist", so sagte er, „grundsätzlich unmöglich, daß etwas, das existiert, auf etwas, das nicht existiert, eine wie auch immer geartete Wirkung ausüben kann."

Ich stelle mir einen solchen Zustand vor als das Fehlen eines *integrierten* Gefühls der eigenen Lebendigkeit, und ich glaube, daß darin Projektionen und projektive Identifikationen mitenthalten sind. Die Schilderungen des Patienten lassen an Sciencefiction-Geschichten über isolierte Köpfe oder vielmehr Gehirne in einer Nährlösung denken. Der Patient sagte, was ihm das Leben gerettet hätte („was mir das Gefühl gab, lebendig zu sein"), sei die Bemerkung eines Psychiatriepflegers gewesen: „Sie sind doch jemand; Sie können tun, was Sie wollen." Ich weiß nicht, woran es im einzelnen lag, daß der Patient genau in diesem Augenblick *hinhören* konnte, daß er sich in genau diesem Augenblick als unabhängiger Ausgangspunkt für Handlungen erleben konnte, die ihn mit seiner Umgebung in „Verbindung" brachten und auf diese einwirkten. Solange nur er existierte und die Existenz der anderen Wesen um ihn herum nur „vorgetäuscht" war, war er seelisch tot. „Seele" bzw. „Anima" bedeutet ursprünglich Hauch, Atem, Atmen; „beseelt" und damit „belebt" bedeutet Bewegung (oder die Möglichkeit für Bewegung), die eine Verbindung herstellt; die Herstellung einer Verbindung bestimmt, ob der andere *tote Masse* ist oder *lebendiger Ausgangspunkt für unabhängiges Handeln.*

Diskussion

Nach den in diesem Kapitel dargestellten Auffassungen haben wir die folgende Hypothese klinisch abgeleitet, und sie hat sich klinisch auch bewährt: Das Belebte und das Unbelebte sind „repräsentationale Strukturen", die als Ankerpunkte der Organisation unserer selbst und damit auch als Knotenpunkte in dem interpersonalen Netzwerk dienen, wodurch Kommunikation erst möglich wird. Zu den frühesten Erfordernissen der Entwicklung des Wahrnehmungsvermögens gehört die Differenzierung von grundlegenden Strukturunterschieden zwischen Belebtem und Unbelebtem. Die individuelle Entwicklungsgeschichte der Wahrnehmung bildet die Grundlage für die allmähliche Integration von verschiedenartigen Ebenen des Lernens (beispielsweise somatisches, operantes und repräsentational-strukturelles Lernen nach Greenspan (1982) in Anlehnung an Piaget). Eine solche Integration ist notwendig, um der Gefahr einer unguten Vermischung von Handlung („Praxis") und Geschehen („procès") im Umgang mit dem Unbelebten zu entgehen. Die Regression auf die Stufe der Entdifferenzierung bei der Wahrnehmung von Belebtem und Unbelebtem kann in der Analyse beobachtet werden und ist für Strukturveränderungen oft von großer Bedeutung. Erfahrungsgemäß reden Kliniker dann von Strukturveränderung beim Analysanden, wenn sich sein Selbsterleben häufiger und stabiler zum Ausgangspunkt für eigenständiges Handeln gewandelt hat.

Forscher in vielen Bereichen, so etwa auch der Physiker Ilya Prigogine, untersuchen heutzutage das Strukturkonzept sowie die grundlegenden Unterschiede zwischen belebten und unbelebten Strukturen. Diese Forschungsbemühungen sind für die vorliegenden Überlegungen ungemein wichtig und werden im letzten Kapitel ausführlicher erörtert werden.

In der psychoanalytischen Behandlung gelangen Problemstellungen bezüglich der Entdifferenzierung zwischen Belebtem und Unbelebtem bei neurotischen Patienten typischerweise im Zusammenhang mit spezifischen Konflikten an die Oberfläche; bei narzißtisch gestörten und bei Borderlinepatienten ist dies noch deutlicher ausgeprägt. Ich gehe nun zwar etwas über eine Zusammenfassung dessen hinaus, was in diesem Kapitel erörtert worden ist: aber *ich halte es für eine wichtige Hypothese, daß es eine Entsprechung gibt zwischen den Dichotomien von innen — außen, zeitlich — räumlich und belebt — unbelebt (wobei „innen", „zeitlich" und „belebt" einander entsprechen).* Unterschiedliche Manifestationen dieser zusammengehörigen Dichotomien können jedoch den Vordergrund des klinischen Bildes von Patienten mit verschiedenen Diagnosen oder von Patienten in verschiedenen Behandlungstadien beherrschen. Solche Dichotomien stehen allgemein im Mittelpunkt der Psychopathologie von Psychosen, doch die Entdifferenzierung von Belebtem und Unbelebtem ist bei stark dekompensierten und regredierten schizophrenen Patienten dermaßen beherrschend und so sehr mit anderen Entdifferenzierungen (oder „Fusionen") vermischt, daß es manchmal schwierig ist, sie gesondert nachzuweisen.

Ich möchte dieses Kapitel mit Gedanken zu formalen Aspekten der Gegenübertragungssituation (Anstrengung und Ermüdung) und ihren Auswirkungen auf Diagnostik, Therapie und die hier besonders diskutierten Themenstellungen beschließen. Mein grundlegender Gedanke lautet in diesem Zusammenhang, daß die Wahl der diagnostischen Kategorien in gewissem Sinne von dem Gefühl der Anstrengung beim Therapeuten bzw. Analytiker abhängt, inwieweit sich bei dem Patienten eine Änderung erreichen läßt, insbesondere eine Änderung seiner *Überzeugungshaltungen.* Das Verhältnis zwischen dem Gefühl der Anstrengung beim Therapeuten und der leichten Veränderbarkeit des Patienten ist jedoch recht komplex, weil zusätzlich noch die Erwartungen des Therapeuten ins Spiel kommen. Es kann etwa diskutiert werden, daß sich beispielsweise Borderlinepatienten anfänglich so darstellen, daß der Therapeut zu der *Erwartung* gelangt, sie würden sich ziemlich „normal" verhalten und die „gewonnene Einsicht" recht bereitwillig nutzen, wobei sie sich aber später immer eigentümlicher verhalten und sich einer Veränderung hartnäckiger als erwartet widersetzen. Im Hinblick auf die Thematik dieses Kapitels läßt sich sagen, daß diese Patienten erhebliche Schwierigkeiten im Bereich der Unterscheidung zwischen Belebtem und Unbelebtem aufweisen und gleichzeitig das Selbstgefühl des Therapeuten als effektiven, lebenden Handelnden gefährden.

Hierher gehören ebenso Beobachtungen bezüglich meiner Ermüdung und des Zeitpunkts, zu dem mir die je unterschiedliche Intensität und Art der Ermüdung bei unterschiedlichen Patienten bewußt wurde. Diese Beobachtungen haben durch ähnliche Erfahrungen von Kollegen eine gewissen Bestätigung gefunden. Eine Zeitlang, in der ich meine Zeit mit psychoanalytisch fundierter Therapie bei psychotischen (vorwiegend schizophrenen) und Borderlinepatienten und mit der Psychoanalyse bei neurotischen Patienten aufteilte, empfand ich die alltägliche Arbeit mit den neurotischen Patienten ermüdender als mit den akut psychotischen Patienten. Nach meiner Rückkehr aus dem Urlaub stellte sich mir die Situation allerdings umgekehrt dar; häufig fiel mir vor der ersten Sitzung mit psychotischen Patienten nach meinem Urlaub besonders deutlich auf, daß ich auf schwere Arbeit gefaßt war. Borderlinepatienten lagen meistens auf beiden Seiten des Spektrums; die Arbeit mit ihnen war sehr oft ermüdend.

Später werde ich mich in einem umfassenderen Rahmen mit dem Anstrengungsthema beschäftigen; vorwegnehmen möchte ich aber schon hier die Überlegung, daß es nur dann einen Sinn macht, sich anzustrengen, wenn man glaubt, daß sich die Anstrengung auch lohnt. Anstrengung ist also eng an die Vorstellung von Kausalität gebunden. Wenn es zwischen Ereignissen kein kausale Verbindung gibt, dann erscheinen sie als zufällig aufgetreten. Die Konzeption des Unbewußten verkleinert die Welt des Zufälligen, da Verbindungen hergestellt oder angenommen werden, wo zunächst keine zu bestehen schienen. Unsere Welt, unsere psychologischen Wirklichkeiten werden durch Wahrnehmung bzw. Herstellung von Verbindungen festgelegt.

Am anderen Ende des Problems, getrennte Teile und ein scheinbares Fehlen von Kontinuität wahrzunehmen, wo tatsächlich Kontinuität besteht, liegt die Schwierigkeit, Kontinuität und eine Kausalverbindung zu sehen, wo es in Wirklichkeit *gar keine* gibt. Ein Experiment von Bavelas (1970) veranschaulicht dieses Phänomen: Der Versuchsperson wird mitgeteilt, daß es eine richtige

Aufeinanderfolge gibt, in der verschiedene Knöpfe auf einer Tafel gedrückt werden sollen; ein Glockenton werde anzeigen, daß die richtige Abfolge getroffen worden ist. Das Bemühen der Versuchsperson wird mit immer häufigeren Glockentönen „belohnt", bis das Experiment abgebrochen wird. Auf Befragen beschreibt die Versuchsperson eine für richtig gehaltene Aufeinanderfolge und erläutert, welche Hypothesen sie gebildet, verworfen und modifiziert hat, bis sie schließlich zur völligen Überzeugung gelangt ist, die richtige Abfolge entdeckt zu haben. Wenn der Versuchsleiter nun erklärt, daß es eine richtige Abfolge überhaupt nicht gibt und daß der Zeitpunkt, zu dem die Glocke ertönt, einer theoretischen Lernkurve entsprechend ausgewählt worden ist, dann glaubt die Versuchsperson dies nicht. Sie gibt ihre gewonnene Überzeugung erst auf, sobald sie von einer anderen Versuchsperson genau dieselbe Überzeugtheit von der Richtigkeit eines ganz unterschiedlichen Abfolgemusters erfahren hat — d.h. wenn die erste Versuchsperson als Versuchsleiter für eine zweite Versuchsperson fungiert, die denselben Untersuchungsbedingungen ausgesetzt wird. Das Gefühl von Anstrengung hängt mit entsprechenden *Überzeugungshaltungen* sowie mit einer repräsentationalen Struktur seiner selbst als belebter Ausgangspunkt für Handlungen zusammen. In der klinischen Arbeit läßt die Untersuchung der Frage, wer welche Anstrengung wann auf sich nimmt, Parallelen erkennen zwischen unterschiedlichen Formen von Anstrengung und Patienten mit unterschiedlicher Pathologie, und es wird dabei auch das Fließen von Übertragung, Gegenübertragung und probeweiser Identifizierung etwas näher beleuchtet.

Um auf meine zentrale These zurückzukommen: Wenn sich — sozusagen — etwas verhakelt hat, wenn ein Mensch als unbelebtes Objekt wahrgenommen wird, dann tritt in der Analyse eine echte Regression ein, und eine Umstrukturierung ist nicht nur entscheidend wichtig, sondern wird auch durch eine solche Begegnung gefördert. Die basale kannibalistische Angst (die Dichotomie von „roh — gekocht"), die bei unklarer Grenzziehung zwischen Belebtem und Unbelebtem entstehen kann, wird in dem Märchen von *Hänsel und Gretel* behandelt. Die Hexe in dem Märchen kann offensichtlich zwischen Belebtem und Unbelebtem nicht unterscheiden, und paradoxerweise ist es genau diese ummenschliche Eigenart, die es Hänsel und Gretel erlaubt, zu überleben. Indem die Hexe ein „Knöchlein" irrtümlich für einen Finger hält (was ein normales Menschenkind ja nicht tut), gelangt sie zu der Auffassung, daß die Kinder noch nicht fett genug sind, um sie zu essen. Wenn wir mit der Hexe eine Psychoanalyse durchführen und ihr dazu verhelfen wollten, die Unterscheidung zwischen Belebtem und Unbelebtem auf *allen* Ebenen des Lernens zu integrieren, dann würde sie nicht etwa eine bessere Hexe werden, sondern sie würde ihre kannibalistischen Tendenzen auf der Vorstellungs- oder Phantasieebene halten können. Sie wäre dann viel weniger anfällig dafür, sich wie eine Hexe zu *verhalten*, und sie könnte ihre kannibalistischen Phantasien kontrollieren, indem sie Kindern z. B. das Märchen von *Hänsel und Gretel* vorläse.

5 Schizophrenie

Meine Beschäftigung mit schizophrenen Patienten hat die Formulierung vieler meiner zentralen Vorstellungen über verschiedenartige Wirklichkeiten ganz entscheidend beeinflußt. Nachdem diese Vorstellungen genauere Gestalt angenommen hatten, erwiesen sie sich beim Verständnis einiger nichtpsychotischer Störungen wie auch der Schizophrenie als hilfreich und führten zu entsprechenden Änderungen in der Behandlungstechnik. Besonders in Zeiten, in denen im Bereich der Schizophrenie biologische Untersuchungsansätze und pharmakologische Behandlungsansätze an Interesse gewinnen, erhalten solche psychodynamischen Problemstellungen für ein ausgewogenes Verständnis der Störung eine besondere Bedeutung. Organische Theorien zur Ätiologie der Schizophrenie sowie organische Behandlungsversuche gab es früher schon, lange ehe ich mit solchen Patienten zu arbeiten anfing; die ersten organischen Hypothesen und Behandlungsansätze waren allerdings oft enttäuschend oder wirkten sich gar zerstörerisch aus (wie beispielsweise die Frontallobotomien). Ich anerkenne natürlich durchaus die Bedeutung der modernen, differenzierten biologischen Forschung für das Verständnis und für die Therapie der Schizophrenie; dementsprechend läßt mein eigenes Teilmodell der schizophrenen Denkstörung Raum für einen angemessenen biologischen Anteil. Es besteht allerdings die Gefahr, daß die Begeisterung für die neuen Entwicklungen und ein daraus leicht entstehender biologischer Reduktionismus zur Mißachtung jener bedeutenden psychosozialen Beobachtungen führt, die bei jahrelanger Arbeit und Beschäftigung mit solchen Patienten immer wieder gemacht werden können.

Lange Zeit neigten die biologischen Forscher zu der Sicht, daß diejenigen schizophrenen Patienten, die sich im Laufe einer Psychotherapie mit nur minimaler oder gar ohne jede pharmakologische Intervention entscheidend besserten, als Schizophrene fehldiagnostiziert waren oder, noch einfacher, daß deren Besserung eine unerklärte Spontanheilung war. Solche „Ausnahmefälle" sollten allerdings keineswegs übergangen werden. In seiner Jahresvorlesung „The Case for the Single Case" pflegte Heinrich Klüver eine Fülle überzeugenden Beweismaterials dafür vorzulegen, daß oft nur die genaue Erforschung der *Ausnahme* zum entscheidenden wissenschaftlichen Fortschritt geführt hat. Die psychodynamische und biologische Erforschung jener schizophrener Personen, die aus der Gesamtpopulation mit einer statistischen Korrelation zwischen Symptomatologie und biologischen Befunden am deutlichsten herausfallen, könnte zur klareren Unterscheidung von pathogenen Mechanismen und eher beiläufigen Epiphänomenen beitragen.

Zwar vermeiden die meisten Schizophrenieexperten heutzutage eine primitive Polarisierung von psychodynamischen und biologischen Ansätzen; allzuoft flüchten sie sich allerdings in eine Art Selbstbeweihräucherung und geben eine „psychobiosoziale" Sichtweise vor, welche wiederum der sehr schwer zu beantwortenden Frage nach der Überbrückung der konzeptuellen, methodisch-experimentellen und therapeutischen Unterschiedlichkeiten im Grunde auch nur aus dem Wege geht. In einer frühen Abhandlung, die sich mit solchen Fragen beschäftigte, wurden interessante Befunde zutage gefördert (Hollos u. Ferenczi 1922), die sich aus der psychoanalytischen Untersuchung von Störungen mit bekannter Infektätiologie, nämlich der progressiven Paralyse ergaben. Obwohl die Infektätiologie dieser Erkrankung einwandfrei nachgewiesen war und die *formalen* Eigenarten des Wahnsystems solcher syphilitischer Patienten viele Gemeinsamkeiten hatten (die bekannten Thematiken von wahnhaften Größen- oder Verfolgungsideen), konnte der *Inhalt* der Wahnvorstellungen erst nach einer genauen, psychoanalytisch begründeten Untersuchung der Lebensgeschichte der Patienten vor Ausbruch der organischen Psychose richtig verstanden werden.

In einer anderen Untersuchung verglich Federn (1956) Traumvorstellungen in der Narkose mit normalen Träumen und untersuchte den Einfluß pharmakologischer Merkmale auf das Traumgeschehen; er gelangte hierbei zu der Auffassung, daß sich Veränderungen im Traum aus einer eingeschränkten Körperbeweglichkeit ergeben. Zu den jüngeren Autoren, die um solche schwierigen konzeptionellen Probleme ringen, zählen neben anderen Steven Rose (1980), Karl Pribram (1986) und Morton Reiser (1984). Als ein Beispiel für einen sinnvollen Brückenschlag in methodisch-experimenteller Hinsicht sei eine Untersuchung genannt, in der aufgezeigt wurde, wie die *Worte* des Versuchsleiters das Gedächtnis beeinflussen können, selbst bei Personen, deren Gedächtnis durch organische Faktoren beeinträchtigt ist (Squire 1986). Auf die Befunde der Gedächtnisforschung weise ich besonders deshalb hin, weil ich jenen psychotherapeutischen Bemühungen immer mehr an Bedeutung beimesse, die dem schizophrenen Patienten dabei behilflich sind, seine psychotischen und nichtpsychotischen Phasen zu integrieren — das heißt in gewisser Hinsicht auch zu erinnern. In diesem Zusammenhang verdient die ältere Beobachtung, daß es Überschneidungen von bestimmten „organischen" und „schizophrenen" diagnostischen Zeichen im Rorschachtest gibt, eine neue Würdigung.

Jene Psychotherapeuten schließlich, die dieselben Patienten sowohl vor als auch während der Zeit der modernen Psychopharmakologie psychodynamisch behandelt haben, sind in den Vorteil einer einzigartigen Langzeitbetrachtung gekommen. Beispielsweise ist ihnen aufgefallen, daß kurze stationäre Behandlungen mit intensiver Psychopharmakotherapie eine Chronifizierung offenbar eher fördern als verringern. Dies ist nur ein kleines Beispiel dafür, wie entscheidend es sein kann, psychoanalytisch und biologisch fundierte Denkweisen über Schizophrenie zu integrieren. Die Zusammenarbeit mit psychodynamisch (und besonders von psychoanalytisch) ausgebildeten Therapeuten mit jenen, die die Patienten aus biologischer Sicht untersuchen und behandeln, kann die Forschung zwischen den Klippen einer biologischen Übervereinfachung und einer psychodynamischen Rigidität hindurchmanövrieren helfen.

Pharmakologische Untersuchungen stützen sich oft auf große Patientenstichproben; die Vorzüge der Untersuchung einzelner Fälle sollten dennoch nicht gering geschätzt werden. Die genaue und ausführliche Untersuchung und Behandlung einzelner Fälle über einen langen Zeitraum hinweg ermöglicht es, theoretische und therapeutische *Modeerscheinungen* auszusondern und jene Konzepte zu erkennen und zu betonen, die sich im Laufe der Zeit bewährt haben. Einzelfallstudien können somit vielversprechende relevante Hypothesen für besser kontrollierte und umfassendere Forschungsstrategien zutage fördern; ebenso können Einzelfallstudien zu Perspektiven hinsichtlich der Problemstellungen führen, wie die Krankheit in den Lebenslauf eingebettet ist und wie sich die Behandlung auf die Lebensqualität auswirkt, insbesondere in den nichtpsychotischen Zeitabschnitten. Mit solchen Überlegungen im Hintergrund möchte ich mich nun wieder klinischem Material zuwenden und eine längere Psychotherapie mit einer schizophrenen Patientin beschreiben; danach werde ich mich erneut mit allgemeineren theoretischen Themen befassen.

Langzeitpsychotherapie bei Schizophrenie

Frau Dorothy L. wurde sowohl vor Beginn als auch während der Zeit der modernen Psychopharmakologie psychodynamisch untersucht und behandelt. Die Betonung des psychodynamischen Verstehens hat eine gezielte Medikation keineswegs ausgeschlossen; das Miteinander dieser 2 Behandlungsformen werde ich später eingehender erörtern. Die Arbeit mit Frau L. umfaßt 2 Zeitabschnitte, in denen sie in einer Schizophrenieforschungsstätte im Doppelblindversuch pharmakologisch behandelt wurde. Nach fast 30jähriger Arbeit mit Frau L. kann ich nun feststellen, daß bestimmte psychoanalytische Konzepte und psychoanalytisch begründete Behandlungstechniken wichtig und hilfreich geblieben sind. Einige meiner psychodynamischen Überlegungen, die sich in den Rahmen der Psychoanalyse einfügen, dort aber gewöhnlich nicht diskutiert werden, haben sich gleichfalls als wichtig herausgestellt. Die Patientin eröffnete mir kürzlich, daß sie sich mit dem Gedanken trägt, ein Buch mit dem Titel „Wie man etwas für die Weiterbildung seines Therapeuten tun kann" zu schreiben. Bestimmte Gewichtungen in meiner Darstellung sind zweifellos das Ergebnis ihrer Weiterbildungsbemühungen.

Ich möchte nun die Lebensgeschichte von Frau L. und den Krankheitsverlauf einschließlich einiger biologischer Befunde kurz umreißen. Danach werde ich einige theoretische Konzepte und behandlungstechnische Überlegungen zusammenfassen, die sich während der ganzen therapeutischen Arbeit als hilfreich erwiesen haben.

Frau L. ist mit einem pensionierten leitenden Angestellten verheiratet. Sie ist Ende 50 und hat 2 erwachsene Kinder, die beide verheiratet sind, Kinder haben und beruflich erfolgreich sind. Frau L.s Vater, Herr K., war ein bekannter Professor der Sozialwissenschaften und ihre Mutter eine ziemlich exzentrische Illustratorin von Kinderbüchern. Es kann angenommen werden, daß Frau L. in der Spätadoleszenz oder als junge Erwachsene eine Zeit der Gestörtheit hatte, vielleicht war es auch eine psychotische Episode, während der sie zu Hause in einer Mansarde gepflegt wurde. Sie hat einen um 2 Jahre jüngeren (leiblichen) Bruder und einen um 7 Jahre jüngeren Adoptivbruder; beide sind in ihren akademischen Berufen erfolgreich.

Ihr wurde oft gesagt, daß sie bei der Geburt in ihrer Mutter „etwas zerrissen" hat. Dorothy L. war immer ein großes, schlaksiges Kind und wuchs zu einer irgendwie linkisch wirkenden Jugendlichen heran, größer als die meisten Klassenkameradinnen und auch als viele Jungen. Besonders bemerkenswert ist, wie wenig sich die Mutter für Haushaltsangelegenheiten interessierte; ganz besonders vernachlässigte sie alles, was mit der Vorbereitung von Mahlzeiten verbunden ist. Wenn kein Dienstmädchen für die Vorbereitung zur Verfügung stand, bestanden die Mahlzeiten regelmäßig hauptsächlich aus Brot und Wasser. Die Mutter wurde vom Vater sehr weitgehend in Schutz genommen; als einmal ein Bruder sich über ein unzureichendes Essen beklagen wollte, wurde er vom Vater gepackt und ohne ein Wort aus dem Raum getragen. Auf Kindheitsphotographien macht Dorothy meistens einen depressiven Eindruck und wirkt im Äußeren etwas vernachlässigt. Während ihrer gesamten Kindheit bis in die Jugendzeit hinein nahmen eine Tante und ein Großvater sie regelmäßig aus ihrem Elternhaus fort, besonders in den langen Sommermonaten. Sie war das einzige Kind in der Ersatzheimat, verzärtelt, manchmal ein bißchen wie eine Puppe herausgeputzt, immer aber mit echter Aufmerksamkeit und Zuneigung bedacht; das Hauspersonal, das aus dem Koch, dem Dienstmädchen und dem Chauffeur bestand, fügte sich all ihren Forderungen und behandelte sie wie eine kleine Prinzessin. (Es gibt Hinweise darauf, daß verschiedene im Laufe der Behandlung sichtbar gewordene „Ich-Zustände" auf ihre 2 „Elternhäuser" bezogen sind.)

Während sie in der Schule sozial ziemlich isoliert war, ihren nächstjüngeren Bruder tyrannisierte und den jüngsten Bruder liebevoll behandelte, entwickelte sie sich zu einer fleißigen und ausgezeichneten Schülerin. Sie war ständig der Liebling der Lehrer, und die Anerkennungen und Wertschätzungen von ihren Lehrern sind zu einem wichtigen Bestandteil ihrer Erinnerungen geworden, die ihr in Zeiten eines erschütterten Selbstwertgefühls eine gewisse Sicherheit geben. Photographien aus der Jugendzeit zeigen Dorothy, wie sie ihren Vater in der Art, sich anzuziehen, nachahmte. Sie schildert Ausflüge mit ihrem Vater, in denen sie eine wirkliche Erfülltheit erlebte; sie entwickelte hierbei Phantasien, sein einziger Sohn und bisweilen auch seine fürsorgliche Ehefrau zu sein.

Dorothy begann eine auswärtige Hochschulausbildung während des 2. Weltkriegs, folgte jedoch bald der Aufforderung, in den inzwischen mütterlichen Haushalt zurückzukehren, da der Vater eine wichtige Mission in Übersee zu erfüllen hatte. Dorothy hatte das Gefühl, sie würde nach Hause gerufen, um das erratische Verhalten der Mutter auszugleichen, vielleicht auch noch, um für die jüngeren Geschwister zu kochen, wenn das Dienstmädchen frei hatte.

Der Rückruf nach Hause unterbrach auch eine wichtige Beziehung zu einem jungen Mann, einem Kommilitonen. Solange sie zu Hause war, war Dorothy ziemlich depressiv, ihre Leistungen in einigen wissenschaftlichen Freizeitkursen fielen deutlich ab, und sie versuchte ihre ausgeprägte Einsamkeit durch flüchtige Kontakte mit jungen Soldaten zu bekämpfen. Sie schrieb sich dann als Mitglied in den bewaffneten Streitkräften ein. Nach einigen Monaten, mit 21 Jahren, wurde bei ihr erstmals eine schizophrene Episode diagnostiziert. Kameradinnen und Vorgesetzten war ihr Rückzug aufgefallen, Vernachlässigung von Kleidung und Körperpflege, eine auffällige Verschlechterung ihrer Dienstfähigkeit, wahrscheinlich auch Wahrnehmungstäuschungen und paranoide Vorstellungen, sowie eine gewisse übertriebene Selbstbeobachtung und Selbstunsicherheit. Sie beschleunigte die Einweisung in eine Klinik, indem sie vor den Augen eines Offiziers ein Medikament hinunterschluckte, das für äußerliche Anwendung bei einer leichten Hauterkrankung bestimmt ist. Sie wurde stationär kurz behandelt und dann aus Krankheitsgründen aus dem Militärdienst entlassen. Bis zu meinem Kontakt mit ihr konnte sie sich während der nächsten 10 Jahre manchmal gerade noch so und manchmal auch ganz gut halten. Sie heiratete und bekam 2 Kinder. Zwischendurch hatte sie einige psychotische Episoden. An Behandlungen erhielt sie Psychotherapie, Insulinschock- und Elektrokrampftherapie.

In den letzten 30 Jahren war Frau Dorothy L. fast ständig bei mir in Psychotherapie, wobei die Behandlungsintensität von 5 Sitzungen in der Woche bis zu 1 Sitzung pro Woche schwankte. Sie war bisher 15 mal in psychiatrischen Kliniken, und insgesamt verbrachte sie dort ungefähr 9 Jahre. Bei den psychiatrischen Hospitalisierungen konnten keinerlei zeitliche Regelmäßigkeiten oder Rhythmiken festgestellt werden. Die längste ununterbrochene stationäre Behandlung Anfang der 60iger Jahre dauerte 4 Jahre; der kürzeste Krankenhausaufenthalt dauerte 1 Woche. In Rehabilitationsheimen, Tageskliniken und ähnlichen Einrichtungen verbrachte sie insgesamt ungefähr 4 Jahre. Sie zeigte ein breites Spektrum der schizophrenen Symptomatologie, von systematischen paranoiden Wahngebilden über ein wächserne Biegsamkeit in katatonen Zuständen bis hin zum Mutismus, Verweigerung der Nahrungsaufnahme und zur Zurückhaltung von Urin und Kot in einem solchen Schweregrad, daß der konsultierte Internist eine fortdauernde Darmschädigung befürchtete. Es muß aber auch betont werden, daß ihr intellektuelles Niveau und ihre soziale Kompetenz in nichtpsychotischen Zeiten meistens als ausgesprochen hoch zu bezeichnen ist. Die Pflege und Erziehung der Kinder lag maßgeblich in ihren Händen; sie hatte einen Bekanntenkreis, unternahm Auslandsreisen, studierte Sprachen und Musik, und sie engagierte sich bei der Unterstützung kultureller Aktivitäten.

Die unterschiedliche Dauer der Klinikaufenthalte hängt teilweise mit den jeweils in Mode gekommenen unterschiedlichen Behandlungsphilosophien zusammen. Obwohl mich das Werk von Paul Federn, einer der ersten Psychoanalytiker, die schizophrene Patienten behandelten (vielleicht sogar *der* erste), ganz wesentlich beeinflußt hatte, so gab es doch zwischen seinem und meinem Behandlungsansatz von Anfang an einen wichtigen Unterschied. Federn empfahl, daß derjenige Therapeut, der mit einem schizophrenen Patienten in der akuten psychotischen Phase arbeitet, denselben Patienten nicht auch in der Remissionsphase behandeln sollte. Aus verschiedenen Gründen wollte ich dagegen die Möglichkeiten eines Brückenschlags zwischen diesen Krankheitsphasen untersuchen. Die längste stationäre Behandlung von Frau L. verfolgte folgendes Ziel: während der nichtpsychotischen Phasen beschäftigte sich die Patientin in der Psychotherapie mit dem Material, das in den akuten psychotischen Phasen an die Oberfläche gekommen war; es wurde davon ausgegangen, daß der Rahmen eines Kliniksettings für einen solchen Psychotherapieansatz mehr Sicherheit bietet. Diesen Ansatz eines Brückenschlags habe ich fortgesetzt, weil die Patientin nach und nach die jeweils notwendig gewordenen Klinikeinweisungen immer besser akzeptierte. Dadurch konnte sie auch ambulant intensiv behandelt und nötigenfalls zur rechten Zeit wieder in die Klinik eingewiesen werden.

Die ersten Klinikeinweisungen von Frau L. verliefen hochdramatisch. Sie war agitiert und gewalttätig, wurde mit Blaulicht in die Klinik gebracht und konnte nur von mehreren kräftigen Pflegern gebändigt werden. Die letzten Klinikeinweisungen waren hingegen dadurch gekennzeichnet, daß sie mit beginnender Dekompensation z.B. an ihrem Urlaubsort mein Behandlungszimmer halluzinierte; und sie folgte dann meiner ebenso halluzinierten Empfehlung, sich in die Klinik zu begeben.

Klinische Beobachtungen, die durch Doppelblindstudien gestützt werden, weisen darauf hin, daß bei Frau L. Remissionen auch ohne jede Medikation eintreten und daß Remissionen, die durch eine pharmakologische Intervention vielleicht rascher eingetreten sind, auch ohne weitere Medikation über längere Zeit bestehen bleiben. Soweit es sich im Moment beurteilen läßt, ist auch eine über einen längeren Zeitraum hinweg durchgeführte Medikation in prophylaktischer Hinsicht offenbar wirkungslos. Obwohl dieser Befund nicht ausschließt, daß sich doch noch einmal eine prophylaktisch wirksame Medikation finden läßt, so scheint sich momentan eine begrenzte Pharmakotherapie günstig auszuwirken, wenn sie zu bestimmten Zeiten durchgeführt wird, die durch Symptomveränderungen und unterschiedliche Reaktionen auf die Psychotherapie gekennzeichnet sind. Folgende pharmakologische Substanzen wurden bisher eingesetzt: Perphenazin, Amitryptilin, Chlorpromazin, Trifluoperazin, Thioridazin, Prolixin, Fluphenazin und Lithiumkarbonat.

Einige biologische Hintergrunddaten sollen das Bild von Frau Dorothy L. vervollständigen. Die Ventrikelgröße ihres Gehirns liegt mit 8,4% innerhalb des Normbereichs ihrer Altersgruppe. Die Prostaglandin-E1-(PGE1)-stimulierte Produktion von cAMP in den Blutplättchen der Patientin ist deutlich erniedrigt. M. Kafka hat darauf hingewiesen, daß sich diese auch bei anderen schizophrenen Patienten vorfindbare Unregelmäßigkeit nach dem gegenwärtigen Wissensstand nur auf die Blutplättchen bezieht, möglicherweise aber doch ebenso auf das Neuron. Da das cAMP wahrscheinlich als Mediator für Phosphorylierung und Aktivierung der zellulären Proteine sowohl im Neuron wie auch in den Blutplättchen wirkt, könnte eine Abnahme des intrazellulären cAMP-Gehalts die Geschwindigkeit und das Ausmaß der Reizübertragung im

Gehirn beeinflussen. Eine solche veränderte Reizübertragung könnte dann eine Rolle in der Pathophysiologie der Schizophrenie spielen (M. S. Kafka et al. 1980).

Obwohl die theoretischen Vorstellungen über Frau L.s Krankheit und die eingesetzten Behandlungstechniken miteinander eng verwoben sind, möchte ich zunächst die Bandbreite der therapeutischen Techniken umreißen.

1. Zeitlich sorgfältig abgestimmte Bearbeitung psychotischen Materials in den nichtpsychotischen Zeitintervallen.
2. Gelegentliche Kaltpackungen in katatonen Episoden, in denen sie *nicht* agitiert war. Angestrebt wurde hiermit grob, daß eine solche äußere Kontrolle den Bedarf an innerer Kontrolle verringert. Verbale Therapie, wenn sich die Patientin in der Kaltpackung befand.
3. Verbale Therapie in den nichtpsychotischen Zeitintervallen. Die Therapieform entsprach weitgehend der klassischen Psychoanalyse, wenn nur die jeweils entsprechenden Behandlungsabschnitte ohne Berücksichtigung des gesamten Behandlungsarrangements betrachtet werden.
4. Stärkere Betonung von deutenden, psychoanalytisch fundierten Behandlungstechniken in Zeiten des Übergangs zwischen psychotischen und nichtpsychotischen Zuständen. Hierbei wird die Kombination von Pharmakotherapie und Psychotherapie als besonders wichtig angesehen, weil dadurch die Übergangsphasen abgekürzt werden können und die Patientin mit dem Material konfrontiert werden kann, das sie erst kurze Zeit zuvor produziert hat.

Die folgende klinische Zusammenfassung stammt aus einer Therapiesitzung mit der Patientin. Veranschaulicht wird die spezifische Art der psychoanalytisch fundierten Therapie mit Schizophrenen in Phasen des Übergangs zwischen offen psychotischen und nichtpsychotischen Zuständen.

Die Patientin erlebt eine stärkere Darmaktivität als Verlust ihrer inneren Organe. Sie beschreibt eine Verunsicherung in der Unterscheidung von analen und vaginalen Öffnungen; sie hat das Gefühl, daß ihr ein Stück Haut fehlt und daß „etwas weggeschnitten ist". Die Kastrationsangst wird direkt gedeutet und in Beziehung gesetzt zu ihrer früheren wahnhaften Identifikation mit Männern, besonders mit ihrem Vater. Ich erinnere sie an eine Photographie, auf der sie eine Krawatte und andere Männerkleidung trägt.

Die Patientin bittet mich, sie in eine Klinik einzuweisen. Sie sagt mir, daß sie früher nicht wahrhaben wollte, daß sie verrückt ist, aber jetzt weiß sie es. Sie veranschaulicht dies durch eine intensive wahnhafte Beschäftigung mit Schmutz, was bei vielen Klinikeinweisungen eine Rolle spielte. Sie muß sich alle paar Minuten waschen; sie sagt, das Insulin, mit dem sie vor vielen Jahren behandelt wurde, kommt jetzt aus ihren Haaren, und dann sagt sie, daß sie jetzt einen Rückfall bekommen hat, weil sie masturbiert hat. Sie kann dann allerdings auch die Überlegung annehmen, daß ihre Beschäftigung mit Schmutz mit Masturbation zusammenhängt. Sie macht mir klar, daß ihre Vorstellung von einer gut funktionierenden Dame der Gesellschaft sich nicht verträgt mit ihrem Bild von sich selbst als einer Frau, die gelegentlich masturbiert. Sie ist sichtlich erleichtert, als ich ihr sage, daß sie manchmal deshalb um eine Klinikeinweisung bittet, weil sie ihren idealisierten gesellschaftlichen Rollenvorstellungen nicht fortwährend genügen kann. Sie bleibt zurückhaltend und skeptisch, auch als ich ihr vorschlage, eine der freiwillig übernommenen sozialen Aufgaben probeweise wiederaufzunehmen, obwohl sie masturbiert hat. Sie erkundigt sich nach „Spätschäden" der Masturbation.

Sie beschreibt Verkrampfungen im Unterbauchbereich, die sie nicht einschlafen lassen. Es läßt sich jetzt in der ambulanten Psychotherapie deutlich machen, daß diese Verkrampfungen mit der Zurückhaltung des Kots während früherer Klinikbehandlungen zusammenhängen; es handelt sich um den Versuch, einen phantasierten Penis festzuhalten und seinen Verlust zu verhindern. Sie deutet erotisches Erröten als eine Form von Bestrafung in Gestalt körperlicher Veränderung. Wie schon in früheren Sitzungen besprechen wir sehr genau ihre körperlichen Empfindungen und wie sie sie interpretiert. Ihre Schuldgefühle, etwas in ihrer Mutter zerrissen zu haben, bilden in diesem Bild einen Mosaikstein.

Hin und wieder ist es für die Patientin hilfreich, ihre Widerstandsformen zu benennen und näher zu beschreiben, inwiefern sie 1. Zusammenhänge nicht erkennt (beispielsweise zwischen Masturbation und allgemeiner Beschäftigung mit Schmutz), und 2. auf falschen Zusammenhängen besteht (beispielsweise zwischen Bestrafung und erotischem Erröten).

Mit einem solchen Hintergrund hat mich meine psychotherapeutische Arbeit zu den folgenden konzeptuellen Aussagen gebracht:

1. Überprüfung gerade des Konzepts der schizophrenen Denkstörung: die *konstanten Objekte* (häufig „abstrakter“, eher „atmosphärisch“, weniger auf einzelne Personen bezogen) unterscheiden sie von jenen nichtpsychotischer Patienten; die Denk*vorgänge*, die sich auf diese Objekte beziehen, hingegen nicht.[1]
2. Umformulierung der Theorie der Doppelbindung: die Intoleranz der Eltern gegenüber Ambiguitäten wird anstelle der paradoxen Kommunikation als pathogener Faktor angesehen (vgl. die Ausführungen in Kap. 2).
3. Präzisierung des Konzepts des therapeutischen Fensters: es wird davon ausgeganen, daß der Patient zwischen psychotischen und nichtpsychotischen Zuständen sehr rasch hin und her wechselt, wobei solche Mikroprozesse innerhalb von Sekunden ablaufen, viel zu schnell, um nach dem gewöhnlichen Konzept des therapeutischen Fensters erfaßt zu werden. (Diese Formulierung bezieht sich auf die Vorstellung einer Wiederholung der Ontogenese der Wahrnehmung.) Deshalb wird ein Therapeut, der seine Kommunikation gleichzeitig auf verschiedenen Komplexitätsebenen organisiert, vom Patienten vermutlich eher zur Kenntnis genommen werden.
4. Eine Deutung des Verständnisses der psychotischen Symptome durch den Patienten: wenn der Patient dekompensiert und sich auf einen psychotischen Zustand zubewegt, dann ist die *letztmögliche Organisationsstruktur* eine *orale*, und zwar häufig offene orale Wut. Ich bin zu der Auffassung gelangt, daß der psychotische Patient seine verringerte Funktionsfähigkeit als Strafe für etwas interpretiert, das er getan hat oder zu tun versäumt hat. Da die primitive orale Aggression im Vordergrund steht, wird die Bestrafung als auf sich selbst gerichtete orale Aggression erlebt. Die Art, in der ich das von ihr produzierte psycho-

---

[1] Wenn man über solche idiosynkratischen Objekte nachdenkt und redet, benutzt man die übliche Logik. Beispielsweise hat der Begriff „Heidisein“ eine eigenständige, abstrakte Identität. Als vielleicht etwas schematische Veranschaulichung dieses Gedankens kann man sich vorstellen, daß der Therapeut den Patienten bittet: „Machen Sie mich doch bitte mit dem Heidisein bekannt.“ Eine solche Formulierung würde der Objektwelt des Patienten besser entsprechen als eine Aufforderung des Therapeuten, ihn mit Heidi bekannt zu machen (vgl. Kap. 2, S. 26).

tische Material handhabte, faßte meine Patientin als Angriff auf, der von mir ausgeht, und zwar als Angriff voller oraler Wut. Mit einer Deutung, nach der sie ihre eigenen psychotischen Symptome als Bestrafung interpretiert, gelingt es manchmal, den Teufelskreis zu unterbrechen.

Im Mittelpunkt der letzten Formulierung steht die Weigerung des Patienten, sich mit dem psychotischen Material zu beschäftigen, auch wenn es sich nicht um eine eigentliche Verleugnung handelt. Ich glaube, daß diese Weigerung Federn veranlaßt hat, für die nichtpsychotischen Zustände einen anderen Therapeuten zu empfehlen. Wenn derselbe Therapeut aber auf der Bühne verbleibt, dann kann eine solche Deutung, welche die Psychose mit Angriff in Verbindung bringt, dazu beitragen, den Therapeuten in beiden Welten zu verankern. Geschieht dies nun in Zeiten des Übergangs zwischen psychotischen und nichtpsychotischen Organisationsformen, dann kann die Verbindung zwischen inhaltlichen (z. B. dem Beißen) und formalen Merkmalen psychotischer Organisation bzw. Desorganisation für die Stiftung von Kontinuität hilfreich sein. Nebenbei bemerkt, passen das Beißen und andere Formen gewalttätiger oraler Aggression „atmosphärisch" durchaus zu solchen Übergangszeiten, und zwar wegen der komplexen Mechanismen der Projektion und der projektiven Identifikation und der Lockerung von Ich-Grenzen; es ist hiernach nur von untergeordneter Bedeutung, ob der Psychoanalytiker oder der Patient als „bissig" bezeichnet wird.

Wenn man Gelegenheit gehabt hat, über längere Zeit hinweg intensiv und nach ganz unterschiedlichen Ansätzen mit schizophrenen Patienten zu arbeiten, dann kommen einem einige unlängst veröffentlichte psychotherapeutische Vorgehensweisen eigentümlich fragmentiert vor. Ich möchte die relative Wirksamkeit solcher Behandlungsansätze, die „supportive" und andere „intensive Formen individueller Psychotherapie" sowie verschiedene Arten von Familientherapie umfassen, keineswegs schmälern (vgl. beispielsweise Gunderson und Carroll 1983; Anderson 1983). Ist es häufig doch von entscheidender Bedeutung, die ganze Breite der Psychotherapieansätze, die bei der Behandlung schizophrener Patienten eingesetzt wird, nicht aus dem Auge zu verlieren.

Frau R., z. B., hatte in einem Zeitraum von über 20 Jahren stationäre Behandlungen in mehreren Einrichtungen hinter sich, als ich die Arbeit mit ihr aufnahm. Trotz massiver Elektroschockbehandlungen war sie zeitweilig und unvorhersagbar gewalttätig geblieben, so daß sie ein Großteil der Zeit in Isolationsräumen verbracht hatte. Ich möchte meine Arbeit mit dieser Patientin, die sich über ein Jahrzehnt erstreckt hat, an dieser Stelle nicht näher beschreiben; ich möchte jedoch die Breite der Behandlungstechniken, die ich im Laufe der Zeit angewandt habe, hervorheben und diese den nach meiner Auffassung „fraktionierten" Vorgehensweisen gegenüberstellen.

Nach längerer Beobachtung gelangte ich zu der Auffassung, daß Frau R. mehrere verschiedene psychotische Organisationsformen hatte. Zur Kennzeichnung solcher wechselnder Dissoziationen habe ich für meinen eigenen Gebrauch den Begriff der *multiplen psychotischen Persönlichkeiten* geprägt. Bisweilen konnte sie meine Hinweise auf derartige Verschiedenartigkeiten ihrer psychischen Organisation durchaus aufnehmen. Die therapeutische Arbeit im

Umfeld dieser Thematik führte schließlich dazu, daß sie von sich aus um eine Kaltpackung bat, sobald sie einen Gewaltausbruch herannahen spürte. Eine solche Entwicklung gestattete den Erwerb einer ganzen Fülle von sozialen Fertigkeiten. Ich brachte ihr bei, wie man telefoniert und in einem Restaurant ißt, und ich nahm sie mit zu mir nach Hause. Ich führte auch Familiensitzungen durch, wobei ich gleich zu Anfang deutlich machte, daß ich *kein* Familientherapeut bin, und daß ich dem Patienten möglicherweise mitteilen würde, was ich von der Familie erfuhr, nicht aber umgekehrt. Die Familiensitzungen, sei es gemeinsam mit der Patientin oder ohne sie, fanden nur gelegentlich und natürlich zusätzlich zu den 4 oder 5 Einzelsitzungen pro Woche statt. Mit ihrem Sozialarbeiter und weiteren Hilfskräften besuchte ich sie auch daheim bei ihrer Familie, und wir hatten Psychotherapiesitzungen auch in diesem großen Rahmen.

Da ich an dieser Stelle die Breite der Behandlungsansätze zu beschreiben beabsichtige, möchte ich charakteristische Einzelheiten der Familienstruktur hier nicht näher darstellen. Dennoch sei ein Familiengeheimnis erwähnt, das im Laufe der Psychotherapie ans Tageslicht gefördert wurde: es handelt sich um den Verdacht, daß in einer früheren Generation ein Mann getötet wurde, weil er sich geweigert hatte, eine Frau aus der Familie der Patientin zu heiraten, die ein Kind von ihm erwartete. Diese Begebenheit — vielleicht handelt es sich ja auch um einen Mythos — hing wie eine dunkle Wolke über dieser konservativen und puritanisch-frommen Familie. Wenn bestimmte Gesprächsthemen um jeden Preis vermieden werden müssen, solche Themen nämlich, die auf das Geheimnis (bzw. auf den Mythos) hindeuten oder daran erinnern oder irgendwie damit in Verbindung gebracht werden könnten, dann kann der Spielraum für zulässige Gesprächsthemen drastisch eingeengt werden. In diesem Fall war alles, was mit Sexualität, Schwangerschaft, Körperpflege, Aussehen, Vergnügen, Tanzen, Jugend und mit ähnlichen Themen zu tun hatte, ein striktes Tabuthema. Die Religion, insbesondere religiöse Ängste waren in der Familie durchgehend von großer Bedeutung, auch wenn nicht viel darüber geredet wurde. Die zulässigen Gesprächsthemen in dieser wohlhabenden Familie reichten über die Bereiche der Arbeit und der Finanzen nicht weit hinaus. Frau R. lebte offensichtlich in diesem speziellen Wortschatz der Finanzwelt und ebenso in den eingeengten, sprachlich noch formulierbaren Themenbereichen; sie bezeichnete beispielsweise die Redeweise ihrer Familie als deren *Verbrecher*sprache.

Meine Erfahrungen mit Frau R. haben mich in der Überzeugung bestärkt, daß ätiologisch ausgerichtete Familienforschungsansätze für die Untersuchung von Determinanten der schizophrenen Pathologie auch weiterhin von Bedeutung sein werden. Besonders wichtig erscheinen mir Untersuchungen von Roeder (1988) und von Cierpka (1990), die frühere Familienhypothesen, wie sie von Lidz und anderen formuliert wurden (vgl. Stierlin et al. 1983), empirisch überprüft haben. Roeder beschreibt Zusammenhänge zwischen Untergruppen von schwer gestörten Patienten und Persönlichkeitsvariablen der Eltern bzw. ihrer ehelichen Beziehung. Cierpka untersucht einige Auswirkungen des komplexen Zusammenspiels von individuellen, dyadischen und familiären Faktoren. Die Untersuchungen von Tienary et al. (1987) an finnischen Adoptionsfamilien zeigen, daß es nicht zum Ausbruch einer schizophrenen Erkrankung kommen muß, wenn die Familie über genügend günstige Ressourcen verfügt.

Die Verwendung einer „weiten" und einer „engen" Sprache durch Frau R. hat mir zur Entwicklung meiner Vorstellungen von schizophrenen Objekten verholfen. Solche Objekte sind eher atmosphärischer Art. Es wurde nach und nach deutlich, daß die „weite" Sprache von Frau R. eine poetische Sprache ist, die sich auf ihre Gefühlswelt bezieht und bisweilen nur innere Zustände in metaphysischer Umschreibung widerspiegelt, diese häufig aber auch mit äußeren Umständen in Verbindung bringt. Die Aussage „heute nacht gab es ein Erdbeben" bezieht sich auf die affektive Erregung der Patientin, aber ebenso auf die allgemeine Unruhe auf der Station in der letzten Nacht. Instrumentell verwendete Sprache, beispielsweise bei der Bestellung des Essens im Restaurant oder bei Anweisungen an die Telefonvermittlung, ebenso wie die *Verbrecher*sprache ihrer Familie gehört für die Patientin zur „engen" Sprache. Daß Frau R. diese Sprache als *Verbrecher*sprache bezeichnet, ist wiederum ein Beispiel für ihre Benutzung der „weiten" Sprache. Ihr Umgang mit der beruflichen Beschäftigung der Familienmitglieder, deren eigenes Verhalten in der Finanzwelt, Hinweise auf den mutmaßlichen Mord als Familiengeheimnis bzw. -mythos und die hiermit verbundene Achtsamkeit, die Beschränkung auf zulässige Gesprächsthemen, all dies macht für die Patientin die *Verbrecher*atmosphäre aus. Bei eben dieser Patientin fiel mir auf, daß sie schneller als gewöhnlich lief, als sie sagte, daß die Erde zusammenschrumpfte. Ich fühlte mich an Frau R. und andere schizophrene Patienten erinnert, als ich in der *Innenwelt der Außenwelt der Innenwelt* (Handke, 1969, S. 128) las:

> Wir befinden uns in einem Warenhaus:
> wir wollen die Rolltreppe benutzen
> um in die Spielwarenabteilung zu gelangen
> wo wir Bauklötze kaufen wollen
> aber da die Rolltreppe im Augenblick steht
> verwandelte sich die stillstehende Rolltreppe
> auf der wir nach oben gehen
> in unseren angehaltenen Atem
> und der angehaltene Atem
> den wir jetzt ausstoßen
> weil sich die Rolltreppe plötzlich wieder bewegt
> stürzt zusammen zu einem Haufen von Bauklötzen –

Die weite Sprache war für Frau R. offensichtlich ebenso die Sprache des Nachdenkens und hatte eine zeitliche Bedeutung — im Gegensatz zur Funktion einer raschen und gezielten Mitteilung mit Hilfe der engen Sprache. Erst nachdem sie sich wiederholt vergewissert hatte, daß sie jederzeit zur weiten Sprache zurückkehren kann, und nachdem ich mehrmals bewiesen hatte, daß ich selbst zwischen beiden Kommunikationsformen hin und her pendeln kann, erklärte sie sich schließlich zur Benutzung der engen Sprache bereit. Frau R.s körperliche Bewegungen waren meistens langsam, gleichförmig und auffällig kontrolliert. Über Jahre hinweg hatte es allerdings gelegentlich kurze Perioden der Agitiertheit und der physischen Aggression gegeben, die im Laufe meiner jahrelangen Arbeit mit ihr allmählich zurückgegangen und schließlich ganz verschwunden sind. Ich habe oft darüber nachgedacht, ob wohl das von ihr als enorm bedrohlich empfundene Gefühl, für immer in einer engen Kommunikations- und Erfahrungswelt eingefangen zu sein, zu ihrer Agitiertheit beigetragen hat. Ihre Erfahrung, daß sie ja nicht die eine Welt für immer aufgeben muß, wenn sie vorübergehend in der anderen Welt leben will, könnte bei dem Verschwinden der gelegentlichen wütenden Agitiertheiten eine Rolle gespielt haben.[2]

Für gewöhnlich neigte Frau R. keineswegs zu Erregungszuständen. In ihrer Geschicklichkeit bei Puzzlespielen war sie unübertroffen. Sie pflegte ruhig vor dem Puzzle zu sitzen und bewegte sich während 10 oder manchmal auch während 20 Minuten kaum; dann legte sie langsam ein Puzzleteil, bedächtig und genau. Selbst Puzzleteile, die sie zu Beginn eines Puzzles gelegt hatte, brauchten später niemals mehr verändert oder korrigiert zu werden. Die Bedächtigkeit, die sie bei dieser Tätigkeit zeigte, kennzeichnet ebenso die Art und Weise, wie sie meistens sowohl die äußere Welt als auch ihren inneren Zustand zu überblicken schien. Die weite Sprache umfaßte die beiden Bereiche. Bevor ich mit ihr zu arbeiten begonnen hatte, verbrachte Frau R. viele Jahre in Kliniken, die oft in erster Linie Aufbewahrungsanstalten waren und wo ihre offenbar unvorhersehbaren Aggressionsausbrüche, die trotz der Medikation auftraten, zu langen Aufenthalten in Isolationsräumen führten. In Verbindung mit meinen psychoanalytisch fundierten Behandlungsbemühungen gelang es mir schließlich, etwas von ihrer engen und weiten Sprache und von ihrer Angst davor zu verstehen, daß sie die eine Sprachwelt verlieren könnte, sobald sie die andere benutzt. Dies wiederum erlaubte mir, sie zur Benutzung der engen Sprache beispielsweise beim Besuch eines Restaurants anzuhalten und ihr die Bedienung des Telephons wieder beizubringen. (Ein psychodynamisches Behandlungskonzept schließt solche pädagogische und verhaltensbezogene Techniken keineswegs aus; im Gegenteil verleihen solche Techniken auch einem psychodynamischen Behandlungskonzept ein Mehr an Würde und Bedeutung und vergrößern, wie ich glaube, seine Wirksamkeit.) Dennoch würde es nicht schwerfallen, in Frau R.s weiter Sprache immer noch Hinweise auf eine schizophrene Denkstörung vorzufinden. Sie hat aber nun den Unterschied zwischen weiten und engen Sprachwelten erfaßt und offensichtlich auch Techniken zum Schutz beider Sprachwelten erworben, so daß sie jetzt seit vielen Jahren auch ohne Medikation außerhalb von Kliniken hat leben können.

---

[2] Im Zusammenhang mit den Überlegungen zu Frau R.s mutmaßlicher Auflehnung gegen die „Enge“ sollte ich den umschriebenen Lebensplan erwähnen, der für sie seit ihren frühen Kindheit ins Auge gefaßt worden war. Irgendwie wurde gerade von ihr erwartet, nicht zu heiraten und für die Eltern im Alter zu sorgen. Diese besonderen, eingeschränkten Erwartungen haben möglicherweise zu der nachfolgenden ziemlich eigentümlichen und offensichtlichen Mißachtung ihrer eigenen Bedürfnisse und ihrer Individualität beigetragen. Sie ist 2 Jahre älter als ihre Schwester und wurde lange vom Schulbesuch ferngehalten, bis beide Schwestern, gleich gekleidet, gemeinsam zur Schule gefahren werden konnten.

Erfassung der Träume von Schizophrenen

Wenn ich mich auch bisher nicht ausdrücklich mit der „anderen Wirklichkeit" von Träumen beschäftigt habe, so möchte ich jetzt die Hypothese aufstellen, daß der unvollständige Ablauf der Aktualgenese der Wahrnehmung eine wichtige Rolle bei der Unterscheidung von Traumobjekten und Objekten des normalen Arbeitslebens spielt. In Träumen ebenso wie in der Psychose gehen einige Wahrnehmungsprozesse weiter als andere; dies führt zu den „Idiosynkrasien" von Traumobjekten. Die Unterschiede zwischen Träumen und psychotischen Phänomenen verdienen gewiß eine nähere Würdigung; für den Augenblick verbleibe ich jedoch in der Gesellschaft jener, die die Ähnlichkeiten hervorheben.

Wenn die Symptomatologie der Schizophrenie vieles Gemeinsame mit Träumen aufweist, welche theoretischen Überlegungen und klinischen Erfahrungen lassen sich dann zu dem Themenkomplex „Träume in der Schizophrenie" zusammentragen? Es bleiben so viele Fragen zur Schizophrenie und zu Möglichkeiten der Behandlung unbeantwortet, daß mir die Erörterung der klinischen Handhabung von Träumen bei schizophrenen Patienten als eine „tour de force" erscheint; einige Überlegungen haben sich für mich dennoch herauskristallisiert. In der therapeutischen Arbeit mit schizophrenen Patienten halte ich die klinische Verwendung von Träumen nicht allgemein für entscheidend wichtig, obwohl dies bisweilen der Fall sein mag. Ferner lassen sich interessante Ähnlichkeiten und Unterschiede darin feststellen, wie das Traummaterial in der Behandlung schizophrener und anderer Patienten gehandhabt wird. In einem zweiteiligen Aufsatz hat Grotstein (1977) solches Material in Verbindung mit der Ätiologie der Schizophrenie verarbeitet. Bei meiner eigenen tagtäglichen therapeutischen Arbeit lasse ich mich allerdings mehr durch einige einfachere Vorstellungen leiten, wie etwa die Verwendung von Träumen innerhalb eines Verständnisses von Psychotherapie als „Brückenschlag", die „Entleerungs"-Funktion von Träumen, Traumata im Leben und in den Träumen von Schizophrenen, die provisorische Reparatur der Psychose durch Träume und noch etliche weitere entsprechende Konzeptbildungen. Ich werde diese verschiedenen Möglichkeiten der Verwendung der Träume von Schizophrenen kurz erläutern.

Besonders in Verbindung mit der Zielvorstellung des Brückenschlags in der Arbeit mit schizophrenen Patienten gewinnt die Berücksichtigung von Träumen an Bedeutung. Einige Rückfälle schizophrener Patienten in die akute Psychose sind immer noch nicht genügend verstanden worden, ob man sie biologisch, psychodynamisch oder mit kombinierten Ansätzen zu verstehen versucht. Zu Beginn meiner beruflichen Laufbahn hätte ich wohl irgendein „Verstehen" proklamiert, was ich jetzt nicht mehr beanspruche. Über die Jahre hinweg ist zu viel unterschiedliches „Verstehen" für dieselbe Art des Rückfalls bei demselben Patienten bemüht worden. Ich glaube allerdings, daß sich die Betreuung eines Patienten durch ein und denselben Therapeuten auch während eines Rückfalls, mithin der bereits erwähnte therapeutische Ansatz eines

Brückenschlags, bei manchen Patienten als hilfreich erwiesen hat, um weitere Rückfälle abzuwenden oder zumindest deren Häufigkeit und Dauer zu verringern und die Auswirkungen eines erneuten psychotischen Schubs auf das Leben der Patienten und ihrer Familienangehörigen zu mildern.

Überlegungen zur Fortsetzung des Inhalts der Psychose im Traummaterial wurden von Douglas Noble (1951) und von Clarence G. Schulz (Schulz u. Kilgalen 1969) entwickelt. Letztere berichteten über ihre Arbeit mit einem schwer gestörten schizophrenen Patienten, der nach ungefähr 5 Monaten Psychotherapie seine Träume mitzuteilen begann: „Im Zuge der allmählichen Besserung seines Verhaltens ging seine psychotische Art zu denken zurück und er begann Träume mitzuteilen" (S. 20). Die Träume spiegelten das vorangegangene psychotische Material wieder. Man kann sich nun vorstellen, daß eine solche Fortsetzung des psychotischen Materials in Träumen bei Patienten mit einer leicht als traumatisch identifizierbaren Lebensgeschichte besonders auffällt. Ein auffälliger lebensgeschichtlicher Aspekt des Schulz'schen Patienten besteht darin, daß er seine 2 Geschwister unter tragischen Umständen in verschiedenen Unfällen verloren hatte. Ich werde weiter unten auf die Verwendung von Träumen in der Psychotherapie schizophrener Patienten anhand einer gleichermaßen ziemlich offensichtlich traumatischen Lebensgeschichte zurückkommen.

Ein weiteres Konzept in der Literatur, das in meiner eigenen klinischen Erfahrung ein Echo gefunden hat, betrifft die Funktion der „Entleerung". Mit gewissen Vorbehalten, ich ich nach und nach erläutern werde, ist mir deutlich geworden, daß die Ausführungen von André Green (1977, S. 38) zur Arbeit mit Borderlinepatienten in mancher Hinsicht auch auf die Arbeit mit schizophrenen Patienten übertragbar sind:

> Die Traumanalyse (...) ist in der Regel unergiebig. (...) Träume sind nicht Ausdruck von Wunscherfüllung, sondern haben eine Entleerungsfunktion. (...) Die Traumschranke erfüllt für den psychischen Apparat eine wichtige Funktion. (...) Obwohl die Traumschranke recht wirkungsvoll ist, dient der Traum nicht dem Durcharbeiten von Triebabkömmlingen, sondern er verhilft vielmehr dem psychischen Apparat bei der Entlastung von schmerzlichen Stimuli. (...) Die Träume (...) zeichnen sich nicht durch Verdichtung, sondern durch Konkretisierung aus. Bei diesen Patienten läßt sich auch das Versagen von Träumen gut beobachten: es kommt zum Aufwachen, um dem Träumen aus dem Weg zu gehen; oder der Träumer erlebt sich mitten in einer seltsamen, beunruhigenden Halbschlafatmosphäre, die in dem traumartigen Übergangszustand einem Alptraum gleicht. Ist die Traumarbeit erfolgreicher, dann sind die Träume Selbstverwirklichungen in der Traumwelt, Versuche des Wiedererlebens von traumatischen Erfahrungen. (...) In solchen Fällen ist nicht der latente Traumgedanke, sondern *das Erleben des Träumers* das entscheidend Wichtige.

Wie auch immer wir die Ätiologie verschiedener schizophrener Störungen eines Tages verstehen werden, so habe ich hinsichtlich der praktischen therapeutischen Arbeit den Eindruck gewonnen, daß ich mich in meinen Therapien so verhalte, als ob ich glaubte, daß ein Trauma für manche schizophrene Patienten ätiologisch wichtiger sei als für andere. Ich denke hierbei zum Beispiel an Eleanor M., deren erste akute Episode auftrat, nachdem sie dem ausdrücklichen Wunsch ihrer Mutter gefolgt war und der Probeexzision, die bei der Mutter vorgenommen werden mußte, im Operationssaal beigewohnt hatte; erst während der Operation stellte sich heraus, daß sie ein bereits weit metastasierendes malignes Karzinom hatte. Die Versorgung ihrer sterbenden Mutter wurde im wesentlichen von Eleanor vorgenommen, und der Gedanke, daß ein Beruhigungsmittel, das sie ihrer Mutter verabreicht hatte, sie umgebracht hat, war ein wichtiger Bestandteil ihrer Wahnvorstellungen.

Eleanor wurde nach den gängigen Kriterien in mehreren Kliniken als schizophren diagnostiziert. Sie zeigte eine foudroyante Pathologie; bei Halluzinationen und ausgeprägten Agitiertheiten neigte sie zur Selbstentblößung und beschmierte sich und die Wände der Isolationsräume mit Menstruationsblut; des öfteren zerstörte sie Mobiliar, und sie griff bisweilen Personen auch tätlich an. Während der mehr als 15jährigen psychotherapeutischen Arbeit mit ihr ist mir die zentrale Bedeutung der Träume in ihrer Behandlung deutlich geworden, was ich weiter unten näher ausführen werde.

Eleanor war schließlich in der Lage, die Klinik zu verlassen; die Häufigkeit und Schwere der akuten psychotischen Episoden ging entscheidend zurück, und in den letzten 8 Jahren war nur eine einzige kurze Klinikeinweisung notwendig. (Medikationen waren in ihrer Behandlung insgesamt von nur untergeordneter Bedeutung.) Solange sie nicht stationär behandelt werden mußte, kam Eleanor als Hausfrau und Mutter ziemlich gut zurecht, und sie nahm aktiv am Gemeindeleben teil. Ihre Beschäftigung mit Gewalt beschränkte sich im wachen Leben auf die Faszination durch Verbrechen und Verbrecher, Kriege und Katastrophen; sie wählte Filme und Fernsehsendungen sowie Zeitungs- und Zeitschriftenaufsätze fast ausschließlich nach solchen Interessen aus. Ihr Traumleben hingegen war durch längere Zeitabschnitte mit hunderten sich wiederholender Träume gekennzeichnet, in denen es um Amputationen, Verstümmelungen und blutrünstige Szenen ging.

Eleanor zeigt also ganz unterschiedliche Seiten von sich: in nichtpsychotischen Zeiten war sie spröde und gesittet; ihre Träume und psychotische Episoden hingegen waren ziemlich blutrünstig. Im Laufe der jahrelangen Arbeit mit ihr entwickelte ich den Gebrauch einer bluttriefenden Sprache, in der ich mich mit ihr über ihre Träume und Impulse unterhielt. („Sie wollten ihr den Schädel zerschmettern und das Hirn über die ganze Wand verschmieren.“) Immer wieder erläuterte ich ihr allerdings meine Gründe hierfür und hob die Überlegung hervor, daß gerade ihre Versuche, solches Material abzuspalten und aus ihrem wachen Leben auszublenden, möglicherweise zu ihren psychotischen Episoden beiträgt. Eleanors Behandlung glich über längere Zeiträume hinweg der psychotherapeutischen Arbeit bei Soldaten mit sog. „Kriegsneurosen“ während des 2. Weltkriegs und auch noch danach. (Beispielsweise wurden den Soldaten, die an der Front schwere Dissoziationsphänomene erlitten hatten, Kriegsfilme gezeigt und in unregelmäßigen Abständen unterbrochen; wenn das Licht wieder anging, boten Helferinnen des Roten Kreuzes den Soldaten Tee an.)

Trotz der Verwendung solcher Techniken wurden Übertragungselemente sowie konfliktgenetische Gesichtspunkte in Eleanors Behandlung gebührend berücksichtigt. Der Schwerpunkt lag jedoch, wie André Green es ausdrückte, „nicht (auf) dem latenten Trauminhalt, sondern auf des Träumers Erleben“.

Ich möchte auf einen weiteren in der Literatur zu Träumen in Verbindung mit Schizophrenie und Psychose erwähnten Gesichtspunkt hinweisen, der mit meiner eigenen Verwendung von Träumen bei solchen Patienten gut übereinstimmt. In einem Aufsatz erwähnt Eissler (1953) eine Patientin, die in ihren Träumen ihre Psychose sozusagen provisorisch repariert; es hat den Anschein, als ob das Traum-Ich der Patientin im Gegensatz zu ihrem Wach-Ich nichtpsychotisch wäre. Eissler weist ferner darauf hin, daß Freud ähnliche Beobachtungen gemacht und dabei die Auffassung entwickelt hat, daß in den Träumen von Psychotikern die „Realität" wie ein Triebabkömmling in Erscheinung tritt. Hiernach stellte sich Freud vor, daß der Psychotiker sich eine eigene Vorstellung von der Welt entwickelt hat, welche von der Wirklichkeit — ich würde sagen, von der Alltagswirklichkeit — dermaßen verschieden ist, daß die Alltagswirklichkeit im Traum eines Psychotikers in derselben Weise durchbricht wie auch „triebhaftes" Material in den Träumen eines Nichtpsychotikers durchbricht. Die folgenden klinischen Beobachtungen sollen diese Verweise auf Eisslers und Freuds Vorstellungen etwas vereinfacht veranschaulichen.

Vor vielen Jahren stellte ich zufällig fest, daß ein schon seit langem hospitalisierter schizophrener Patient, Andrew, mit einem komplexen paranoiden Wahnsystem unmittelbar nach dem Aufwachen ungefähr 5 bis 10 Minuten lang ohne jede Wahnvorstellung war. Ich konnte von dem Patienten nie eine Bestätigung dafür erhalten, daß er wirklich Träume hatte; eine solche provisorische „Reparatur" der Psychose könnte somit womöglich allein auf das „Schlaf-Ich" und nicht notwendigerweise auf das „Traum-Ich" zurückgehen. Wie auch immer: provisorisch repariert wurde die Psychose offensichtlich während des Schlafs, in einem Zustand also, in dem bei nichtpsychotischen Personen psychoseähnliches Material erst recht durchbricht. Eine solche provisorische „Reparatur" der Psychose setzte sich regelmäßig für die Dauer von 7 Minuten (in der Arbeit mit diesem Patienten erschien es mir interessant, die Zeit genau zu messen) in den Wach-Zustand fort, ehe sich die Wahnvorstellungen wieder ausbildeten.

Ein anderer Patient, John M., war während mehrerer längerer Klinikaufenthalte als schizophren diagnostiziert worden und hatte vor meiner Bekanntschaft mit ihm einmal eine Elektrokrampfbehandlung erhalten. Nach seiner Symptomatik würden manche Kliniker bei ihm eine schwere Boderlinestörung mit ausgeprägten narzißtischen Zügen annehmen; während meiner jahrelangen Arbeit mit ihm hatte er allerdings eindeutig psychotische Episoden, die kurze Klinikeinweisungen notwendig machten, wobei sein Drogenmißbrauch das Aufspüren der jeweils auslösenden Faktoren erschwerte. Auch in meiner Arbeit mit Herrn M. waren die Träume von Bedeutung, und seine Behandlung war deutlicher psychoanalytisch ausgerichtet; die Art, wie ich seine Träume klinisch handhabte, unterschied sich nur unwesentlich von der üblichen psychoanalytischen Traumdeutungsarbeit. Eine Eigenart seiner Traumberichte stimmt nun mit Eisslers Beobachtung überein. Immer wieder betonte er besonders, daß seine Träume manche „Verzerrungen" aufwiesen. Ein Raum, den er bewohnte, oder eine Landschaft, an die er sich aus seiner Kindheit erinnerte, unterschied sich im Traum von der „Wirklichkeit". Gewöhnlich sehen *nichtpsychotische* Träumer solche Verzerrungen als zum *üblichen* Traumgeschehen gehörig an. Für Herrn M. hingegen waren solche Verzerrungen „ungewöhnlich" im

Vergleich zu seinen *normalen* Träumen; in seinen psychotischen Episoden hatte er offenbar Träume, welche die Wirklichkeit oft „unverzerrt" widerspiegelten. Klinisch konnte er sich meine Bemerkungen zunutze machen, die sich im Sinne eines Brückenschlags auf solche Unterschiedlichkeiten in seinem Traumgeschehen bezogen. Meine Bemerkungen dienten als Hinführung auf einen Aspekt des normalen Lebens — nämlich auf normalerweise auftretende Wirklichkeitsverzerrungen in Träumen. Darüber hinaus lernte ich allmählich, die Stärke der Verzerrung in seinem Traummaterial als Maß für den Abstand von einer psychotischen Episode zu nutzen, und solche Beobachtungen waren für den Umgang mit ihm enorm hilfreich.

Ein weiteres ausführliches Beispiel für eine solche Verkehrung von Traum und Wirklichkeit: einen Monat nach der Entlassung aus einer Nervenklinik hatte Dorothy L. einen Traum, in dem ihre Mutter verstorben war und ihr Vater lebte und in den Armen einer anderen Frau lag. In Wirklichkeit war zu dieser Zeit ihr *Vater* schon gestorben und ihre *Mutter* lebte noch. Sie betonte, daß die Traumszene sie an manche Gemälde Picassos aus seiner blauen Periode erinnerte, und sie fuhr fort, daß „es ein interessanter Traum ist; die weibliche Person ist von unbestimmtem Alter". Ihr sexuelles Interesse an ihrem Vater war in meiner langen Arbeit mit ihr ein immer wieder bearbeitetes Thema. Während akuter psychotischer Episoden fühlte sie sich mit dem Vater auch verschmolzen, in ihn verwandelt oder mit ihm teilweise vermischt. Zeitweilig war es ihr wichtig, sich die Haare an den Beinen nicht abzurasieren, weil „ich die Beine von Vater habe".

Neben der besonderen Betonung von Picassos blauer Periode spielten noch andere Assoziationen eine wichtige Rolle: ihre Tochter, die Picasso mochte; die Zeit der Entwicklung der Brüste ihrer Tochter; und der Wunsch der Patientin, daß sich der Vater von der Mutter hätte trennen sollen. In vielerlei Hinsicht verstand und deutete die Patientin diese Traumelemente so ähnlich, wie auch ein neurotischer Patient sein Traummaterial nach längerer einsichtsorientierter Therapie oder Analyse verstehen kann. Sie erläuterte jedoch, daß sie so einen Traum jetzt haben konnte, „weil der letzte Monat so sehr gut ging. Mein Mann unternahm keine einzige Reise, und er kochte viel." Sie sprach dann von ihres Vaters Liebeleien und brachte Liebe ganz ausdrücklich mit Ernährung in Verbindung. Die Mutter hat den Vater nicht gut ernährt; deshalb hat sie ihn nicht geliebt. Sie führte exakte Gleichsetzungen in energetischer Hinsicht durch. So konnte sie jetzt einen solchen Traum haben, weil sie im vorangegangenen Monat gut ernährt worden war und folglich ausreichend Energie besaß, um sich mit den alten Problemen im Zusammenhang mit dem Tod ihres Vaters zu beschäftigen.

Sobald ein schizophrener Patient über die *traumhafte* Atmosphäre eines Traums reden kann und die Alltagsrealität nicht mehr als Eindringling in das Traumgeschehen erlebt, dann ist der Patient meiner Erfahrung nach wieder ziemlich weit von einer psychotischen Ich-Organisation entfernt. Wenn man mit einem schizophrenen Patienten über einen längeren Zeitraum hinweg psychotherapeutisch arbeitet, dann sollte man eine solche Entwicklung besonders beachten. Der Psychotherapeut kann die im Traum dargestellten und offensichtlich „neurotischen“ Konflikte dann nämlich regulär bearbeiten; und er kann dann ebenso mit dem Patienten besprechen, wie sich solches Material während psychotischer Episoden verändert. Bei Dorothy L. beispielsweise konnte das Thema ihres Wunsches, dem Vater nahe zu sein bzw. bei ihm zu sein, als Bemühen um einen Brückenschlag zwischen ihrem gegenwärtigen Erleben und den früheren psychotischen Zuständen verstanden werden. Auf längere Sicht ermöglicht ein solcher Ansatz dem Patienten, seine Vorstellung vom Therapeuten für eine solche Überwindung der Psychose im Sinne eines Brückenschlags hilfreich zu verwenden.

Auf der anderen Seite bin ich bei einem nichtpsychotischen Patienten, bei Robert S., auf eine spezifische Angst vor einer psychotischen Reaktion gestoßen, als nämlich seine Träume besonders lebhaft und körperbezogen wurden; als er beispielsweise in einem Traum sein Gesicht nicht nur als Gesicht eines Tieres sah, sondern auch sein Gesicht berührte und dabei feststellte, daß sich seine Haut genau so wie eine Tierhaut anfühlte. Auch wenn Robert S. niemals wirklich psychotisch war, so waren doch mehrere Familienangehörige wegen Schizophrenie in einer Klinik, und seine Angst vor einer Psychose lag nicht weit unter der Oberfläche verborgen.

Ein anderer Patient, Michael, der ohne jeden Zweifel schizophren war und die meiste Zeit außerhalb der Klinik lebte, ging alle möglichen Verpflichtungen ein, wenn er einmal den Telefonhörer abnahm; beispielsweise verpfändete er dann seine Sozialhilfe und nahm Einladungen an, und er glaubte dann, daß er das alles nur geträumt hätte. Zu der Zeit, als ich die Arbeit mit Michael aufnahm, hatte er bereits eine Methode entwickelt, mit der er dieses Problem umgehen konnte. Da er oft nicht sicher wußte, ob er wach war oder träumte (er hatte oft auch multiple, ineinander verschachtelte Träume innerhalb von Träumen) und da es ihm auch nichts nutzte, wenn er sich in die Haut kniff, hatte er sich angewöhnt, vorsorglich zu fragen: „Wie ist ihre Telefonnummer? Ich rufe zurück.“

Manche dieser Beobachtungen und Überlegungen scheinen sich vom Thema der klinischen Handhabung von Träumen in der Psychotherapie schizophrener Patienten weit zu entfernen. Trotzdem gehören sie hierher. Bei manchen Patienten weisen nämlich Träume und psychotisches Erleben offenbar gemeinsame Züge auf; vorsichtiger ausgedrückt, muß man davon ausgehen, daß bestimmte Traummerkmale erneute psychotische Episoden ankündigen. Wenn ein Psychotherapeut über längere Zeit mit solchen Patienten arbeitet, wird er wahrscheinlich auf bestimmte Einzelheiten in dem Traummaterial aufmerksam werden, die auf die Nähe der psychotischen Phänomene zur Bewußtseinsoberfläche hinweisen. Solche Hinweise gelten bisweilen jedoch nur für einen bestimmten Patienten, denn diese Hinweiszeichen sind nicht nur von allgemeinen Eigenarten des Verlaufs von Schizophrenien und Träumen abhängig, sondern auch von Persönlichkeitsmerkmalen wie Intelligenz und intellektuellem Stil und auch von verschiedenen Idiosynkrasien bei Patient und Psychotherapeut, durch die spezielle Ausprägungen ihrer Beziehung und ihrer Kommunikation gestaltet werden.

Wenn man mit solchen Patienten lange genug arbeitet, dann kann man oft

Zeiten einer vergleichsweise größeren Zugänglichkeit beobachten, in denen sich sowohl inhaltliche wie auch formale Elemente des Traumerlebens gemeinsam mit dem Patienten besprechen und untersuchen lassen, selbst wenn es sich um tief regredierte, chronische oder gar defektuöse Patienten handelt. Bei manchen Patienten, bei denen dies gerade der Fall ist, stehe ich einem „intellektuellen" Zugang weniger ablehnend gegenüber, obwohl ich im allgemeinen von der Nutzlosigkeit der Überbetonung des „Intellekts" in der psychotherapeutischen Arbeit überzeugt bin. Ein solcher Zugang bedeutet gleichzeitig die Würdigung der formalen Denkstruktur des Patienten, eine Würdigung, die schon für sich allein therapeutisch wirkt. Wenn man einen Patienten über lange Zeit begleitet hat, innerhalb wie auch außerhalb der Psychose, dann bekommt der „intellektuelle" Zugang eine andere Färbung. Die Deutung der Psychose als ein Angriff ist beispielsweise solch ein springender Punkt. Es sei an Dorothy L. erinnert, die beim Auftreten einer erneuten psychotischen Episode meine Empfehlung einer vorübergehenden stationären Behandlung halluzinierte und sich daraufhin freiwillig in die Klinik begab. Die gemeinsame Besprechung von formalen und inhaltlichen Einzelheiten des Traummaterials hat sich als ein enorm nützliches Hilfsmittel bei der Förderung einer solchen Entwicklung erwiesen; in dem genannten Fall heißt dies, daß die frühere Besprechung von Form und Inhalt der Träume gemeinsam mit Dorothy ihre Fähigkeit gestärkt hat, ihr psychotisches Erleben kritisch zu beobachten, selbst wenn der Therapeut nur psychologisch zugegen ist.

Für ein Verständnis der Vorgänge bei der Bildung von Träumen und von psychotischen Denkinhalten ist das Konzept der Primärprozesse von besonderer Bedeutung. Es kann dem Therapeuten solche praktischen Probleme wie beispielsweise die Äquivalenz und Verschmelzung verschiedener Familienmitglieder im bewußten Erleben des wachen Schizophreniepatienten (Kafka u. McDonald 1965) leichter verständlich machen.

Manche Einzelheiten in den Träumen schizophrener Patienten können den Therapeuten ebenso auf Selbstkontrollmöglichkeiten des Patienten hinweisen. Robert S. (der Patient mit den Schwierigkeiten bei der Entgegenahme von Telefonanrufen) hatte häufiger „geologische" Träume. Geologie war ein Interessengebiet in seinem wachen Leben, und die immense Zeitdauer und langsame Veränderungsrate geologischer Ereignisse kann als ein Hinweis auf seine Selbstkontrollstrategie angesehen werden. Eines Tages erzählte ich ihm, daß ich an einen Witz über die Berner denken mußte, die ja für ihre Langsamkeit berühmt sind. Ein Berner fragt einen anderen: „Was ist das?" Und er malt sehr langsam mit dem Finger eine gezackte Linie in die Luft. Die richtige Antwort lautet: „Ein Blitz." Sehr, sehr langsam wagte der Patient in ein Lächeln auszubrechen — oder eher ein Lächeln sich enfalten zu lassen. Erst danach konnte ich mit ihm über bestimmte katastrophale geologische Begebenheiten in seinen Träumen sprechen und diese in therapeutisch sinnvoller Weise mit Ereignissen in seinem Leben in Verbindung bringen.

Anstatt die zwanghaften Elemente in der Abwehrstruktur von Robert S. näher zu erläutern, möchte ich auf die relative *Vollständigkeit* seiner verlangsamten Wahrnehmung und Selbstwahrnehmung sowie auf die relative Vollständigkeit und Angemessenheit seiner sich allmählich entwickelnden affektiven Reaktionen eingehen. Ein Wahrnehmungsakt stellt bei ihm eine deutlich verlangsamte, zeitlupenartige Aktualgenese der Wahrnehmung dar; insofern machen paradoxe Begriffsbildungen wie beispielsweise „ein langsamer Blitz" durchaus Sinn für ihn, und so etwas wie ein „angehaltener Atem" beispielsweise kann als „Quasiobjektkonstanz" durchaus nützlich für seine Abwehrstruktur sein.

Solche Überlegungen stehen möglicherweise in Verbindung mit der kontrovers diskutierten Frage nach der Konkretheit bzw. „Konkretisierung" im Unterschied zur abstrakten Qualität in den Träumen schizophrener Patienten – und vielleicht sogar im schizophrenen Denken im allgemeinen. Im Zusammenhang mit der Erörterung des „abstrakten Expressionismus" in Träumen habe ich in Kap. 3 als Beispiel einen Traum angeführt, in dem eine gerade Linie mit einer kleinen Windung im Mittelpunkt steht. Für den Träumer, der den Traum nach einem LSD-Trip berichtet hat, bedeutete die Gerade wie selbstverständlich den Gang der Geschichte, und die Windung in der Geraden steht hierbei für den Holocaust. Ich bin zu der Überzeugung gelangt, daß solches Traumerleben zu großen Teilen dem wachen Erleben bei vielen schizophrenen Patienten entspricht, für die ja bestimmte „Abstraktionen" einen beunruhigenden und zugleich überzeugenden Reichtum an Bedeutungsgehalten mit sich bringen. Wie ich weiter oben betont habe, läßt sich in deutlichem Kontrast hierzu in manchen „schizophrenen" Träumen eine beeindruckende „realitätsgerechte" Konkretheit und Lebendigkeit vorfinden; eingedenk der Beobachtung, daß in den akuten Krankheitsphasen keine Träume berichtet werden, ist dieses Thema in solchen Zeitabschnitten therapeutisch natürlich irrelevant. Wenn der Therapeut solche abstrakten expressionistischen Elemente im wachen Erleben berücksichtigt, dann kann dies dem Patienten erleichtern, auf das umgekehrte Geschehen in seinen Träumen zu achten, das sich ja bisweilen in Zeiten einer beträchtlichen Besserung entwickelt, wie ich weiter oben hervorgehoben habe; dies bedeutet, daß die traumartiger werdende „Atmosphäre" in den Träumen einem Zugewinn an „Konkretheit" im Alltagsleben entspricht.

Trotz unserer Unsicherheiten im Verständnis schizophrener Phänomene und trotz der Beobachtung, daß die ganz eindeutig schizophrenen Patienten — *solange* sie ganz eindeutig schizophren sind — kein Traummaterial berichten, trotz alledem läßt sich zusammenfassend sagen, daß Träume bei der Behandlung der Schizophrenie offensichtlich Verwendung finden können. Als psychoanalytischer Berater einer Forschungseinrichtung, die sich mit der Untersuchung massiver pharmakologischer Medikationen beschäftigt, ist mir kürzlich aufgefallen, daß besonders solche Patienten, deren Zustand raschen Veränderungen und Fluktuationen unterliegt, häufig fast unmittelbar nach dem Auftauchen aus schwersten Desorganisationszuständen Träume mitteilen. Traummaterial wird auch dann oft berichtet, wenn Wahnsymptome noch recht intensiv vorhanden sind. Eine solche auffällig häufig auftretende Überlappung von akuten psychotischen Phänomenen und Traumberichten habe ich unter anderen Bedingungen, in denen eine solche massive pharmakologische Behandlung nicht durchgeführt wurde, nicht beobachtet. Deshalb vermute ich, daß die Erforschung und eventuelle therapeutische Verwendbarkeit der Träume von Schizophrenen auf größeres Interesse besonders bei Klinikern mit breiteren theoretischen Orientierungen trifft.

Die Würdigung verschiedenartiger Wirklichkeiten als ein Weg zum Verständnis schizophrener Störungen

Kliniker, die mit schizophrenen Patienten arbeiten, begegnen mancher Schwierigkeit, weil sie über die Schizophrenie so wenig wissen und doch so viel zu wissen meinen. Soweit sich Psychotherapeuten für die beim Patienten fehlenden Bedeutungen interessieren, kann man die Schizophrenie als einen idealen projektiven Test ansehen, als eine Stimuluskonfiguration, in die Bedeutung hineingelesen werden kann — und wir Kliniker können in die Phänomenologie der Schizophrenie vieles hineinlesen, das für uns von persönlicher Bedeutung ist. Da wir in einem Raum ohne Ursache und Wirkung nicht lange überleben, geschweige denn arbeitsfähig bleiben können, sind wir fortgesetzt bemüht, Bedeutungen festzustellen und auf Bedeutungen zu reagieren. Je länger ich mit schizophrenen Patienten arbeitete, desto stärker war ich geneigt, dieses projektive Potential nicht geringzuachten. Zusammenfassend lassen sich meine Überlegungen nach folgenden Punkten ordnen: 1. Während schizophrener Episoden werden die bedeutungsvollen Objekte des Patienten idiosynkratisch und unterscheiden sich in besonderer Weise von jenen aus der gewöhnlichen Objektkonstanzbildung. 2. Die Untersuchung der Aktualgenese der Wahrnehmung liefert Hinweise auf die Bildung solcher idiosynkratischer Objekte. 3. Die sich hieraus ergebenden theoretischen Formulierungen führen zu therapeutischen Strategien, deren Grundlage in dem Bemühen besteht, a) die idiosynkratischen Objekte zu begreifen, b) den Patienten über einen Breitbandansatz mit verschiedenen möglichen Bedeutungen und Affektkonnotationen zu konfrontieren, und c) dem Patienten ganz besonders dabei zu helfen, den Therapeuten als ein konstantes Objekt in der fluktuierenden Objektwelt des Patienten zu erfahren.

Es sind meist recht einfache Konzeptbildungen, die einem klinischen Experiment zugrundeliegen, und heutzutage ist die therapeutische Arbeit mit schizophrenen Patienten ein klinisches Experiment. Wie ich bei der Darstellung der Behandlung von Dorothy L. erwähnt habe, bestand eines meiner klinischen Experimente in der unorthodoxen Verwendung von Kaltpackungen. Kaltpackungen werden gewöhnlich zur Ruhigstellung von besonders agitierten Patienten verwendet; ich habe Kaltpackungen hingegen bei katatonen Patienten verwendet, die unbeweglich und verstummt waren. Vereinfacht gesagt liegt diesem Behandlungsansatz die Hypothese zugrunde, daß die Patienten Angst haben, eine Bewegung von ihnen könne die Welt zerstören; wenn ich ihnen nun ihre Bewegungsfähigkeit nehme, dann können sie mir vielleicht etwas mitteilen. Und tatsächlich fingen manche Patienten mit mir zu sprechen an, während sie eingepackt waren. Ist das aber nun schon eine Bestätigung der Weltzerstörungsphantasiehypothese? Oder ist es eine Bestätigung für die Überlegung, daß die Kaltpackung deshalb wirkt, weil innere Kontrolle durch äußere Kontrolle ersetzt wird?

Im Laufe meiner klinischen Arbeit ist mir die Auffassung immer wichtiger geworden, daß sich oft schon das Bemühen, eine Bedeutung oder einen Sinn zu sehen, in der einen oder anderen Weise therapeutisch auswirkt. Auch wenn diese Auffassung noch genauer überprüft werden muß, so bildet sie doch die Grundlage für manche meiner Therapiestrategien. Wenn ein schizophrener Patient beispielsweise wild herumgestikuliert und offensichtlich Halluzinationen hat, dann finde ich es wichtig, in das Geschehen einzugreifen. So dachte ich aufgrund der bisherigen therapeutischen Arbeit mit Peter, den ich in Kap. 3 schon einmal kurz erwähnt hatte, daß die Halluzinationen etwas mit seinem Vater zu tun haben. Als ich ihm Fragen zu seinen Halluzinationen stellte, sagte er: „Lauter!“ und wiederholte dies immer wieder, bis ich schließlich schrie. Da sagte der Patient plötzlich mit dem Ausdruck tiefer Verachtung: „Doch nicht Sie!“ Ich hatte ihm meine Gegenwart unüberhörbar zur Kenntnis gebracht; er hatte mich trotz seiner Halluzinationen wahrgenommen. Später in der Sitzung ging er tatsächlich auf meine Fragen ein: wenn ich wirklich wissen wollte, ob er Vater oder Gott halluzinierte, dann könnte er mir schon sagen, daß sowohl Vater als auch Gott zutreffend wäre; obwohl er diese Frage irgendwie für unsinnig hielt, vermittelte er mir, daß irgendjemand oder irgendetwas mit Autorität ihm etwas mitteilte. Er wußte sehr wohl, daß landläufig zwischen Vater und Gott unterschieden wird; für ihn spielte die Unterscheidung jedoch keine Rolle. Seine Gebärden (er zeigte immer wieder auf etwas oben im Zimmer hin) deuteten darauf hin, daß irgendeine hohe Autorität mit ihm in Verbindung stand. Dies erschien mir sehr abstrakt und zugleich sehr konkret, doch auch ich hatte die Bühne betreten. Ich hatte mich ihm zur Kenntnis gebracht; meine Stimme mischte sich in die Stimme der Autorität, der er zuhörte, ein. Obwohl er verächtlich auf mich herabsah, hielt er mich immerhin einer Erläuterung für würdig.

Meine Vorstellung, daß die Objekte von Schizophrenen eher „Charaktere“ als Individuen darstellen und sich somit von den Objekten im Alltagsverständnis und im üblichen psychoanalytischen Sinne unterscheiden, führte mich zu dem Begriff der „latenten Familie“, die hinter der manifesten Familie des schizophrenen Patienten sichtbar werden kann (Kafka und McDonald 1965). Bei einer Patientin war besonders deutlich, daß alle Mitglieder ihrer Familie mit blauen Augen für sie austauschbar waren; tatsächlich waren solche Familienmitglieder für sie identisch, ein und dasselbe Objekt. Mit Mitte 30 hatte die Patientin ziemlich plötzlich eine heftige schizophrene Episode. Doch als ich eines Tages mit ihr und ihrem Ehemann auf dem Klinikgelände einen Spaziergang machte, konnte ich eine Vorstellung von dem viel früheren Beginn der Krankheit gewinnen. Mit einem eingefroren wirkenden Lächeln sah die Patientin ihren Mann an und sagte: „Du bist nicht mein blauäugiger Mann.“ Er antwortete mit einem Lachen: „Nein, das bin ich nicht.“ Als ich ihn fragte, ob sie solche Sachen schon seit längerem sagt, erwiderte er: „Oh ja. Solche Scherze hat sie auch schon gemacht, als wir noch nicht verheiratet waren.“ So viel zur akuten psychotischen Episode. Die Strategien der Verdunkelung psychotischer Phänomene (d. h. die Fähigkeit zur Absorbierung der Psychose) sind in manchen Familien durchaus bemerkenswert.

Im Zusammenhang mit der Erörterung von Arietis Zitat des von-Domarus-Prinzips in Kap. 2 habe ich darauf hingewiesen, daß die Art der Zuschreibung von Subjekt und Prädikat nicht Baustein der Erfahrung, sondern selbst Ergebnis von Erfahrung ist. Erlebt ein Patient ein bestimmtes Merkmal einer Person als grundlegender, überdauernder, „identischer" als die ganze Person, dann nimmt dieses Merkmal Subjektqualität an, und die Person wird auf diese stabilere Vorstellung reduziert und erwirbt die Eigenschaft des Prädikats. In diesem Falle hat die „Blauäugigkeit" Subjektqualität gewonnen. Dieses Phänomen zeigte sich auch bei jenem in Kap. 2 erwähnten Patienten, dem es für die Personenwahrnehmung und Objektkonstanz wichtiger war, wenn jemand heidiähnliche Merkmale aufweist als einfach ein und dieselbe Person zu sein. Wie ich weiter oben schon erwähnt habe, kann man sich eine solche Stabilität vor dem konzeptuellen Hintergrund von Klüvers „subjektiv äquivalenten Stimuli" verständlich machen.

Kliniker reden gemeinhin von der Konkretheit des schizophrenen Denkens; wir wissen aber auch, daß sich manche schizophrenen Patienten auch mit hoch abstrakten Themen durchaus effektiv beschäftigen können. Ich denke hierbei an einen Patienten, der sich intensiv mit hochkomplexen und abstrakten Tonarten- und Zeichensystemen in der modernen Musik beschäftigte. Ein Vorteil meiner radikalen Formulierung zum grundlegenden Wesen der Objekte des Schizophrenen liegt eben darin, daß sie sich sowohl auf das Konkrete wie auch gleichermaßen auf das Abstrakte anwenden läßt.

Erfahrene Kliniker nehmen Korrekturen vor, wenn ihnen projektive Elemente in ihrem Theoriegebäude auffallen. Viele von uns, die über lange Zeit hinweg intensiv mit schizophrenen Patienten arbeiten und für die Beschränkungen in unserem theoretischen Verständnis dieser Störung wach sind, fühlen sich ständig gezwungen, die Phänomenologie immer wieder einmal aus einem neuen Blickwinkel anzuschauen. Klinische Daten versetzen uns in die Lage, unser theoretisches Denkgebäude zu modifizieren. Trotzdem handelt jeder Therapeut unweigerlich vor dem Hintergrund eines expliziten oder impliziten Modells der Störung, die er behandelt; nach und nach wird er manche Teilaspekte seines Modells genauer formulieren, andere dagegen nur vage umreißen können oder gar übersehen. Ich möchte diejenigen Teilaspekte meines Modells, zu denen ich im Laufe meiner Arbeit mit schizophrenen Patienten ziemlich genaue Vorstellungen entwickelt habe, sowie die hiermit verbundenen Therapiestrategien näher beschreiben. Mir ist dabei durchaus bewußt, daß der heuristische Wert von Therapiestrategien nicht unbedingt von der Richtigkeit des zugrundeliegenden Modells abhängt.

Jeder psychodynamisch orientierte Therapeut, der über Schizophrenie geschrieben hat — und selbst viele Therapeuten anderer Schulrichtungen —, mußte auf das Problem der Grenzen zwischen dem Selbst (oder dem Selbstobjekt) und anderen, zwischen dem Innen und Außen, sowie zwischen den Objekten eingehen. Diese Problemstellungen scheinen auf den ersten Blick räumlich konzeptualisiert zu sein, eröffnen jedoch die zeitliche Dimension, sobald von dem Problem der Objektkonstanz die Rede ist. Meine Unzufriedenheit mit den Reifikationen bei den räumlichen Begriffsbildungen hat sich ganz besonders aus meiner Arbeit mit schizophrenen Patienten ergeben, für die das Problem der (zeitlichen) Objektkonstanz entscheidend ist.

Im Mittelpunkt meiner Vorstellungen stehen wahrnehmungstheoretische Aspekte, wie sie in psychoanalytisches Denken integriert werden können und auch integriert werden müssen. Die Hypothese, daß sich in jedem Wahrnehmungsakt die Ontogenese der Wahrnehmung wiederholt, trägt hiernach entscheidend zum Verständnis schizophrener Denkstörungen bei (Kafka, 1964, 1977). Ich habe weiter oben auf die experimentelle Untersuchung von Stein (1949) hingewiesen, in der erwachsenen Versuchspersonen Rorschachtafeln dargeboten wurden, und zwar tachistoskopisch kurz, das heißt für nur einen Sekundenbruchteil. Bei der anschließenden Befragung sagten die meisten Versuchspersonen zunächst, daß es nur ein Lichtblitz gewesen wäre; wurden die Versuchspersonen dann gedrängt, noch mehr zu sagen, dann gaben sie Antworten, wie man sie von kleinen Kindern kennt. Beispielsweise wurde gesagt: „Etwas Rotes, was sich nach oben bewegt", und die Aussage wurde von einer Geste begleitet, welche die Bewegungsrichtung noch unterstreichen sollte.

In neueren, gründlichen Untersuchungen zum Thema der Wahrnehmung von einer Forschungsgruppe an der Universität Lund (Smith u. Danielsson, 1982; Westerlundh u. Smith, 1983) zeigt sich deutlich, daß psychoanalytische Konzepte zum Verständnis der experimentellen Befunde ganz entscheidend beitragen. Die angewandte Metakontrastmethode besteht in der tachistoskopischen Darbietung von paarweisen Stimuli: inkongruente Stimuli in der einen Serie und in der anderen Serie die Abbildung eines bedrohlichen Gesichts, das für das Gesicht einer jungen Person eine Gefahr bedeutet. In dieser Untersuchung schließen Kinder in einem bestimmten Entwicklungsabschnitt beim Anblick des bedrohlichen Gesichts die Augen; Kinder in einem späteren Entwicklungsabschnitt nehmen wahr, daß die bedrohte junge Person selbst die Augen geschlossen hat. Zu den Abwehrreaktionen, die in dieser komplexen Untersuchung erfaßt wurden, gehören Verdrängung, Isolierung, Projektion und Diskontinuität. So wird beispielsweise Verdrängung als Abwehrreaktion angenommen, wenn eine Versuchsperson eine leblose Maske an Stelle des lebendigen bedrohlichen Gesichts wahrnimmt. Eine kurze Zeitdauer der Stimulusdarbietung gestattet die Untersuchung ontogenetisch früher Wahrnehmungsprozesse; eine längere Darbietungsdauer läßt dagegen die gegenwärtigen Wahrnehmungsprozesse erkennen. Von der Forschergruppe an der Universität Lund wird besonders hervorgehoben, wie sehr der Bereich der Wahrnehmung von psychoanalytischen Autoren vernachlässigt wurde, und zwar aufgrund des starken und nachhaltigen Einflusses der Vorstellung, daß sich die Wirklichkeit in der Wahrnehmung einfach nur „widerspiegelt". Ferner wird deutlich gemacht, wie psychoanalytische Konzepte von wahrnehmungsbezogenen Abwehrprozessen zu einem umfassenderen Verständnis der experimentellen Befunde beitragen können.

Ich möchte jetzt von der ontogenetischen Rekapitulation der Wahrnehmung zu dem verwandten Konzept der Objektkonstanz übergehen, das sich aus der subjektiven Äquivalenz von ähnlichen, doch nicht identischen Stimulusmustern ableiten läßt. Gegen den Einwand, daß ein solches Verständnis von Objektkonstanz zu kognitivistisch sei, möchte ich nochmals folgendes betonen: jene Stimuli, die wir aus unserer äußeren und inneren Umwelt (die wir ja unablässig daraufhin abtasten) auswählen und die die Grundlage für unsere konstanten Objekte bilden, werden eben wegen der jeweils aktuell wirksamen Triebregungen, Bedürfnisse, Gefühle und Stimmungen in je unterschiedlicher Intensität und wegen der notwendigen Kompromisse bei Triebkonflikten ausgewählt.

Im Hinblick auf die Schizophrenie muß man sich vergegenwärtigen, daß ein Wahrnehmungsakt bis hin zur relativen Vollständigkeit geführt oder aber auch vor seiner Vollendung vorzeitig abgebrochen werden kann. Wenn nun alle Wahrnehmungsakte bis zur relativen Vollständigkeit geführt werden, dann sind jene Objekte, die nach Abschluß der Wahrnehmungsakte subjektiv äquivalent sind, eben die konstanten Objekte in dem Sinne, wie dieser Begriff in der allgemeinen Psychologie gebraucht wird; selbst wenn in der Psychoanalyse die Vergegenwärtigung nicht gegenwärtiger Objekte oft von besonderer Bedeutung ist, so kann man auch dort auf die Berücksichtigung solcher konkreter Objektbildungen nicht verzichten. Auf jeden Fall kann das konstante Objekt der konsensuell validierten Realität ein konstanter Gegenstand oder eine konstante Person sein. Und wir können annehmen, daß die Wahrnehmungswelt des schizophrenen Patienten durch intensive und rasch fluktuierende Triebregungen, die zum Vorherrschen von partiellen Wahrnehmungsakten oder zu einer Mischung von partiellen und vollständigen Wahrnehmungsakten führen, gekennzeichnet ist. Normale Strukturen von Objektkonstanz werden somit entweder wieder zerstört oder werden erst gar nicht voll ausgebildet; statt dessen herrschen in der Objektwelt des Patienten idiosynkratische schizophrene Konstanzen vor, die auf dem gemeinsamen Nenner partieller und relativ vollständiger Wahrnehmungsakte beruhen.

Im Mittelpunkt meines Modells schizophrener Störungen steht eindeutig die Vorstellung, daß rekapitulative Wahrnehmungsprozesse die affektive und kognitive Entwicklung miteinander verbinden. Genauer gesagt, diese Vorstellung macht jenen Teil meines Störungsmodells aus, zu dem ich spezifische und detaillierte Überlegungen formulieren konnte. Ein solches Modell mag anspruchsvoll erscheinen; in der Frage der Entstehung der intensiven und rasch fluktuierenden Triebregungen ist es aber doch vereinbar mit verschiedenen konkurrierenden Hypothesen, etwa psychoanalytischer, psychodynamischer oder biologischer Art. In dieser Hinsicht ist mein Modell offen bzw. unvollständig.

Wenn die noch am ehesten konstanten Objekte deutlich idiosynkratischen Kategorien entsprechen (beispielsweise alle Familienangehörige mit blauen Augen oder mit einer bestimmten Art sich zu bewegen; alle Dinge mit glänzender Oberfläche; alle freundlichen Lebewesen und freundlichen Dinge), dann entsteht bei der Anwendung der üblichen logischen Denkoperationen auf solche Objekte eine Denkstörung. Eine Verständigung mit dem schizophrenen

Patienten wäre in der Tat unmöglich, wenn es nicht Ähnlichkeiten in den logischen Operationen von Arzt und Patient gäbe. Ein solcher Blick auf eine ähnliche Logik, nur auf verschiedene Objektkonstanzen angewandt, eröffnet eine hoffnungsvolle Perspektive, sofern 1. Techniken für die Untersuchung der idiosynkratischen Objekte des Patienten entwickelt sind und 2. der Therapeut diese Techniken einsetzt, um herauszufinden, wie er selbst zu einem relativ konstanten Objekt in der Welt des Patienten werden kann.

Etwas schematisch gesagt, ist meine hauptsächliche Behandlungsstrategie eng verknüpft mit meinen Modellvorstellungen von schizophrenen Wahrnehmungsprozessen und Objektkonstanzen. Der Therapeut muß seine Alltagsvorstellungen davon aufgeben, was denn konstante Objekte für den Patienten seien. Oft bestimmt ein deutlich idiosynkratisches Merkmal, welche Objekte für den Patienten subjektiv äquivalent und damit konstante Objekte sind. Sobald der Therapeut seine üblichen Vorstellungen von der Art der konstanten Objekte des Patienten aufgibt und gleichzeitig die üblichen logischen Operationen auf die Handhabung der Objektkonstanzen, die er beim Patienten entdeckt, weiterhin anwendet, dann wird der Patient die Empathie des Therapeuten spüren und erleben, daß damit ein entscheidendes Hindernis in der gegenseitigen Verständigung beseitigt ist; bei Gelegenheit wird der Patient dem Therapeuten dann gern Einzelheiten aus seiner Objektwelt beibringen. (Dorothy L. sagte mir einmal, daß sie trotz der langen Reise, die sie für unsere Sitzungen auf sich nehmen mußte, die Arbeit mit mir fortsetzen wollte, weil sie so viel Zeit und Mühe für meine Weiterbildung aufgewandt hätte.) Die Kombination von einer Aufgabe des gesunden Menschenverstandes in einem Bereich und dessen Beibehaltung in einem anderen Bereich führt zu einer mehrschichtigen Kommunikationsstruktur des Therapeuten, eine eigenartig wirkende individuell zugeschnittene Mischung von verrückter und gesunder Unterhaltung. Eine solche Art der Verständigung bringt den Vorteil mit sich, daß die sich rasch ändernden Ichorganisationen des Patienten berücksichtigt werden können. Diese Änderungen vollziehen sich zwar so schnell, daß der Therapeut ihnen oft gar nicht folgen kann; die vielfältigen Möglichkeiten des beschriebenen Vorgehens erhöhen aber die Wahrscheinlichkeit, einigermaßen auf dem laufenden zu bleiben.

Schließlich sei als besonders wichtig hervorgehoben, daß das mehrschichtige Handeln des Therapeuten seine verschiedenen Merkmale und Eigenarten mit dem Netzwerk idiosynkratischer Merkmale, das den Konstanzstrukturen des Patienten zugrunde liegt, verbinden und dazu beitragen kann, daß der Therapeut als ein konstantes Objekt in die Welt des Patienten eintritt. (Daß Dorothy L. meinen Ratschlag halluzinierte, sich in eine Klinik zu begeben, ist hierfür ein einschlägiges Beispiel.) Erst wenn der Therapeut ein relativ konstantes Objekt für den Patienten geworden ist, kann er seinen therapeutischen Hebel hilfreich ansetzen.

6 Der einzelne und die Gruppe: Rituale und Familie

Das Ritual gehört in den Mittelpunkt von weiterreichenden Nutzanwendungen meiner Konzeption von multiplen Wirklichkeiten, weil es mit Wandel (von einer Wirklichkeit in eine andere) und gleichzeitig mit der Bewahrung von Kontinuität angesichts von Wandel verbunden ist. Der Anthropologe beschäftigt sich mit der Stellung des Rituals innerhalb der Bräuche beim Übergang von einem Lebensabschnitt in den anderen (Geburt, Pubertät, Heirat, Tod), mit Ritualen beim Wechsel der Jahreszeiten oder anderer Zeitabschnitte sowie mit solchen Ritualen, die mit bestimmten Rollen- oder Statusänderungen verbunden sind, wie z. B. die Einsetzung in ein hohes Amt oder gar eine Krönung. Auch wenn sich der Anthropologe bei seinen Untersuchungen auf einzelne Personen und einzelne Familien stützt, so ist er in der Regel letztlich doch an Aussagen über Rituale bei größeren Menschenverbänden, wie etwa bei bestimmten Stämmen, interessiert.

Rituale und „ritualistisches Verhalten" sind natürlich ebenso für den analytischen Psychotherapeuten von Interesse. Der erste Teil dieses Kapitels ist eine eher abstrakte und theoretische Untersuchung von Ritualen und ritualistischem Verhalten aus dem Blickwinkel der multiplen Wirklichkeiten; der zweite Teil beschäftigt sich stärker mit klinischen Themen.

Wenn man genauer hinschaut, dann steht das Ritual deshalb im Mittelpunkt von weiterreichenden Nutzanwendungen meiner Konzeption von multiplen Wirklichkeiten, weil es Teil der „Bräuche des Übergangs" zwischen verschiedenen Wirklichkeiten in meinem Verständnis ist: die miteinander verbundenen Dichotomien von Zeit und Raum, von Innen und Außen (Größe des Organismus) sowie von Belebtem und Unbelebtem und deren paradoxes Nebeneinanderstehen. Da die klinische Arbeit einen gründlichen Blick auf solche Vielfalt der Organisation von Wirklichkeit erlaubt und hierfür einen besonderen Blickwinkel eröffnet, kann der Kliniker, der sich für die Zusammenhänge von psychologischen, sozialen und kulturellen Determinanten interessiert, einen wichtigen Beitrag für die Erforschung des Verhaltens des einzelnen innerhalb von Gruppen, Familien, Verbänden, Stämmen und ethnischen Gemeinschaften leisten.

Rituale und das Ritualistische

Auf den ersten Blick sind Kliniker mehr mit ritualistischem Verhalten (als einem Symptom) als mit Ritualen beschäftigt, Anthropologen dagegen mehr mit eigentlichen Ritualen. Beides beinhaltet Wiederholung. In einer Abhandlung zur Wiederholung und zum Wiederholungszwang hebt Hans Loewald (1971) hervor, daß nicht jede Wiederholung Ausdruck eines Wiederholungszwangs ist, und er arbeitet den Unterschied zwischen einer drängenden, zwanghaften Wiederholung und einem aktiven Wiederholen gemeinsam mit dem Durcharbeiten des Wiederholten heraus. Loewald trifft somit eine scharfe Unterscheidung zwischen 2 Formen von Wiederholung, mit denen sich Psychoanalytiker auseinandersetzen müssen: zwischen dem Wiederholungszwang mit den symptombezogenen Obertönen des Wortes *Zwang* und dem „Durcharbeiten" mit den therapeutischen Konnotationen. In einer anderen Schrift („Das Dahinschwinden des Ödipuskomplexes", 1979) führt Loewald den Gedanken weiter aus, daß ein und dieselbe Problematik oft wiederholt auftritt und nicht erledigt werden kann, sondern in den verschiedenen Entwicklungsabschnitten und vor dem Hintergrund der dort jeweils unterschiedlich gestell- ten Lebensaufgaben immer wieder bearbeitet werden muß. Auch hier führt Loewald die 2 Wiederholungsformen, die er zuvor unterschieden hat, wieder zusammen: Das aktive Bearbeiten in den verschiedenen Entwicklungsabschnitten und vor dem Hintergrund der dort jeweils unterschiedlich gestellten Lebensaufgaben macht das Durcharbeiten aus, das sich das drängende, zwanghafte Wiederholen derselben Problematik in Form des Wiederholungszwangs zunutze macht und sich diesem aufpfropft. Seine Unterscheidung und anschließende Zusammenfügung von Wiederholungszwang und Durcharbeiten entspricht der Unterscheidung und gleichzeitigen Ähnlichkeit von *Ritualistischem* und *Ritual*; es läßt sich nämlich eine Analogie zwischen der „drängenden, zwanghaften Wiederholung" von Loewald und dem Unbelebten, wie ich es dargestellt habe, wie auch zwischen seinem „aktiven Wiederholen und Durcharbeiten" und meinem „belebten" Ausgangspunkt von Handlungen erkennen. Aus meiner Sicht ist jedoch das fortgesetzte „Bearbeiten" bzw. die ständige Wiederholung von Wahrnehmungsakten Bestandteil von allen anderen Prozessen, die bearbeitet werden müssen. Die psychoanalytisch aufgeklärte Dynamik des Wiederholungszwangs betrifft die Mikrowelt der Wahrnehmungsprozesse.

Rituale können ein Gefühl der Ganzheit entstehen lassen: eine vollendete Handlung, eine zu Ende geführte Entwicklung, das (wenigstens vorübergehende) Erreichen von Zufriedenheit, Gesättigtheit und vielleicht von Geruhsamkeit. Bisweilen jedoch, ähnlich wie bei ritualistischem Verhalten, können Rituale statt dessen zu dem Eindruck von mechanischer Wiederholung oder von abhanden gekommenem Sinn führen, zu dem Gefühl, in einem endlosen Ablauf von abgebrochenen, unvollendeten Handlungsvollzügen gefangen zu sein. Beide Verhaltensformen, das rituelle und das ritualistische Verhalten, entspringen der Beschäftigung mit Grenzen, etwa der Abgrenzung zwischen dem einzelnen und der Gruppe, zwischen dem, was Innen und was Außen ist, und zwischen dem Konkreten bzw. konkretisiert Räumlichen und dem psychisch Zeitlichen.

Das Ritual und das Ritualistische zielen auf diese Einteilungen ab, die für unser Verständnis der psychischen Realität zentral sind, vielleicht zwar nicht bewußt, aber doch in einem ganz gezielten Sinne. Ich behaupte nun, daß sowohl das Ritual als auch das Ritualistische Versuche sind, die allgemein geteilte Alltagsrealität des gesunden Menschenverstandes durch Formalisierung und Dramatisierung dieser Einteilungen und der Übergänge zwischen diesen Organisationsformen von Wirklichkeit zu sichern und gleichzeitig in Frage zu stellen. Mit diesen Versuchen wird für den einzelnen die Gewißheit angestrebt, daß er in allen diesen Wirklichkeiten verwurzelt ist und daß er durch seine Verwurzelung in den ontogenetisch und vielleicht auch phylogenetisch früheren Wirklichkeiten keineswegs von den späteren Wirklichkeiten abgeschnitten ist; zu diesen späteren Wirklichkeiten zählt ja auch die Alltagsrealität, die für die Erledigung der meisten tagtäglichen Aufgabenstellungen ganz entscheidend ist und als konsensuell validierte Wirklichkeit auf einem interindividuell gleichen Ausmaß an Vervollständigung von *Wahrnehmungsakten* beruht. Ausdrücklich habe ich das Ritual wie auch das Ritualistische als *Versuche* bezeichnet, die Verwurzelung des einzelnen in mehreren Wirklichkeiten abzusichern; ich bin nun der Überzeugung, daß das Ritual hierin weitgehend erfolgreich ist und daß die mechanistische, drängende Wiederholungstendenz des Ritualistischen auf den Umstand zurückgeht, daß es sich dabei im Grunde um ein gescheitertes Ritual handelt.

Die Rituale, denen der Psychoanalytiker in seiner täglichen klinischen Arbeit begegnet, sind Ausdruck eines intensiven zwanghaften Getriebenseins. Wenn auch solche Impulse und Handlungen in ganz unterschiedlichem Ausmaß Ich-dyston sein können, werden sie vom Analysanden häufig als Symptom angesehen und können ein bewußtes Motiv darstellen, weshalb jemand eine psychoanalytische Behandlung sucht. Mit fortschreitender analytischer Arbeit wird der Psychoanalytiker allerdings bald viele weitere Seiten von beinahe allem Verhalten des Patienten aus einem ritualistischen Blickwinkel anschauen. Wie er in das Behandlungszimmer eintritt, wie er sich auf der Couch niederläßt und ob er sich ruckartig oder sich genüßlich streckend wieder aufrichtet, seine Begrüßung bzw. die Vermeidung von Begrüßung — solche Verhaltensweisen können in den Augen des Psychoanalytikers eine ritualistische Bedeutung annehmen, die als solche vom Patienten nicht erkannt wird, die aber für ein Verständnis des Patienten und für die Formulierung von Deutungen schließlich doch wichtig werden kann. Inwieweit solche Rituale vergleichbar sind mit jenen, die der Anthropologe untersucht, hängt von der Begriffsbestimmung der beiden Arten von Ritualen ab.

Der Psychoanalytiker ist sich der rituellen Anteile im Verhalten von Menschen innerhalb der jeweiligen Gesellschaft besonders klar bewußt, und zwar sowohl aufgrund des Umgangs mit Menschen, deren Verhalten den kollektiven Normen nicht entspricht, wie auch infolge eines wachsenden Verständnisses der persönlichkeitsspezifischen Dynamik von Konformität. Meine eigenen Vorstellungen vom Wesen des Rituals haben mich zu der Auffassung geführt, daß die Verwendung des Begriffs *Ritual* durch den Kliniker und durch den Anthropologen trotz mancher eher nebensächlicher Unterschiede im Grunde ein gemeinsames grundlegendes Merkmalsgesamt bezeichnet (Kafka 1983). In beiden Bereichen wird die strukturelle Funktion von Ritualen in Verbindung mit dem Bemühen um Aufrechterhaltung des seelischen Gleichgewichts gesehen, das für das Funktionieren des einzelnen im gegebenen gesellschaftlichen Umfeld notwendig ist.

Nach meiner Auffassung ergibt sich der Sinn von Ritualen in solchen Momenten wie Geburt, Pubertät, Hochzeit und Tod aus der elementaren, stabilisierenden Bedeutung des Rituals in Umständen, die zu spannungsreichen Gefühlen führen, welche von einem leichten Unbehagen bis hin zur besinnungslosen Panik reichen können. Es lassen sich 2 wichtige Merkmale kultureller Riten auch bei ihren klinischen Gegenstücken wiederfinden: Kennzeichnend ist zum einen die Präzision beim Vollzug des rituellen Aktes, bei dem die ausdrückliche Konkretheit des rituellen Objekts (die Reliquie eines Heiligen oder ein bestimmter Wallfahrtsort) und eine überaus abstrakte Symbolik (eine unanschauliche geistige bzw. spirituelle Energie, mit der das rituelle Geschehen aufgeladen ist) gleichzeitig nebeneinander bestehen; das Ritual ist somit ein verdichtetes Zusammentreffen von materiellen und psychischen Extremen, von konkreten und abstrakten Polaritäten. (Ich verweise auf meine weiter oben dargelegte Erörterung der engen Beziehung zwischen dem Materiellen und dem Räumlichen, der materiell-räumlichen „Äquivalenz“, einerseits und der engen Beziehung zwischen dem Psychischen und dem Zeitlichem, der psychisch-zeitlichen „Äquivalenz“, andererseits.) Zum anderen geht es um die Grenzziehung zwischen dem Individuum und der Gruppe sowie um deren Beziehung zueinander, um das Innen und das Außen (um die Enge der *individuellen* Eingebundenheit z. B. von Braut und Bräutigam in die Gemeinschaft des religiösen Brauchtums).

Wie ich weiter oben erörtert habe, ist in der Biologie eine Festlegung auf die Größe der jeweiligen Untersuchungseinheit oft überhaupt nicht eindeutig; beispielsweise bleibt offen, ob bestimmte Meeresorganismen als Kolonien von Einzellern oder als individuelle Tiere angesehen werden müssen. Dem Anthropologen begegnet die Frage nach der Grenzziehung bei der Untersuchung von Übergangsriten, durch die der einzelne „zu einem Teil der Gesellschaft“ wird. Der Kliniker kann Rituale häufig in Verbindung mit dem Bemühen des Patienten um Aufbau oder Verteidigung seiner Selbstgrenzen verstehen. Der Anthropologe V. Turner (1977) hat sich ganz wesentlich mit dem Thema der Grenzen sowie mit der stabilisierenden, Sicherheit gebenden Funktion von Ritualen auseinandergesetzt, die bei starker Verunsicherung und Angst besonders dann zum Tragen kommt, wenn man einen Zustand schon verlassen und den anderen noch nicht erreicht hat: auf dem Weg zum Altar, in Form von Fruchtbarkeitsriten oder bei Ritualen im Zusammenhang mit Sterben und Tod. Vielleicht könnten Turner und andere Anthropologen mit ähnlichen Interessen der Auffassung zustimmen, daß es bei den von ihnen untersuchten Ritualen um die Transzendierung des Konkreten, des Materiellen, des Körperlichen geht und zum anderen um die Grenzziehung zwischen dem Individuum und dem Kollektiven.

Die Entwicklungen der modernen Physik, die auch in das Alltagsverständnis von Materie, Energie und Zeit Eingang gefunden haben, haben zweifellos den „Zeitgeist“ geprägt und spielen eine gewisse Rolle bei zeitgenössischen Erklärungsversuchen im Hinblick auf die ewigen Fragen des Menschseins, zu denen auch die Beziehung von Seele und Zeit gehört. Ich habe erwähnt, daß verschiedene Autoren, die sich mit dieser Frage aus ganz unterschiedlichem Blickwinkel beschäftigen, unabhängig voneinander zu der Auffassung gelangen, daß die Erforschung seelischer Vorgänge und die Erforschung zeitlicher Vorgänge im Grunde nicht voneinander zu trennen ist. Longuet-Higgins (1968), ein Kommunikationstheoretiker, der ebenso mit Theorien der mathematischen Modellbildung befaßt ist, schlägt auf der Grundlage der Holographie ein Modell des Gehirns vor, dabei modifiziert er allerdings die Theorie der Holographie insofern, als er die ursprünglich räumlich gemeinte mathematisch Formulierung der zugrundeliegenden Physik zeitlich deutet. In der Holographie enthält jeder einzelne Punkt der räumlichen Darstellung *wesentliche* Informationen über jeden anderen Punkt im Raum;[1] in der zeitlichen Analogie bedeutet dies, daß jeder einzelne „Zeit“punkt *wesentliche* Informationen über jeden anderen Punkt in der Zeit (sowohl in der Vergangenheit wie in der Zukunft) enthält. Wenn man mit Longuet-Higgins das Gehirn (im Unterschied zur üblichen „materialistisch“-konkretistischen Auffassung) zeitlich begreifen kann, dann kommt man Loewalds bündiger Kennzeichnung von „Zeit als gleichsam das innere Gewebe dessen, was wir psychisch nennen“ (1962; dt.: 1986, S. 45) vermutlich am nächsten. Das Modell von Longuet-Higgins erweitert unser Verständnis für die Einzigartigkeit des menschlichen Geistes und des menschlichen Bewußtseins — ein Bewußtsein dessen, daß jeder einzelne Augenblick trotz all seiner Verschiedenheit von dem Vorangegangenen und dem Nachfolgenden reich an Erinnerung wie an Vorausschau, an Rückblick wie an Ausblick ist. Ohne einen solchen zeitlichen Reichtum verliert das *psychologische Jetzt* seine Bedeutung; jede „Bedeutung“ geht verloren, sobald wir das „Jetzt“ der Erinnerung und des Rückblicks, des Ausblicks und der Vorausschau berauben.

Eine ganze Literatur beschäftigt sich mit den pathogenen Folgen, die eintreten, sobald das *zeitliche* seelische Geschehen einer Veränderung in Form von Reifikation, Konkretisierung und *Verdinglichung* unterliegt. Ein Großteil der einschlägigen Literatur wurde von Joseph Gabel in *Ideologie und Schizophrenie* (1967) zusammengetragen; er entwickelt die Auffassung, daß die Entfremdung, die gemeinsames Kennzeichen von Ideologie und Schizophrenie ist, in solcher Reifikation, in der Verdinglichung des Zeitlichen begründet ist. Die „Reifikation“ der politischen Ideologie und des in seinem Verständnis implizit „ideologischen“ Wesens der Schizophrenie weisen folgende Gemeinsamkeit

---

[1] Wenn man das holographische Bild eines Menschen zerschneidet, dann entsteht nicht etwa das Bild einer oberen und einer unteren Hälfte, sondern es entstehen 2 Bilder des vollständigen Menschen, wobei diese 2 Bilder weniger scharf sind als das ursprüngliche Bild.

auf: die Ideologie ist rigide und leblos und reagiert nicht auf äußeres und inneres Leben. Gabels Verständnis von „Ideologie“ hat also einen ganz deutlich negativen Beiklang.

Bei oberflächlicher (und ich glaube, wirklich nur bei oberflächlicher) Betrachtung steht dies im Widerspruch zu dem anfänglich positiven Hinweis von Erik Erikson auf das ideologische Element, „das Element, das für ein Aufeinanderbezogensein von Gedanken und Idealen sorgt“, die im Laufe der Entstehung von Ritualen „Teil von förmlichen Riten werden“ (1966, S. 617). Erikson stellt fest, daß erst nach dem Auftreten des ideologischen Elements „der Mensch als erwachsen angesehen werden kann, insofern er sich nun dem Ritual hingeben konnte und ihm schließlich zugetraut wurde, für seine Kinder *‚die Rituale des Alltags‘* zu pflegen“ (S. 617; Hervorhebung von mir). Wer der neuen Generation hilft, die alltäglichen Rituale zu akzeptieren und zu pflegen, eröffnet den Weg zu sozialem Verhalten und verhilft der neuen Generation zur Bewahrung und Pflege von Kulturformen.

Erikson geht von der Untersuchung der Ritualbildung beim Menschen aus, im Gegensatz und gleichzeitig in Verbindung zur Ritualbildung im Tierreich, wie sie von Ethologen beschrieben wird. Seine positive Einstellung gegenüber dem Ritual ist exemplarisch in der Art des Wiedererkennens von Mutter und Kind begründet, etwa in der Art der gegenseitigen Wertschätzung durch die Begrüßung, was bei dem Kind das Selbstgefühl fördert und bei der Mutter zur Aufrechterhaltung ihres eigenen Selbstgefühls beiträgt. Ein negatives Element wird von Erikson bei der Erörterung der Ritualbildung im Zusammenhang mit „Pseudospezies“ (Stämme, Clans, Klassen) eingeführt, die alle Außenstehenden als Feinde betrachten, und er äußert die Hoffnung, daß die Menschheit eines Tages das Trennende der Pseudospezies erfolgreich überwinden wird. Ich habe den Eindruck, daß der Begriff der Ideologie für Erikson also auch eine gewisse Konkretisierung beinhaltet. Eriksons positive Sicht des Ideologischen stellt nicht so sehr eine von Gabel grundsätzlich verschiedene Einstellung gegenüber der Ideologie dar, sondern rührt von seiner Auffassung her, nach der bei unserem gegenwärtigen Entwicklungsstand das Individuelle gleichzeitig in einer gewissermaßen konkretisierten Gruppe verwurzelt sein muß, wenn das Individuelle nicht der Gefahr einer autistischen Abkapselung ausgesetzt sein soll. Durch solche dialektischen Konflikte sind alle Entwicklungsphasen gekennzeichnet, die Erikson beschrieben hat.

An dieser Stelle begegnen wir erneut einer unhaltbaren Alltagsvorstellung: wir können nicht als gegeben annehmen, daß die Größe eines Organismus absolut festliegt. Nicht nur bei Meeresorganismen ist es grundsätzlich offen, ob die Betrachtungseinheit gegebener Größe eher einer Kolonie von Einzellern oder vielmehr individuellen Tieren entspricht. Die hauptsächlichen Ambiguitäten entstehen bei dem so komplexen Lebewesen Mensch aus dem Zusammenspiel der Person als Individuum und gleichzeitig als Teil einer Dyade (von Mutter und Kind beispielsweise) und als Teil einer größeren Gruppe. Ich habe den Eindruck, daß die gegenwärtigen intensiven Bemühungen in der Psychoanalyse um die Unterscheidung von „Selbst“ und „Ich“ den Versuch darstellen, eine wichtige Ambiguität auf dem intraindividuellen Niveau aufzulösen; deshalb erscheint mir eine nähere Untersuchung an dieser Stelle angebracht.

Im Bereich der Selbstpsychologie, in der versucht wird, die Frage nach dem Erleben des Selbstbildes bzw. nach dessen innerseelischer Repräsentanz zu klären, kommt dem Namen Kohut (1973) eine gewisse Bedeutung zu. Die mehrdeutige Verwendung des Begriffs „Ich" bei Freud wird in diesem Zusammenhang oft kritisiert. Obwohl sich das Konzept der Selbstrepräsentanz klinisch bewährt hat, glaube ich, daß man die Unterscheidung zwischen Ich und Selbst in theoretischer Hinsicht als Pseudolösung ansehen muß — d.h. daß damit über eine Problemstellung hinweggehuscht wird, deren Bedeutung sich erst dann erschließt, wenn man die mit ihr verbundene ungelöste Paradoxie unmittelbar in den Blick nimmt. Laplanche u. Pontalis (1972) kommen auf die Geschichte des Gebrauchs des Begriffs „Ich" in der Psychoanalyse und auf die hiermit verbundenen begrifflichen Probleme zu sprechen:

(...) manche Autoren (versuchten), auf Klärung bedacht, einen begrifflichen Unterschied zwischen dem Ich als Instanz, als Substruktur der Persönlichkeit, und dem Ich als Liebesobjekt für das Individuum selbst zu formulieren. (...) So hat sich zum Beispiel Hartmann um die Klärung des Narzißmusbegriffes und des Ausdrucks ‚Ich-Besetzung' (ego-cathexis) bemüht: „Tatsächlich scheinen aber bei der Anwendung des Begriffes Narzißmus oft zwei verschiedene Gegensatzpaare in eins verschmolzen zu sein. Das eine bezieht sich auf das Selbst (die eigene Person) im Gegensatz zum Objekt, das andere auf das Ich (als ein psychologisches System) im Gegensatz zu den anderen Teilstrukturen der Persönlichkeit. Das Gegenteil von Objektbesetzung ist jedoch nicht Ich-Besetzung, sondern Besetzung der eigenen Person, d. h. Selbstbesetzung (self-cathexis). Mit dem Wort Selbstbesetzung wollen wir nicht andeuten, wo diese Besetzung lokalisiert ist, im Es, im Ich oder im Über-Ich. (...) Es trägt deshalb zur Klärung bei, wenn wir Narzißmus als Libidobesetzung nicht des Ich, sondern des Selbst definieren" (S. 185 f.).

Laplanche u. Pontalis fahren fort:

Diese Position, so scheint uns, nimmt durch eine rein begriffliche Unterscheidung die Antwort auf wesentliche Fragen vorweg. Ganz allgemein besteht die Gefahr, daß die Ich-Konzeption der Psychoanalyse teilweise mißverstanden wird, wenn man die spezifisch psychoanalytische Auffassung ganz einfach neben andere traditionelle Auffassungen stellt, und um so mehr, wenn man ohne weiteres verschiedene Bedeutungen in ebenso vielen voneinander unterschiedenen Wörtern ausdrücken will. Freud greift nicht nur auf klassische Auffassungen zurück, wenn er z. B. den Organismus der Umgebung, das Subjekt dem Objekt, das Innere dem Äußeren gegenüberstellt, sondern er verwendet auf diesen verschiedenen Ebenen den gleichen Ausdruck *Ich*, ja er spielt sogar mit der Vieldeutigkeit dieser Verwendung, was zeigt, daß er für sein Gebiet keine der Bedeutungen ausschließt, die der Ausdruck „Ich" hat (S. 186).

Obwohl der Begriff der Selbstbeobachtung in sich schon mehrdeutig ist, liegt es an der Konkretheit und Reifikation des sich selbst beobachtenden Selbst, daß diese Mehrdeutigkeit so problematisch erscheint und manchen dazu verführt, sie beseitigen zu wollen. Ich glaube, daß die Vorzüge der Freudschen Mehrdeutigkeit, die auch Laplanche u. Pontalis bewahren wollen, in der Vermeidung einer einseitigen Konkretisierung des „Ich" liegen, die räumlicher Art wäre und sich auch mit meinen Bemühungen um ein neues Verständnis der psychischen Realität nicht vereinbaren ließe — ein Verständnis, das sich durch die Betrachtung der Zeit als der Seele „inneres Gewebe", was im Grunde eine Gleichsetzung von Geist und Zeit bedeutet, schon weit genug vom Alltagsverständnis entfernt hat. Eine strikte Dichotomisierung von Selbst und Ich führt zum Erlöschen der Diskussion und läßt nicht mehr ohne weiteres die Integration des weiter oben eingeführten Begriffs der „Beseelung“ in die Vorstellung vom Ausgangspunkt eigenständigen Handelns zu. Ich räume allerdings ein, daß eine solche Festlegung klinisch bisweilen hilfreich sein kann und einen nützlichen „Blick“ auf bestimmte Selbstrepräsentanzen erlaubt.

Den Ritualen, wie sie von Klinikern und Anthropologen beobachtet werden, kommt gleichermaßen hauptsächlich die Funktion der Wirklichkeitsverankerung zu. Beispielsweise beschreibt Erikson die Wiedererkennungs- und Begrüßungsrituale zwischen Mutter und Kind und hebt ganz besonders hervor, wie sich dabei das Gefühl des einzelnen für sein eigenes Dasein und für die Wirklichkeit ausbildet; durch das Ineinandergreifen („Räderwerk“) der Generationen entwickelt sich beim einzelnen auch die Bezogenheit auf die Gruppenwirklichkeit. (Erikson benutzt hier einen Ausdruck von David Rapaport, mit dem die Überlieferung von Sinnvorstellungen und Werthaltungen von einer Generation zur nächsten gemeint ist.) Dieses Wiedererkennungs- und Begrüßungsritual läßt sich somit auf der Dimension des Innen und Außen (mit der Größe der Gruppe) bei der Aktualgenese der Wahrnehmung anordnen. Und noch einmal möchte ich meine Hauptthese nennen: Die sich in der Aktualgenese der Wahrnehmung wiederholende Ontogenese der Wahrnehmung bildet die Grundlage für die Entwicklung von Objektkonstanzen. Die Suche nach sensorischen Reizen beinhaltet eine zeitliche Dimension, und die Motivationsstärke (beispielsweise Hunger) beeinflußt die Geschwindigkeit der Reizsuche. Ferner hängt das Zeiterleben (Erfahrung und Beurteilung von Zeit) ganz entscheidend von Triebzuständen und Affekten ab. Die Beurteilung von Zeit basiert auf *subjektiv äquivalenten Zeitintervallen*, und die jeweils vorherrschende Affekt- oder Stimmungslage entscheidet über die Wahl des Vergleichsintervalls. Indem ich das Augenmerk auf das unablässig kontrahierende und expandierende Gitternetz des Seelenlebens lenke, befinde ich mich in bester Übereinstimmung mit Autoren wie Gabel, der dem zeitlichen Fließen seelischer Vorgänge die „Entfremdung“, Konkretisierung und Verdinglichung im Nichtseelischen gegenüberstellt.

Es geht hier wiederum um die schwierige Gleichsetzung von „reinen“ seelischen und zeitlichen Vorgängen. Unser auf den praktischen Alltagsgebrauch ausgerichtetes Bedürfnis, es mit einer handhabbaren, konkreten Wirklichkeit zu tun haben zu wollen, führt zur fortgesetzten Verstärkung unseres Widerstandes gegen die Verbindung von Geist und Zeit. Wenn man sich dieser Spannung jedoch stellt, dann läßt sich ein Gesichtspunkt deutlich machen, der in Eriksons Vorstellungen von Ritualbildungen implizit enthalten ist. Wie erwähnt, bringt Erikson die Notwendigkeit der Ritualbildung (zur Vermeidung von Autismus) als Teil des Räderwerks der Generationen in Verbindung mit der Entwicklung des Gefühls der Zugehörigkeit zu einer Gruppe, einem Stamm oder einer anderen „Pseudospezies“. In Gabels Verständnis würde die operationale Konkretheit, wie sie in Eriksons Pseudospezies impliziert ist, als psychologisch „falsch“ (in einem ganz spezifischen Sinne) aufgefaßt werden, denn Gabel betrachtet die Projektion von „bösen Aspekten des Selbst“ als Verräumlichung des Psychischen (des Zeitlichen). Ich werde weiter unten nachweisen, daß die Struktur der grundlegenden Dichotomie von Individuum und Gruppe im Zusammenhang mit der Diskussion des Rituals bei Erikson der Struktur der Dichotomie von Seelischem und Konkretem (bzw. von Zeitlichem und Räumlichem) bei Gabel sehr ähnlich ist.

Wenn es im Ritual sowohl um die Grenzziehung zwischen Individuum und Gruppe als auch gleichzeitig um die Grenzziehung zwischen Psychischem (Zeitlichem) und Konkretem (Räumlichem) geht, dann decken sich Fragen nach der Eindeutigkeit der einen Grenze zwangsläufig mit entsprechenden Fragen bezüglich der anderen Grenze. Erikson erörtert das Thema der Eindeutigkeit bzw. Ambiguität in ihrer Bedeutung für Ritualbildung, Selbst und Nichtselbst, Individuum und Gruppe; bei seinem zusammenfassenden Überblick über wesentliche Elemente der Ritualbildung (beginnend mit dem Ritual des Begrüßens und Wiedererkennens zwischen Mutter und Kind) stellt er fest:

Seine Gegenseitigkeit beruht auf den *wechselseitigen* Bedürfnissen von zwei völlig *ungleichen* Organismen und Seelen; gleichwohl werden sie eben durch das Ritual in der *praktischen Alltagswirklichkeit* wie auch in der *symbolischen Realität* vereint. Es handelt sich hierbei um eine höchst *persönliche* Angelegenheit, die doch von erheblichem *Gruppeninteresse* ist; gleichzeitig wird dadurch das Gefühl der *Dazugehörigkeit* wie der persönlichen *Verschiedenheit* verstärkt. Das Ritual ist *spielerisch* und gehorcht doch bestimmten *Regeln,* und zwar sowohl *im einzelnen* wie auch *im gesamten Ablauf.* Auch wenn die Wiederholung des Rituals zur *Vertrautheit* führt, so kommt es doch immer wieder von neuem zur *Überraschung* des Wiedererkennens und damit zur Affektabfuhr. Und während uns die Verhaltensforscher erklären, daß im Tierreich die Ritualbildung zur Vermeidung von fatalen Irrtümern und Mißverständnissen in erster Linie eine *eindeutige* Signalstruktur gewährleisten muß, so vermuten wir dagegen, daß beim Menschen der wesentliche Sinn solcher Ritualbildung gerade in der *Überwindung von Ambivalenz* liegt (1966, S. 605; Hervorhebungen von Erikson).

Bevor wir die Schwierigkeiten in Eriksons Ausführungen im einzelnen betrachten, seien die benachbarten Themen der Ambiguität und Ambivalenz näher untersucht. Sofern Ambivalenz auf ein und dasselbe Objekt gerichtete gute und schlechte Gefühle bezeichnet, impliziert der Begriff eine zuvor schon bestehende gewisse Objektkonstanz, eine bestimmte Stabilität (Konkretheit) der Selbstgrenzen, eine Stabilität der Grenzen zwischen Innen und Außen. Die in Kap. 2 dargelegte formal-logische Struktur der Ambiguität ist auch in dem hier erörterten Zusammenhang von Bedeutung ebenso wie der klinische Befund, daß die Angst von Eltern vor Ambiguität sich pathogen insofern auswirken kann, als dadurch das Kind bei der Konfrontation mit den unausweichlichen Ambiguitäten und Paradoxien des Lebens zum Erleben von Verfremdung und Entfremdung hingeführt wird.

Mit diesen Überlegungen im Sinn wollen wir uns nun wieder Erikson zuwenden, der im Zusammenhang mit der Ritualbildung bei Tier und Mensch die Beziehung zwischen dem Bedürfnis nach *eindeutiger* Signalstruktur und der *Überwindung von Ambivalenz* besonders heraushebt. Erinnern wir uns, daß die Mutter für einen Augenblick der Illusion erliegen muß, daß das Kind schon nicht hinfallen wird, um seinen ersten Schritt ertragen zu können. Diese Illusion stellt sich in jenem Augenblick ein, in dem die 2 beteiligten Individuen psychologisch nicht getrennt sind. In gewissem Sinne ist es die Fähigkeit der

Mutter, über sich und ihre Illusion lachen zu können, wenn das Kind dann doch hinfällt, die dem Kind die weitere Entwicklung erlaubt. Es läßt sich nun hinzufügen, daß es eben diese Illusion ist, die der Mutter für den Moment das Setzen von eindeutigen Signalen ermöglicht, daß der erste Schritt durchaus gewagt werden sollte. Dieses Signal ist nun in eben jenem Augenblick eindeutig, in dem das Individuelle nicht eindeutig zu bestimmen ist, in dem die Grenzen zwischen Mutter und Kind unklar und verwischt sind. (Es sei an dieser Stelle festgehalten, daß die psychoanalytische Theorie eine konzeptuelle Verbindung zwischen Ambivalenz und Ambiguität im Hinblick auf die Festlegung der Beobachtungseinheit bei der Mutter-Kind-Dyade bereithält. Da das Kind die Befriedigung seiner Bedürfnisse mit „gut" und das Versagen von Befriedigung mit „schlecht" gleichsetzt (es geht hierbei um *Bedürftigkeit*, um etwas, das es nicht selbst befriedigen kann), kann die Unterscheidung von Innen und Außen in gewissem Sinne als die Geburtsstunde von „gut" und „schlecht" angesehen werden.) Und in der Tat bildet die entwicklungsspezifische Leichtigkeit, mit der die Mutter die (auf ihr Kind bezogene) Grenze zwischen Verschmelzung und Abgrenzung überqueren kann, die Grundlage dessen, was Erikson *„die Überwindung von Ambivalenz"* nennt und worin er „den wesentlichen Sinn (von) Ritualbildung" vermutet.

Wenn auch die Formulierung „Überwindung von Ambivalenz" eine Bereitschaft zum Handeln andeutet, so ist sie aber doch auch leicht irreführend. Die Ambivalenz wird nämlich nicht „überwunden", sondern ertragen. Diese Unterscheidung ist deshalb von Bedeutung, weil „Überwindung" falsche Erwartungen weckt. Erikson (1966, S. 605) schreibt selbst:

> Was wir lieben oder bewundern, ist gleichzeitig auch bedrohlich; Ehrfurcht wird zu etwas Furchtbarem. (...) Deshalb kann nach anfänglich spielerischer Improvisation auf die Bestätigung in Gestalt des Rituals als eine sich regelmäßig wiederholende Erfahrung nicht verzichtet werden, und das Ritual muß entsprechend den sich ändernden Entwicklungsgegebenheiten und -aufgaben jeweils neue Formen finden. Seine Pervertierung oder umgekehrt sein Fehlen läßt uns mit dem Gefühl des Entsetzens bzw. der Verarmung zurück. (...) Die erste Bestätigung wandelt sich bald zur immer wieder erneuten Bestätigungsnotwendigkeit angesichts des Umstands, daß genau jene Erfahrungen, die dem Menschen ein bestimmtes Maß an Vertrautheit vermitteln, ihn gleichzeitig auch verschiedenen Entfremdungen aussetzen. An psychogenetisch erster Stelle ist die Angst vor Trennung und vor dem Verlassenwerden zu nennen, dem auf seiten der Mutter das eisige Gefühl entspricht, nicht mehr gebraucht zu werden; beides muß durch die fortgesetzte, regelmäßige Bestätigung von Vertrautheit und Gegenseitigkeit verhindert werden.

Natürlich vollzieht sich die Trennung dann doch, und sie muß sich ja auch vollziehen; ich stimme mit Erikson darin überein, daß sich die frühe Bestätigung in dem sich wiederholenden Ritual fortsetzt. Und indem im Ritual das Konkrete, scharf Umrissene, individuell abgegrenzte Räumliche dem Unabgegrenzten, Psychologischen, Zeitlichen diametral gegenübersteht, stellt sich im Ritual gleichzeitig auch die regelmäßige Wiederholung des Anfangs dar — die Wiederholung des ersten (ertragenen) Schritts.

Elemente des Rituals und des Ritualistischen, sofern sie auf diese Weise begriffen werden, spielen eine weitreichende, wenn nicht gar allgegenwärtige Rolle. Wenn Kliniker und Anthropologen die Rituale näher anschauen, die traditionellerweise in ihrem jeweiligen Fachgebiet untersucht werden, dann treten die Ähnlichkeiten der qualitativ-strukturellen Merkmale des Rituals deutlicher hervor, und die Verschiedenartigkeiten werden eher in quantitativen Unterschieden sichtbar. In keinem Ritual werden die Ambiguitäten zwischen Zeit-Geist-Gruppe und Raum-Konkretheit-Individuum im eigentlichen Sinne „überwunden", und einzelne Menschen lassen sich danach unterscheiden, wie gut sie die Spannungen an der Grenzlinie ertragen können, und somit auch danach, wie häufig und auf welche Art und Weise sie entweder in das Erleben einer erweiterten bzw. paradoxen Wirklichkeit eintauchen oder aber sich mit Hilfe *ritualistischer* Manöver gegen ein solches Eintauchen zur Wehr setzen müssen. Ähnlich lassen sich auch Rituale danach unterscheiden, wie sie die im Zusammenhang mit Zeit-Geist-Gruppe vs. Raum-Konkretheit-Individuum auftretenden Spannungen und Ambiguitäten handhaben. Genauer gesagt, stellt sich eben die aus dieser Polarität entstehende Spannung, die ja die „raison d'être" und die Kernstruktur von Ritualen ausmacht, auch in der Entwicklung des Rituals dar.

Die Breite der Anwendbarkeit dieser Überlegungen sei am Beispiel eines religiösen Rituals veranschaulicht. Mit der Zerstörung des Zweiten Tempels und dem Auszug nach Babylon setzte eine entscheidende Weiterentwicklung in der Vergeistigung des jüdischen Rituals ein, das sich nun von der engen Gebundenheit an das konkrete Opfer an einem konkreten, bestimmten Ort, nämlich dem Tempel in Jerusalem, löste. Der Judaismus wurde zu einer „portablen" Religion des Wortes (Graetz 1893). Dennoch ist diese Spannung auch heute noch im jüdischen Gottesdienst erkennbar, und die Gegenkraft der Konkretheitspolarität zeigt sich immer wieder bei solchen Aspekten der Konkretisierung von Worten und Vorstellungen, wie sie in der Diskussion von „Ideologie" bei Gabel (1967) enthalten sind. Obgleich der konkrete Ort und das konkrete Opfer fehlen können, so legt das orthodoxe jüdische Ritual besonderen Wert auf die Bedeutung des Festgelegten und Umschriebenen – z.B. auf das richtige Gebet zur rechten Zeit, auf korrekte Kleidung und auf das Yarmulkah. Das Abstrakte, das Psychologische wird wiederum in Richtung auf das Konkrete hin gezogen, eine Art Primitivisierung des religiösen Rituals.

Bei religiösen Gruppierungen liegen die Spannungen zwischen den Traditionalisten, die an den konkreteren Formen festhalten, und jenen, die eben solche Konkretisierungen zugunsten des Abstrakten und Geistigen verringern wollen, dicht unter der Oberfläche. Ich möchte den Begriff *ideologisch* erst gar nicht verwenden, weil er durch Gabel mit der Bedeutung des Konkreten belastet ist; doch eben diese Vermeidung beinhaltet die Leichtigkeit, mit der sich immer wieder die „Wiederkehr des Konkreten" in Analogie zu der dem Psychoanalytiker vertrauten „Wiederkehr des Verdrängten" ergeben kann. Was bei der Entwicklung von Ritualen zu einem beliebigen Zeitpunkt akzeptabel erscheint, hängt damit zusammen, ob es im Vergleich zu einem früheren Ritual als im wesentlichen subjektiv äquivalent aufgefaßt wird; die Wiederholung des Rituals verstärkt ein bestimmtes System von Äquivalenzen und verankert eine bestimmte Auffassung von Wirklichkeit, wie z. B. einen bestimmten Schöpfungsmythos. Eine solche Wiederholung dient gleichzeitig ebenso der Abwehr gegen andere Auffassungen von Wirklichkeit.

Kliniker sind mit solchen Phänomenen vertraut, da auch die Rituale von Patienten einerseits als eine Verankerung in einer Wirklichkeit dienen können und gleichzeitig ebenfalls die Funktion der Abwehr gegen andere Auffassungen von Wirklichkeit haben können. Im Bereich der Psychopathologie gibt es eine umfangreiche Literatur, die sich mit dem „konkretistischen" Denken schizophrener Patienten befaßt; detaillierte Literaturhinweise finden sich bei Gabel (1967). Kliniker, die die einschlägige Literatur kennen, wundern sich gelegentlich darüber, wie doch manche schizophrene Patienten in Bereichen wie Mathematik oder musikalischer Harmonie- und Kompositionslehre zu hochabstrakten Denkleistungen in der Lage sind. Wie ich bereits im vorangegangen Kapitel hervorgehoben habe, wird man den Objekten von Schizophrenen nicht gerecht, wenn man sie dichotom entweder als konkret oder als abstrakt beschreibt. Da sich die Objektkonstanzen bei Schizophrenen aus einer Mischung von vollendeten und von unvollendeten Wahrnehmungsakten entwickelt haben, sind sie ausgesprochen idiosynkratisch und manchmal sowohl ganz konkret als auch gleichzeitig hochabstrakt. Die Objekte von Schizophrenen können mit rituellen Objekten Ähnlichkeiten insofern aufweisen, als letztere voll von abstrakt-symbolischen *und* konkret-spezifischen Bedeutungsgehalten sind. Auch wenn Dorothy L., die Patientin mit der ihre Wirklichkeit prägenden Vorstellung vom „Heidisein", aus einem bestimmten Blickwinkel *ganz offensichtlich* einer Abstraktion folgte, so ließ sie in ihrem Verhalten ebenso die typische schizophrene Konkretheit erkennen. Während einer schizophrenen Episode in der Klinik zeigte sich bei ihr ein persönliches Tabu, das als negatives Ritual aufgefaßt werden kann. Der Stationsarzt von Dorothy L. legte besonderen Wert auf die eigenständige Körperpflege seiner Patienten. Wer vor der Klinikaufnahme z. B. wöchentlich zum Frisör gegangen war, wurde hierzu auch in der Klinik angehalten; wenn eine Patientin zu Hause ihre Beine zu rasieren pflegte, so sollte sie dies auch in der Klinik tun. Und eben dieses zu tun weigerte sich Dorothy L. mit der Begründung, daß sie „die Beine ihres Vaters" hätte. In der Tat bestand sie auf einer Auffassung von Wirklichkeit, in der sie von ihrem verstorbenen Vater nicht verschieden war und immer noch zum Teil Kontrolle über ihn ausüben konnte. Als die schizophrene Episode wieder vorüber war, nahmen die Rituale der Anbetung ihres Vaters konventionellere Formen an; so ging sie entsprechend seinen Vorlieben beispielsweise zu bestimmten Zeiten an bestimmten Orten spazieren.

Bei der üblichen psychoanalytischen Arbeit mit neurotischen Patienten ist die „Scheuklappen"funktion von ritualistischem Verhalten im Behandlungszimmer am einfachsten und deutlichsten zu beobachten. Beispielsweise werden durch die Ritualisierung von Bewegungsabläufen bestimmte Körperempfindungen vermieden, die deshalb gefährlich sind, weil sie mit unbewußten, auf den Analytiker gerichteten erotischen Wünsche verbunden sind oder weil sie gar zu rasch (in der unbewußten Phantasie, wie sie schließlich aufgedeckt wird) zu aggressiven Gesten oder Handlungen hinführen könnten. Rituale im Behandlungszimmer sind offenbar ebenso mit phasenspezifischen Triebregungen und deren Abwehr verbunden; hierauf bezogenes ritualistisches Verhalten stellt sich häufig als eine Form von Kompromißbildung dar. In mehr deskriptiver Formulierung wirken sich bestimmte ritualistisch aufrechterhaltene Rigiditäten buchstäblich wie Scheuklappen aus. Beispielsweise ist eine Patientin nicht in der Lage, ein bestimmtes Bild im Behandlungszimmer ihres Analytikers anzuschauen, weil das Bild nicht zu der Vorstellung paßt, die sie sich von dem Analytiker gemacht hat, eine Vorstellung, die sie aufrechterhalten muß und die dem gegenwärtigen Entwicklungsstand der Übertragungsbeziehung entspricht.

Die Idiosynkrasie und die Wiederholungsneigung manchen Verhaltens in Verbindung mit den charakteristischen Merkmalen des Gespreizten und Vertrockneten bringen den Kliniker dazu, solches Verhalten als ritualistisches Verhalten anzusehen; doch es ist sehr schwierig, eine klare Trennlinie zu ziehen, die solches Verhalten scharf von anderen symptomatischen Verhaltensweisen abgrenzen könnte. Die Affektisolierung sticht ganz besonders bei solchen Verhaltensweisen ins Auge, die Therapeuten v. a. deshalb als ritualistisch zu bezeichnen geneigt sind, weil die dramatische Elaborierung (Erikson) des Verhaltensablaufs hierbei in einem auffälligen Kontrast zum offensichtlich mechanistischen Wesen der Handlung steht. Was im klinischen Setting ritualistisch genannt wird, ist oft ein *vertrocknetes Drama.* Herr Brown, der in Kap. 1 erwähnte Patient, pendelte während der Analyse zwischen seiner Frau und seiner Geliebten in einer Art und Weise hin und her, die man durchaus als vertrocknetes Drama beschreiben könnte. Sein Wegzug von einer Frau war jeweils von lautstarken, dramatisch klingenden Umständen begleitet, die jedoch eine pseudoaffektive, zwanghafte und mechanistische Qualität hatten. Die Einsicht, daß das Hinundherpendeln etwas mit seinen Adoptiveltern und seinen idealisierten leiblichen Eltern zu tun hatte, führte schließlich zur deutlichen Verringerung dieses besonderen vertrockneten Dramas, zur allgemeinen Verringerung von ritualistisch-manieristischem Verhalten und zu einem verbesserten Gefühl für Kontinuität in seinem Leben und in seinen Beziehungen. Die Schwierigkeit bei der Abgrenzung ritualistischen Verhaltens von den Kompromißbildungen, die bei der Abwehr von Triebregungen auftreten und als symptomatisches Verhalten bezeichnet werden, liegt in der Tatsache, daß es dabei nur um graduelle Unterschiede geht, nämlich um graduelle Unterschiede im Ausmaß der Dramatisierung und der Austrocknung. Dies betrifft gleichermaßen die Abgrenzung von allem anderen Verhalten, da jedes sozial akzeptierte Verhalten eine solche symptomähnliche Kompromißbildung mehr oder minder ausgeprägt beinhaltet. Das in der Dualität von Raum und Zeit verankerte Ritual führt in meinem Verständnis zur Befriedung menschlichen Handelns und Seins.

Wenn dem Ritual tatsächlich die Bedeutung der Wirklichkeitsverankerung zukommt, dann ist seine Ubiquität nicht überraschend; doch was ist mit dieser Aussage gewonnen? Und welche Verbindung besteht zwischen dem *vertrockneten Drama* ritualistischen Verhaltens im Behandlungsraum und der rituellen Ekstase? In einer analytischen Sitzung erlebte ein Patient eine gewisse Auflösung des vertrockneten Dramas; der isolierte Affekt näherte sich allmählich seinem eigentlichen Objekt an, und der Patient verspürte etwas mehr innere Freiheit und Autonomie. Hinterher konnte er über einen gedanklichen Einfall lachen, der ihm im U-Bahnhof kam. Als er die Verringerung der psychologischen Bürde verspürte, die er mit sich herumschleppte, kam ihm der Gedanke: „Sogar beim Leben und Sterben geht es nicht immer um Leben und Tod." Diese Erfahrung, glaube ich, beinhaltet das Wesentliche eines erfolgreichen Rituals, nämlich das Ausbrechen aus dem Ritualistischen. Obwohl sich der Patient in diesem Augenblick nicht bewußt als Teil einer umfassenderen Gruppe, als ein Verbindungsglied zwischen den Generationen erlebte, so verringerte die von ihm empfundene ‚Erleuchtung' doch sein Einsamkeitsgefühl und stärkte sein Gefühl der Verbundenheit mit der übrigen Menschheit. Und genau dieses wird mit ritualistischem Verhalten angestrebt und im Ritual manchmal auch erreicht. Vielleicht ist es so, daß das Ritual um so weniger wiederholt werden *muß*, je besser es gelingt, und je weniger es gelingt, desto häufiger muß es immer wieder von neuem in automatischen, vertrockneten ritualistischen Versuchen wiederholt werden.

Der Gedanke, der den Patienten lachen machte, daß nämlich Leben und Sterben nicht so ernst zu sehen sind (daß es dabei also „nicht um Leben und Tod geht"), weist eine gewisse Ähnlichkeit mit der Verschmelzung zwischen Mutter und Kind auf, bei der die Mutter der Illusion erliegt, daß das Kind bei seinen ersten Schritten schon nicht hinfallen wird. Daß der Analysand bei seinem befreienden Gedanken zu lachen beginnt, erinnert auch an die von Erikson (1966) erwähnte „*Überraschung* beim Wiedererkennen, die eine Affektentladung bewirkt" (S. 605; Hervorhebung von Erikson), an einen wesentlichen Bestandteil bei der frühesten Ritualbildung, die mit der Begrüßung und dem Wiedererkennen zwischen Mutter und Kind ihren Anfang nimmt.

Infolge der sich ständig in ähnlicher Weise wiederholenden Abläufe unserer triebgesteuerter, gefühlsbestimmter Wahrnehmungsprozesse durchqueren wir fortwährend ganz unterschiedliche Wirklichkeiten, die sich nach der jeweiligen Vermischung bzw. Trennung von Außen und Innen, von Belebtem und Unbelebtem, von Zeit und Raum kennzeichnen lassen; und doch gelangen wir immer wieder zu einer konsensuell validierten Alltagswirklichkeit. Im Ritual vollzieht sich in gewissem Sinne die öffentliche und dramatische Würdigung solcher individueller Reisen, die im Grunde privater Natur sind und meistens nicht bewußt ablaufen. Nur allzu gut kennen wir die Gefahren, die entstehen können, wenn „regressive" primitive Vorstellungen von Wirklichkeit im Ritual scheinbare Bestätigung und Wertschätzung finden. Aussagen über die Abtretung von Über-Ich-Funktionen und Beschreibungen von projektiven und introjektiven Phänomenen müssen durch die Untersuchung der dazugehörigen Wahrnehmungs"verzerrungen" oder verschiedenartigen „Vorstellungen von Wirklichkeit" in solchen Situationen ergänzt werden; am Beispiel von Naziritualen läßt sich dies besonders deutlich machen. Wie enorm wichtig das dramatische und öffentliche Erleben der individuellen Reise durch verschiedene Vorstellungen von Wirklichkeit im Ritual ist, wird durch die Bedeutung von Drogen im Ritual (wie beispielsweise Meskalin im religiösen Ritus von bestimmten mittelamerikanischen Indianerkulturen) eindrücklich veranschaulicht.

Im Ritual wird die Alltagswirklichkeit gefestigt und bewahrt, indem die früheren Wirklichkeiten, die im Laufe der Entwicklung hin zur gegenwärtigen Alltagswirklichkeit „durchreist" wurden, wiederbelebt und in Verbindung mit eben dieser Alltagswirklichkeit gebracht werden. Indem ihre entwicklungsgeschichtliche Eingebundenheit offengelegt wird, erfüllt sich die Alltagswirklichkeit mit Leben. Die bekannte Formulierung von Ernst Kris (1952) „Regression im Dienste des Ichs" bezieht sich auf die für alles Schöpferische wesentliche innere Freiheit, auf diesem Entwicklungsweg nach Belieben hinab- und heraufsteigen zu können. Gelungene Rituale erlauben und fördern sogar, institutionell getragen und abgesichert, das Infragestellen jeglicher Wirklichkeit und damit auch die weitestmögliche Reise auf diesem Entwicklungsweg. Unter den auf diesem Weg angetroffenen Mustern von subjektiver Äquivalenz können allerdings auch „Wirklichkeiten" sein, die aus Gründen der persönlichen Entwicklung besonders konfliktbehaftet sind und neurotischen Fixierungspunkten entsprechen. Das Scheitern ritualistischen Verhaltens hängt mit solchen Fixierungspunkten zusammen, und im Verlauf einer erfolgreichen psychoanalytischen Behandlung wird das Ritualistische in die Möglichkeit des gelungenen, bereichernden, vielleicht sogar ekstatischen Rituals überführt, eines Rituals der Verankerung in einer erweiterten Wirklichkeit, die die Wiederentdeckung der eigenen Entwicklung einschließt.

In den letzten Jahrzehnten ist durch die Aktionskunst das private Ritual der Öffentlichkeit zugänglich gemacht worden. Dies ist ein Bereich, in dem die Unterscheidung zwischen dem Ritualistischen und dem Rituellen besonders schwierig ist. Ganz ohne Frage ist in den aktionistisch dargestellten Ritualen mancher Künstler, den Happenings, die Vorstellung von multiplen Wirklichkeiten, wie ich sie umrissen habe, recht treffend enthalten. Der Aktionskünstler ist ein Mensch, der in der öffentlichen Veranstaltung seines privaten Rituals etwas über sich selbst aussagen möchte. Manchmal ist das dargestellte Ritual als verdichtete Aussage über die persönliche Entwicklung des Künstlers gedacht, über die Entstehungsgeschichte seines Protests, seiner Einstellungen und Glaubenshaltungen, über die Akzeptanz (bzw. meistens eher umgekehrt über die Ablehnung) gesellschaftlicher Wertvorstellungen. Das Werk (besonders die „Rituale") des bekannten Aktionskünstlers Joseph Beuys (man kann sich gut ein Happening vorstellen, bei dem er mit der Melone auf dem Kopf in einem leeren Zimmer auf dem Stuhl steht und dabei ein Glas auf den Boden wirft) kann verstanden werden als eine Aussage über sein Bedürfnis nach „Ritualbildung", und zwar trotz seiner Desillusionierung (in der Zeit nach der Naziherrschaft) im Hinblick auf die Bedeutung des Rituals bei allen gesellschaftlichen Institutionen: in der Familie sowie bei religiösen und ethnischen Gruppen. Die Ritualbildung, die Beuys im Sinn hatte, die persönliche, individuelle Aktion, ist trotz ihres „autistischen" Anscheins als eine Feierlichkeit gedacht, wie wir sie sonst mit formeller religiöser oder auch nichtreligiöser Andächtigkeit in Verbindung bringen.

Ob wir eine solche absichtlich autistisch wirkende Veranstaltung nun als

Kunst ansehen oder nicht: Die Darstellung einer ganz persönlichen Handlung mit vermutlich ausschließlich persönlicher Bedeutung als ein Ritual (und eben nicht als ein ritualistisches Symptom) kommt uns ausgesprochen seltsam vor (das soll es ja auch) und unterstreicht die Gruppenbezogenheit der *üblichen* Rituale. Rituale können in der Gruppe oder individuell vollzogen werden; allerdings wird der Vollzug des Rituals in der Gruppe i. allg. vorgezogen, wie beispielsweise der Minyan im jüdischen Gottesdienst. Doch auch das ganz individuell vollzogenen Ritual ist auf die Wertvorstellungen und Glaubenshaltungen der Gruppe bezogen, wobei diese meistens akzeptiert werden, oder es wird wie im Falle des Aktionskünstlers dagegen protestiert. Diese Gruppenbezogenheit läßt sich am deutlichsten bei solchen Ritualen erkennen, die sich auf die Aufnahme des einzelnen in die Gruppe (Initiationsriten), auf die Anerkennung bestimmter institutionalisierter Lebensformen durch die Gruppe (Eheschließung) oder auf die Familiengründung beziehen.

Insoweit nimmt die Abgrenzung zwischen Individuum und größeren gesellschaftlichen Einheiten bei unserer theoretischen und bisher reichlich unanschaulichen Untersuchung des Rituals einen hervorragenden Platz ein. Die Familie ist diejenige gesellschaftliche Einheit, die ganz besonders klinische Aufmerksamkeit erfahren hat; in der Arbeit mit Familien kann der Kliniker ihre charakteristischen Rituale am deutlichsten erkennen.

Der Patient in der Familie

In diesem Kapitel habe ich den Versuch unternommen, das Ritual als einen besonderen Ausdruck des Gruppenlebens mit meinen in psychoanalytischen Einzelbehandlungen gewonnenen Erfahrungen über die Organisation multipler Wirklichkeiten in Verbindung zu bringen. Da die Organismusgröße selbst ein wechselnder Bestandteil der untersuchten Wirklichkeiten ist, kann der Begriff *Einzelbehandlung* auch von einem übergeordneten Standpunkt aus betrachtet werden, von einem Standpunkt aus, den man durchaus als eine Art psychoanalytisch fundierter Systemtheorie bezeichnen kann. Bei der Erörterung der Verbindung zwischen Theorie und klinischer Praxis habe ich mich bislang zwar weitgehend auf die Einzelbehandlung gestützt. Die Verbindung zwischen Theorie und klinischer Praxis kann aber genausogut auch anhand der Familientherapie veranschaulicht werden. Wer sich mit der Familientherapie näher auseinandersetzt, bewegt sich nach und nach weg von der Auffassung, daß seelische Krankheit ein Merkmal des einzelnen ist, hin zu der Sichtweise, daß eine Störung bei einem Familienmitglied Ausdruck einer Funktionsstörung in der Familie als Ganzem ist. Unabhängig davon, ob man nun diese Erklärungsweise übernimmt oder nicht, sind spezielle Aspekte der Familiendynamik von praktischer Bedeutung bei der intensiven, psychoanalytisch fundierten stationären Therapie von Patienten, deren Familie die Behandlung ja stören oder gar abbrechen kann.

Es wird immer wieder behauptet, daß häufig ein Patient von der Familie aus der Therapie herausgenommen wird, sobald seine Besserung das Familiengleichgewicht zu erschüttern droht oder zur Offenlegung von streng gehüteten Familiengeheimnissen führen könnte. Einige Ansätze der Familienforschung befassen sich mehr mit der ätiologischen Bedeutung der Familiendynamik bei der Ausbildung bestimmter psychopathologischer Störungsbilder (vgl. Lidz u. Fleck 1960; Wynne et al. 1958); andere Forscher betonen stärker die therapeutischen Gesichtspunkte bei der Familienarbeit (z. B. Ackermann 1963) oder berücksichtigen Ätiologie und Therapie gleichermaßen (Bowen 1961).

Der hier beschriebene Ansatz, mit Familien zu arbeiten, hat sich nach und nach im Rahmen einer psychoanalytisch ausgerichteten Privatklinik entwikkelt, in der sich die Klientel zum großen Teil aus chronischen Schizophrenen zusammensetzt und in der alle Patienten intensive Einzeltherapie erhalten. Es folgt nun eine eher schematische Darstellung der Entwicklungsgeschichte der Familienarbeit in diesem Setting.

Anfänglich waren die Mitarbeiter der Klinik der Auffassung, daß der Patient vor seiner Familie geschützt werden müßte, und ebenso umgekehrt. Die Familie mußte allerdings über den Patienten hinreichend informiert werden, um die finanzielle und sonstige Unterstützung der Behandlung kontinuierlich zu sichern. Eine weitere herkömmliche Funktion der Familienarbeit bestand in der Verwendung von Familienmitgliedern zur Fremdanamnese. Obwohl bisweilen auch der Therapeut des Patienten, der Stationsarzt und andere Klinikmitarbeiter Gespräche mit der Familie führten, wurde diese Aufgabe in erster Linie von dem Sozialarbeiter erfüllt. Intensiveren Austausch mit der Familie gab es meistens im Zusammenhang mit einer Lebenskrise des Patienten oder eines anderen Familienmitglieds.

Als sich die Arbeit mit Familien weiterentwickelte, verlagerte sich das Interesse auf die genauere und unmittelbare Untersuchung der Familieninteraktion während der Klinikbesuche; ergänzt wurde dies durch gelegentliche direkte Beobachtungen in der familiären Wohnumgebung. Das sich allmählich entwikkelnde flexible Behandlungskonzept war mit der Erwartung begründet, daß sich die intensive Einzeltherapie als weiterhin entscheidendes therapeutisches Mittel mit manchen gruppen- und milieutherapeutischen Ansätzen sinnvoll kombinieren lassen müßte. Die im folgenden beschriebenen Behandlungstechniken entstanden in einer Umgebung, in der die vorherrschende analytische Psychotherapie von stark individuellen Therapeutenpersönlichkeiten durchgeführt wurde; die Aufgaben des Einzeltherapeuten und des Stationsarztes waren gewöhnlich auf 2 verschiedene Psychiater aufgeteilt; die Stationsärzte von verschiedenen Klinikstationen hatten unterschiedliche Auffassungen von Stationsarbeit und unterschiedliche Arbeitsstile, so daß es eine große Bandbreite im therapeutischen Umgang mit Familien gab.

Ein solches Kliniksetting, die Art der Patientenklientel, der Umstand, daß die Familien weit entfernt von der Klinik lebten, sowie der Schwerpunkt auf Einzeltherapie hat alles zusammen genommen zur Entwicklung eines außerordentlich flexiblen Behandlungskonzepts für Familien geführt. Im Gegensatz zur weit verbreiteten Handhabung von Familientherapie haben wir nicht die Auffassung übernommen, nach der die gesamte Familie als Patient anzusehen sei. Obwohl sich die wechselseitig gestörten Beziehungsmuster oft gut beobachten ließen, war für uns der identifizierte Patient stets der stationär behandelte Familienangehörige. In der Form der Familientherapie, die man nun schon als klassisch bezeichnen kann, stellen die Familiensitzungen mit dem Therapeuten die einzige Therapie für alle Familienmitglieder dar, und es gibt keinen als solchen ausgewiesenen einzelnen Patienten. Im Rahmen unserer Klinik hingegen gab es durchaus einen als solchen ausgewiesenen einzelnen Patienten, der in erster Linie in intensiver psychoanalytisch orientierter Einzeltherapie war. In der klassischen Familientherapie wird „die Familie" zu Beginn der Therapie festgelegt. In unserem Behandlungsansatz haben wir „die Familie" als ein offenes Gebilde konzipiert, in das nach und nach auch eher randständige Angehörige einbezogen werden können. Im Unterschied zu den herkömmlichen Ansätzen der Familientherapie verlangten wir nicht von allen Familienmitgliedern, zu allen Sitzungen zu erscheinen; vielmehr ließ das Erscheinen und das Meiden bestimmter Konstellationen von Familienmitgliedern oft eine ritualisierte Starrheit erkennen. Solche starren Familienstrukturen wurden im Hinblick auf Strukturmerkmale der Familiendynamik untersucht; bisweilen wurden jene von der Familie gemiedenen Konstellationen besonders gefördert, und es wurde versucht, die stereotyp und ritualisiert ablaufende und offensichtlich der Aufrechterhaltung des Status quo dienende Kommunikation innerhalb der Familie zu unterbrechen.

Anstatt die Familiensitzungen im Hinblick auf Anzahl, Dauer und Beendigung festzulegen, erlaubten wir auch in dieser Hinsicht Flexibilität; allerdings ging hierdurch die Beteiligung der Familie oft in dem Maße zurück, in dem sich die Entlassung des Patienten aus der Klinik mit der sich häufig anschließenden ambulanten Nachbehandlung abzeichnete. Anstatt wie sonst in der Familientherapie darauf zu bestehen, daß alles Besprochene allen Familienmitgliedern zugänglich gemacht wird, wurden „vertrauliche" Mitteilungen des „identifizierten" Patienten (jedoch nicht von den Angehörigen) als solche vom Therapeuten akzeptiert; meistens stellten sich die gehüteten Angaben aber schließlich doch als Gemeinbesitz der Familie heraus. Anstatt wie üblich für die gesamte Behandlungsdauer ein und denselben Familientherapeuten vorzusehen, ließen wir Therapeutenwechsel zu, wenn es notwendig oder wünschenswert war. Beispielsweise wechselten sich ein Sozialarbeiter und der Stationsarzt in der Betreuung der Familie je nach den Erfordernissen bei der Behandlung des Patienten ab. Es muß allerdings hervorgehoben werden, daß es einen ausgesprochen geringen Wechsel bei den Klinikmitarbeitern gab; deshalb konnte jeder Mitarbeiter (Einzeltherapeut, Sozialarbeiter, Stationsarzt, Beschäftigungs- und Arbeitstherapeuten und bisweilen auch das Pflegepersonal), der bereits Kontakt mit der Familie gehabt hatte, zu den Familiensitzungen hinzugezogen werden, sobald es klinisch angebracht erschien.

Aus dem Umstand, daß an den Familiensitzungen ganz unterschiedliche Kombinationen von Familienmitgliedern und Klinikmitarbeitern beteiligt waren, ergab sich im Laufe dieser Familienarbeit ein entscheidender behandlungstechnischer Gesichtspunkt. Oft stellten die Mitarbeiter gezielte Planungsüberlegungen zur Zusammensetzung der Sitzungen an, und die tatsächlichen Sitzungskonstellationen wurden dann auf ihre psychodynamische Bedeutung hin untersucht. Wir machten hierbei die Erfahrung, daß bestimmte Gruppierungen innerhalb und außerhalb der Klinik ähnlich waren. Es ist recht bemerkenswert, wie lange solche Strukturen oft weder von der Familie noch von den Klinikmitarbeitern bemerkt wurden, bis durch unsere Untersuchungen die Aufmerksamkeit besonders auf solche subtilen Vermeidungen gelenkt wurde. Bei einer Familie beispielsweise fiel den Mitarbeitern erst nach mehreren Jahren auf, daß die Patientin und ihr Vater niemals ohne die Anwesenheit noch eines weiteren Familienmitglieds gesehen wurden; dabei kamen in den Gruppensitzungen beinahe alle möglichen Kombinationen der Familienmitglieder vor. Dieser Umstand gewinnt besondere Bedeutung durch die aus der Einzel- wie auch aus der Familientherapie gewonnenen Hinweise, daß es immer besonders traumatisch ausging, wenn dieser Vater mit seiner Tochter allein war.

Brody u. Hayden (1957) haben infolge ihrer Beobachtungen betont, daß die Reaktionen der Klinikmitarbeiter als abgeschwächte Wiederholung von wesentlichen Familienkonflikten aufgefaßt werden können. Diese Beobachtungen konnten wir bei unseren Untersuchungen bestätigen. Indem wir die unterschiedlichen Zusammensetzungen der Familiensitzungen zuließen, hatten wir Gelegenheit, auf die Ähnlichkeit der Vermeidungsmuster innerhalb der Familie und innerhalb der Klinikmitarbeiter aufmerksam zu werden. In einer bestimmten Situation beispielsweise, in der der Vater von der Mutter und der Patientin übergangen wurde, versäumte es auch der Stationsarzt, sich mit dem Sozialarbeiter und dem Psychotherapeuten zu besprechen. Ferner konnten wir feststellen, daß eine Familie, in der die inneren Machtstrukturen von den Familienmitgliedern auf die Probe gestellt wurden, auch die Machtstrukturen bei den Klinikmitarbeitern in vergleichbarer Weise auf die Probe stellte. So legte es z. B. eine Familie, in der die Autorität des Vaters wiederholt in Frage gestellt wurde, darauf an, ob der ärztliche Direktor der Klinik der Entscheidung des Stationsarztes zuwiderhandeln würde. Als die Mitarbeiter der Klinikverwaltung über diese Familienstruktur ins Bild gesetzt wurden, führte das sich hieraus ergebende unterschiedliche Verständnis der Familie zur Unterbrechung der schon lange bestehenden strukturellen Familieneigenart, den Patienten nach kurzer Hospitalisierung von einer Einrichtung zur nächsten weiterzureichen.

Unsere Untersuchung der Bildung, Auflösung und Vermeidung von Familienkonstellationen führte auch zu einem unerwarteten Befund bezüglich der Verständigung zwischen den Klinikmitarbeitern. Es stellte sich heraus, daß keineswegs alle Familien versuchten, den Patienten aus der Klinik herauszunehmen, wenn seine Besserung das Familiengleichgewicht zu bedrohen schien. Manchmal schien es in den Phasen einer positiven Übertragung eine unbewußte Kollusion zwischen dem Psychotherapeuten und den Familienmitgliedern in der Frage der Entlassung aus der Klinik zu geben; der Therapeut hielt der Familie in solchen Phasen der scheinbaren Besserung des Patienten vor, den Behandlungsverlauf zu stören. Als sich aber durch unsere Familienarbeit die Situation umkehrte und der Patient in der Klinik verblieb, verschwand meistens die kurzlebige Übertragungsbesserung. Die Psychotherapeuten waren keineswegs immer dankbar für die Arbeit mit den Familien, weil dadurch bisweilen eine unvollständige Behandlung aufgedeckt wurde.

Ein Variation in der Methode der Kombination von Familienmitgliedern bestand darin, ein entfernteres Familienmitglied oder einen Freund zu den Familiensitzungen hinzuzunehmen; dies kam besonders dann in Frage, wenn sich der offensichtlich psychotischen Kommunikation des Patienten in der Einzeltherapie Hinweise darauf entnehmen ließen, daß die entferntere Person „anders", d. h. mit den anderen Familienmitgliedern weniger verflochten war. Wir machten hierbei die Erfahrung, daß eine solche Person häufig ein Familiengeheimnis offenlegt. Eine Tante beispielsweise, die den dunklen Mitteilungen des Patienten zufolge der Familie nicht besonders eng verbunden war, brachte bei einem Besuch etwas zur Sprache, was 8 näherstehende Angehörige im Verlauf von fast 5 Jahren nicht erwähnt hatten: daß nämlich die Mutter des Patienten mit ständigen und durchaus überzeugend vorgebrachten Selbstmorddrohungen eine regelrechte Schreckensherrschaft über die ganze Familie ausgeübt hatte.

Oft ließen sich die Mitteilungen des Patienten über seine Familie nicht verstehen, wenn sie nur auf die in der Klinik in Erscheinung getretene manifeste Familienzusammensetzung bezogen wurden. Unser Behandlungsansatz kann als Versuch verstanden werden, zu den latenten Bausteinen hinter der manifesten Fassade zu gelangen. Der Begriff *latent* kann in bezug auf Familienarbeit in dreierlei Bedeutung verwendet werden. Erstens kann mit *latent* die potentielle Kraft der Familie bezeichnet werden, die erst mit dem Erreichen der Therapieziele wirksam werden kann. Die zweite Bedeutung des Begriffs ist eng verbunden mit der Auffassung von Murray Bowen darüber, wie sich die Entwicklung zum Oberhaupt der Familie vollzieht; seine diesbezüglichen Vorstellungen hat er 1961 auf einem Schizophreniesymposium der Georgetown University in Washington näher dargestellt. Hiernach tritt ein neues Familienoberhaupt nur dann in Erscheinung, wenn die Toleranzgrenzen des alten Familienoberhaupts erreicht sind. Die praktische Notwendigkeit herauszufinden, welches Familienmitglied tatsächlich darüber zu entscheiden vermag, ob die stationäre Behandlung finanziell und auch in sonstiger Hinsicht von der Familie getragen werden kann, hat uns für das Auftreten von heimlichen Familienoberhäuptern besonders sensibel gemacht. So sagt beispielsweise der Ehemann als manifestes Oberhaupt der Familie: „Wir können uns die stationäre Behandlung in dieser Klinik nicht leisten." In diesem Augenblick wirft ein scheinbar eher randständiger Onkel der Schwiegerfamilie ruhig ein: „Über diese Frage können wir uns später ja noch einmal unterhalten." Das Klima in der Familie ändert sich, und klinische Fragen im Zusammenhang mit der stationären Behandlung kommen dann zur Sprache.

Die dritte Bedeutung von *latent* bezieht sich auf idiosynkratische Beziehungsstrukturen innerhalb der Familie, die an der Oberfläche unsichtbar bleiben. Diese Bedeutung war für uns besonders wichtig, weil wir in der Einzelpsychotherapie mit psychotischen Patienten in unserem klinischen Rahmen immer wieder beobachten konnten, daß die Sprache schizophrener Patienten häufig (und manchmal sogar ganz überwiegend) spezifische Einzelheiten der Familienmythologie offenlegt. Frau W. redete oft von Mördern; man gewann den klinischen Eindruck, daß sie die Stimme ihrer Mutter und kurz danach die Stimme ihrer Schwester halluzinierte. Nach und nach stellte sich jedoch heraus, daß sie genau genommen weder die Stimme der Mutter noch der Schwester halluzinierte. In einem früheren Kapitel habe ich näher erläutert, daß für einen psychotischen Patienten einzelne Merkmale einer Person mehr Stabilität aufweisen können als die Person als Ganzes. So hatte auch für Frau W. ein bestimmtes Einzelmerkmal, das sie bei Mutter und Schwester wahrgenommen hatte, mehr Stabilität als jede einzelne Person. Dieses Merkmal stammte von einem besonders bedeutungsvollen Thema des Familienmythos her, mit dem sich Frau W. intensiv beschäftigte. Sie glaubte, daß es in in der Familie Mörder gab. Und zwar hatten ihre Eltern nach gründlichen Überlegungen den Entschluß gefaßt, daß ein Geschwisterkind der Patientin operiert werden sollte. Als das Kind dann während der Operation starb, machte die Patientin die Mutter für die Operationsentscheidung verantwortlich und stufte sie als „Mörderin“ ein. Ferner bildete sich in ihrer Vorstellung eine Kategorie „Mörder in der Familie“. Alle diejenigen, die von ihr als „Mörder“ angesehen wurden, waren subjektiv äquivalent und damit voneinander ununterscheidbar. Wann immer sich die Patientin mit dem Mordthema beschäftigte, wurden ihre Mutter und Schwester subjektiv äquivalent. Eine kurze Zeit lang fragte sie sich in der Therapie, ob nicht sie selbst auch eine Mörderin sei.

Wenn es andererseits jedoch um das körperliche Äußere ging, war sich Frau W. vollkommen sicher, daß sie sich mit ihren braunen Augen und dunklem Haar deutlich von ihrer Schwester und Mutter unterschied, die beide blond waren und blaue Augen hatten. Schwester und Mutter waren subjektiv äquivalent, wenn die Patientin vom Aussehen redete. Wenn sie sich aber damit beschäftigte, wer in der Familie freundlich war, wer also „warmherzig war und leicht Kontakt fand“, dann waren sie und die Mutter, nicht aber die Schwester subjektiv äquivalent.

Neben der manifesten Familie (den Brüdern, Schwestern, Ehepartnern und Eltern, die die Klinikmitarbeiter kennengelernt haben) existiert in der Vorstellung von Patienten oft eine Reihe latenter Familien, die abhängig vom jeweiligen Behandlungskontext ins Leben gerufen werden. Für den Patienten können ganz verschiedene Familienmitglieder zu einer einzigen Person verschmelzen, wenn diese durch ein gemeinsames Merkmal subjektiv äquivalent werden. Das Konzept der multiplen Wirklichkeiten findet hier eine unmittelbare Anwendung. Die jeweils verschiedene Zusammensetzung von Angehörigen bei den Familiensitzungen kann dem Patienten bei bestimmten thematischen Schwerpunkten eine zunehmend stabile Identität von Personen ermöglichen; die Identität von Personen kann dabei auch auf Dauer stabiler werden als die Identität von Begriffen. So konnte diese Patientin im Verlauf von zahlreichen Familiensitzungen mit ganz verschiedenen Zusammensetzungen schließlich die einzelnen personalen Identitäten klarer unterscheiden und dadurch feststellen: „Ich bin anders als du, Mutter. Ich morde nicht, und ich sehe besser aus. Du kannst ja nicht einmal Auto fahren.“

Eine flexible Handhabung der Familienarbeit kann damit zur Stabilisierung des Identitätsgefühls beim stationär behandelten Patienten beitragen. Der beschriebene Behandlungsansatz kann aber auch der Familie helfen, die infolge der stationären Behandlung des Patienten entstehenden Änderungen im Familiengleichgewicht besser zu tolerieren; ein Behandlungsabbruch kann damit manchmal vielleicht vermieden werden.

Jene Merkmale innerhalb einer Familie, die zu Untergruppen, Bündnissen und zur Bildung feindlicher Lager führen, lassen sich gleichfalls in der gesamten Menschenfamilie wiederfinden. Gruppenbildungen innerhalb der Familie erfolgen mitunter auf einer durchaus „ethnischen" Grundlage; einige Familienmitglieder nehmen beispielsweise eine norditalienische, andere eine süditalienische Abstammung für sich in Anspruch. Wie ich weiter oben dargelegt habe, werden solche ethnischen Einheiten von Erikson (1966) als Pseudospezies bezeichnet. Er drückt die Hoffnung aus, daß sie eines Tages verschwinden werden. Ich finde allerdings den Umstand recht beeindruckend, daß in denselben Kreisen, in denen „Nationalismus" vor ungefähr 50 Jahren beinahe ein Schimpfwort war und in denen große Begeisterung für Konzepte einer Weltregierung und für die Weltsprache Esperanto herrschte, heutzutage Nationalismen durchaus akzeptiert sind. Selbstverständlich handelt es sich hierbei um einen durch die Verdammung des Chauvinismus gemäßigten Nationalismus, und die Formel „getrennt, aber doch gleich" gilt als eine Art Glaubensbekenntnis; aus Rassenkonflikten haben wir allerdings die Erfahrung gewonnen, daß „getrennt, aber doch gleich" im Grunde nur ein verbales Feigenblatt für Diskriminierung ist.

Solchen Wandel historischer Modeerscheinungen im Ich-Ideal zu untersuchen, hat sich das *Committee in International Relations* der *Group for the Advancement of Psychiatry (GAP)* zur Aufgabe gemacht. In dem GAP-Bericht zum Thema *Us and Them: The psychology of ethno-nationalism* (1987) werden meine Vorstellungen über multiple Wirklichkeiten, insbesondere im Hinblick auf die Entdifferenzierung von Wahrnehmungsprozessen, ausdrücklich berücksichtigt. Der „Narzißmus der kleinen Unterschiede" fällt besonders bei gewalttätigen Auseinandersetzungen zwischen sonst sehr ähnlichen Gruppen ins Auge. Für den Außenstehenden ist der Unterschied in den Wertvorstellungen, Lebensformen und selbst in der Kleidung zwischen benachbarten Stämmen oft kaum zu erkennen; doch im Eifer des Gefechts gewinnt die Andersartigkeit der Kleidung des verfeindeten Stammesangehörigen eine übermäßige Bedeutung, selbst wenn der Unterschied aus objektiver Sicht minimal ist, und die Art, sich zu kleiden, schwillt mit Symbolträchtigkeit an. Sieht man nun intrapsychische Vorgänge genauer an, dann kann man auch hier feststellen, daß die unter Belastung einsetzende Entdifferenzierung von Wahrnehmungsprozessen in ähnlicher Weise zum Erleben von überhöhten (innerseelischen) Unterschieden führt, deren Geringfügigkeit bei einem zu Ende gebrachten Ablauf des Wahrnehmungsakts, d. h. bei der Bewertung von Unterschieden unter Entspannung ohne weiteres deutlich geworden wäre. Schließlich, und damit kehre ich zu meinen grundlegenden Leitthemen zurück, verschieben sich die Unterschiede vom Inneren, Seelischen, Zeitlichen und Belebten hin zum Äußeren, Verdinglichten, Räumlichen und Unbelebten besonders dann, wenn sich individuelle und kulturelle Entwicklungen und Übergänge in Zeiten großer erlebter Gefahr vollziehen. Es kann sich daraus die Grenzsituation ergeben, daß der Feind die letzten Reste menschenwürdiger oder überhaupt belebter Eigenschaften einbüßt; er kann dann wie Holz, Stein oder Abfall behandelt und einfach weggeworfen werden.

7 Psychoanalyse und multiple Realität: Vereinbarkeit, klinische Praxis und Ausblick

Wie schon in dem ganzen Buch, so werde ich auch in diesem Schlußkapitel zwischen klinischem und theoretischem Material hin und her pendeln. Ich werde mich hier allerdings weiter in Theoriegebäude hineinwagen und dabei Anregungen aus anderen Wissensgebieten einbeziehen. Die bisher dargestellten und zusammengefaßten theoretischen Ansätze werden daraufhin geprüft, inwieweit sie mit der psychoanalytischen Theorie zu vereinbaren sind und inwieweit sie in einem hypothetischen klinischen Forschungsprogramm für wirkliche und für „Gedanken"experimente als brauchbar erscheinen.

Im Grunde werde ich die Entwicklung meiner eigenen Erfahrung mit menschlichem Verhalten und Psychoanalyse sowie meine Wahrnehmung von einschlägigen Überlegungen und Befunden aus anderen Bereichen wie Philosophie, Erkenntnistheorie, Physik und Neurobiologie wiederholen. Wie bei allen solchen Wiederholungsversuchen birgt die Unternehmung einer klaren Grenzziehung zwischen den Disziplinen die Gefahr in sich, die häufig enorm reichhaltige gegenseitige Befruchtung der einzelnen Gebiete zu schmälern. Meine Zielvorstellung für dieses Kapitel, die aus meiner Erfahrung im Behandlungszimmer und in der Klinik herstammt, besteht im Erreichen einer größeren Ambiguitätstoleranz. Nur wenn man immer und immer wieder auf die Bequemlichkeit einer klaren, eindeutigen Grenzziehung verzichtet, kann man paradoxerweise den Weg zu neuen, umfassenderen und präziseren erkenntnistheoretischen, diagnostischen und therapeutischen Formulierungen finden.

Die hier entwickelten Gedanken zu dem Thema der multiplen Wirklichkeiten weisen Verbindungen zum *zustandsabhängigen Lernen* auf, ein Begriff, den man in der modernen psychiatrischen und psychologischen Literatur finden kann und der in Federns *Ich-Zuständen* (1956) einen Vorläufer hat. Beide Begriffe beziehen sich auf unterschiedliche und deutlich voneinander unterscheidbare Organisationsstrukturen psychischer Funktionen. Diese Auffassungen werden durch mein Verständnis von multiplen Wirklichkeiten in zweierlei Hinsicht ergänzt: 1. werden Dimensionen bzw. Parameter der Organisation von Wirklichkeit definiert, und 2. wird ein fortgesetzter Wahrnehmungsprozeß bei der Organisation von Wirklichkeit vorausgesetzt. Gemeinsam wirken sich diese einander ergänzenden Formulierungen wechselseitig auf theoretische Konzepte und auf klinisches Handeln aus.

Werfen wir zunächst einen Blick auf die klinischen Aspekte. Eine psychoanalytische Behandlung ist ja keine flüchtige Begegnung, und im Verlauf längerer therapeutischer Arbeit treten die in jeder diagnostischen Klassifikation implizit enthaltenen Grenzen und vielleicht auch deren Widerlegung besonders deutlich zutage. Über längere Zeit hinweg scheint jeder Patient mehrere verschiedene „Störungen“ aufzuweisen. Diese Beobachtung soll nun nicht einfach zu der Forderung führen, den Menschen nicht hinter dem diagnostischen Etikett verschwinden zu lassen oder Diagnosestellungen gar völlig zu unterlassen; das wäre nicht mehr als eine weitere Wiederholung des allgemeinen, aber eben doch weitgehend unbeachteten Protests in unserem Zeitalter der technischen Medizin. Vor dem Hintergrund des Ineinanderfließens der multiplen Organisationsformen von Wirklichkeit kann sich auch die Struktur des diagnostischen Denkens selbst dementsprechend ändern. Die Toleranz für dieses Fließen steht im Mittelpunkt eines solchen diagnostischen Denkens und läßt sich auch mit dem psychotherapeutischen Prozeß in Verbindung bringen, inwieweit nämlich dort die Toleranz für ein solches Fließen umgestaltet und vergrößert wird; oder vielleicht noch besser: flexibles diagnostisches Denken ist darauf gerichtet, inwieweit eine geeignete Psychotherapie jene Hemmnisse, die der schöpferischen Erweiterung der Ambiguitätstoleranz des Patienten entgegenstehen, beseitigen kann. Das zentrale Element in der Diagnose ist hiernach gerade die Toleranz für Veränderung. Je größer der Widerstand gegen Veränderung, desto „schwerer“ die „Pathologie“. Dieses Interesse an der Toleranz für Veränderung unterscheidet sich kaum von dem Interesse an der „Ich-Stärke“ oder an der „Flexibilität des Ich“; ich habe aber einige Dimensionen der multiplen Organisationsformen von Wirklichkeit näher beschrieben, in denen ein solches Ich zu flexiblen Bewegungen in der Lage sein muß.

In der Einleitung zu diesem Buch habe ich von der gegenwärtigen Modeerscheinung spezieller, störungsspezifischer Kliniken (Depressionskliniken, Phobiekliniken, Kliniken für prämenstruelle Beschwerden) gesprochen und auch auf Borderline- und psychotische Störungen spezialisierte (oder vielleicht besser gesagt: eingegrenzte) Behandlungseinrichtungen erwähnt. Daß der Begriff *Borderlinestörung* zunehmend häufiger verwendet wird, spiegelt jedoch vielleicht gerade das verbreitete Unbehagen mit zu rigide gehandhabten differentialdiagnostischen Abgrenzungen wider. Es läßt sich vermuten, daß die Langlebigkeit der diagnostischen Kategorie „Borderlinestörung“ auch darauf zurückgeht, daß dieser Begriff mit ganz unterschiedlichen Bedeutungen belegt wird. Beispielsweise versteht Harold Searles darunter ein Syndrom im Grenzgebiet zwischen Psychose und Neurose. Für andere, besonders für Otto Kernberg, bezeichnet der Begriff eine spezifische Symptomatologie und besonders das Vorherrschen bestimmter primitiver Abwehrformationen. Andere Autoren wiederum verwenden die Borderlinediagnose in erster Linie zur Abgrenzung von affektiven und „kognitiven“ Störungen. In beeindruckender Weise wird die Meinungsvielfalt in den Beiträgen von 28 Autoren der von Peter Hartocollis (1977) herausgegebenen (und von mir (Kafka 1981) rezensierten) Übersicht über *Borderline personality disorders* dargestellt.

Meine Ausführungen über Borderlinestörungen in Kap. 4 haben deutlich gemacht, wie diagnostisches und therapeutisches Denken durch die Berücksichtigung multipler Wirklichkeiten beeinflußt und geformt wird. So treten beispielsweise bestimmte Gegenübertragungsreaktionen besonders in der Arbeit mit Patienten auf, die der Therapeut diagnostisch bevorzugt als „Borderline“ beurteilt. Da diese Patienten ganz überwiegend die Alltagswirklichkeit mit dem Therapeuten teilen und sich in dem ihm vertrauten Rahmen bewegen, überraschen ihn die unerwarteten Eigentümlichkeiten und plötzlichen merkwürdigen Handlungen. Dieses „Überraschtwerden" des Therapeuten kann in ihm eine innere Wut auslösen, da er sich in unerwarteter Weise verführt, betrogen und verwirrt fühlt. Als ich solche „Eigentümlichkeiten" näher untersuchte, konnte ich feststellen, daß die Verwechslung von Belebtem und Unbelebtem bei diesen Patienten im Mittelpunkt steht. Die Einsicht, daß dieser Aspekt des Umgangs mit multiplen Wirklichkeiten bei diesen Patienten im Vordergrund steht, hat meine Gegenübertragungsreaktionen und damit letztlich auch mein behandlungstechnisches Vorgehen beeinflußt. Eine solche Einsichtigkeit kann dem analytischen Psychotherapeuten helfen, den konfrontativen Beiklang seiner „Klarifikationen" zu verringern und den Zeitpunkt für Deutungen besser auf den Patienten abzustimmen. Wenn der Analytiker tatsächlich beobachten kann, daß beispielsweise die Fähigkeit zur Unterscheidung zwischen Belebtem und Unbelebtem zurückgeht, d. h. primitiver wird, sobald der Patient auf einen bestimmten Konflikt stößt, dann kann der Analytiker die sich hieraus ergebenden Deutungen entsprechend nuancieren mit dem Ziel, die Entwicklung solcher Unterscheidungsfähigkeit beim Patienten zu fördern.

Ich kann mir durchaus denken, daß meine Zentrierung auf die Dichotomie von Belebtheit und Unbelebtheit manche Psychoanalytiker, besonders Kernberg, zur Feststellung veranlaßt, daß ich mich eher mit narzißtisch gestörten Patienten und nicht so sehr mit Borderlinepatienten beschäftige. Nach meiner Erfahrung ist dieses Narzißmusmerkmal aber auch für Borderlinepatienten kennzeichnend und hat bei der Diagnostik einen zentralen Stellenwert; auf dieses Thema gehe ich weiter unten in diesem Kapitel noch näher ein. In dem hier vorliegenden Zusammenhang kommt es aber nicht auf die Unterscheidung von narzißtischen und Borderlinemerkmalen der Patienten an, da ich in erster Linie Anwendungsgebiete der Konzeption von multiplen Wirklichkeiten veranschaulichen und gleichzeitig darstellen möchte, wie solche Nutzanwendungen mit gegenwärtig diskutierten psychoanalytischen Ansätzen verflochten sind.

Die Unterschiedlichkeiten der Vorstellung von Ich-Zuständen bei Federn und der Konzeption von bestimmten Bedingungskonstellationen für zustandsabhängiges Lernen wirken sich in ihrer „Unüberbrückbarkeit" auf das klinische Handeln aus. Wie ich in Kap. 5 erwähnt habe, war Federn beispielsweise der Auffassung, daß mit dem Patienten in der manifest psychotischen Phase und im symptomfreien Intervall verschiedene Therapeuten arbeiten sollten. Nach Federn ist der Therapeut, der mit dem Patienten im psychotischen Schub Kontakt hatte, mit der Psychose und ihrem Entsetzen „vergiftet", und ein anderer Therapeut wäre danach für den in der Remissionsphase angebrachten „psychohygienischen" Behandlungsansatz besser geeignet. Obwohl ich auch glaube, daß es tief regressive Zustände gibt, zu denen sich keine Brücke in der Remission schlagen läßt, so habe ich doch die Erfahrung gemacht, daß es eine der wichtigsten Aufgaben des Psychotherapeuten bei der Behandlung von psychotischen Patienten ist, sich in deren Objektwelt hineinzubegeben. Und das kann dem Therapeuten nur gelingen, wenn er zu einem Verständnis der besonderen Art ihrer Objektbildung gelangt. Wie ich weiter oben näher ausgeführt habe, können die Objekte des schizophrenen Patienten als Ergebnis idiosynkratischer subjektiver Äquivalenzen verstanden werden; diese wiederum sind aus der Vermischung von Wahrnehmungsakten mit jeweils unterschiedlich entwickelter Perzeptgenese entstanden. Auch in dieser Hinsicht findet das Konzept von multipler Wirklichkeit spezielle klinische Nutzanwendungen.

An dieser Stelle betreten wir ein Gebiet, in dem das Zusammenspiel von klinischen und theoretischen Fragen ungewöhnlich komplex ist. Ich habe besonders hervorgehoben, daß Psychoanalytiker auch bei der klinischen Arbeit mit neurotischen Patienten auf die Dimensionen meines Konzepts von multipler Wirklichkeit stoßen. So rückte beispielsweise das Thema „Belebtheit vs. Unbelebtheit" bei Frau A. in den Mittelpunkt, als sie ganz unvermittelt ihren Mann wie tot empfunden hat: „wie ein Stück Holz". Sobald man auf solche Themenstellungen in der psychoanalytischen Behandlung neurotischer Patienten trifft, dann ist dies nach meiner Überzeugung ein ganz entscheidender Punkt, der auch mit dem Konzept der Strukturveränderung in Verbindung steht. Gleichwohl sind bei der Behandlung neurotischer Patienten solche auf die Struktur der Wirklichkeit bezogenen Themenstellungen die meiste Zeit im Hintergrund vorhanden, auch wenn der klinische Schwerpunkt auf den üblichen, dem psychoanalytisch arbeitenden Kliniker vertrauten Konflikten, Abwehrbildungen und Übertragungsphänomenen liegt. Meistens wird man ja erst im nachhinein auf die Bedeutung von solchen entscheidenden Punkten aufmerksam; doch wenn sich der Analytiker solcher Thematiken bewußt ist, dann kann er genauer darauf achten, und er wird nicht so leicht entsprechende Gegenübertragungsgefühle achtlos übergehen.

Im Gegensatz hierzu muß bei der Arbeit mit bestimmten Borderlinepatienten und besonders bei der Behandlung schizophrener Patienten das Bemühen des Therapeuten im Vordergrund stehen, solche auf die Struktur von Wirklichkeit bezogenen Thematiken zu verstehen. In diesem Zusammenhang ist die Analyse der Objektbildung des Patienten von entscheidender Bedeutung, und ein entsprechendes Verständnis erlaubt dem Therapeuten, in die Objektwelt des Patienten einzutreten und darin ein wichtiger Teil zu werden.

Was geschieht aber, wenn ein Therapeut wirklich lange mit einem Patienten arbeitet und die zu verschiedenen Zeitabschnitten im Leben des Patienten erhobenen „Querschnitts"diagnosen ganz unterschiedlich ausfallen? Mein eigener längster Kontakt mit einem Patienten hat sich über 3 Jahrzehnte erstreckt. Ich denke dabei an eine Patientin, die diagnostisch nach allen Untergruppen von Schizophrenie (mit Ausnahme der Hebephrenie) klassifiziert worden war; ein mit ihrer Krankengeschichte nicht vertrauter Kliniker hätte bei dieser Patientin beinahe jede nichtpsychotische Diagnose in den jeweils verschiedenen Zeitabschnitten stellen können. An dieser Stelle möchte ich nur betonen, daß man in Zeiten der Remission meine Arbeit mit ihr kaum von der analytischen Psychotherapie eines neurotischen Patienten unterscheiden könnte; es gab einen langen Behandlungsabschnitt, der (ohne die Berücksichtigung der anderen Behandlungsphasen) für sich alleine betrachtet mit der Bearbeitung von

Konflikten, von ödipalen Problemen und von Übertragungskonstellationen tatsächlich nur sehr schwer von einer klassischen Psychoanalyse zu unterscheiden wäre.

Ich bin zu der Auffassung gelangt, daß manche unserer im Verlauf der Behandlung solcher Patienten auftretenden Schwierigkeiten im Selbstverständnis als analytische Psychotherapeuten vielleicht gerade aus der sich selbst erfüllenden Prophezeiung entstehen, daß ein Unglück geschieht, wenn wir uns noch „analytischer" verhalten. Je mehr sich der analytische Therapeut mit einer Arbeitsweise wohlfühlen kann, die sich aus dem Blickwinkel multipler therapeutischer Wirklichkeiten beschreiben läßt, desto mehr werden zumindest manche Patienten aus einer solchen mehrschichtigen Arbeitshaltung einen Gewinn ziehen können. Unsere ängstliche Zurückhaltung rührt vielleicht von den früh in der Geschichte unseres Faches begangenen Fehlern her, als sich einige Psychoanalytiker mit regulärer Standardpsychoanalyse an Patienten versuchten, bei denen eine Psychose nur dünn zugedeckt war. Dies kann in der Tat außerordentlich schwerwiegende Folgen nach sich ziehen. Die Situation ist allerdings eine ganz andere, wenn sich der Therapeut der Schwere und Tiefe der Störung bewußt ist und sich während der kontinuierlichen therapeutischen Arbeit vom Patienten führen läßt, und wenn ferner der Patient seinen Wunsch bzw. sein Streben nach konfliktbearbeitender, aufdeckender psychoanalytischer Arbeit sowie die hierfür erforderliche Motivation und Befähigung deutlich zu erkennen gibt.

Es wäre vielleicht ganz interessant, einmal darüber nachzudenken, in wie viele verschiedene symptomorientierte Kliniken meine Langzeitpatientin im Laufe der 30 Jahre hätte eingewiesen werden können. In solchen Kliniken, die speziell auf Ängste, Phobien und Paniksyndrome, auf Depressionen und auf Eßstörungen ausgerichtet sind, wäre sie bestimmt aufgenommen wurden, und zwar auch in jenen Zeiten, in denen sie nicht so gern über ihre Klinikbehandlungen redete. Natürlich kann man das Für und Wider von symptomorientierten Behandlungen nur im Zusammenhang mit der Wirtschaftlichkeit von Psychotherapie diskutieren. Ebenso ist oft darauf hingewiesen worden, daß die Entscheidungsschlacht zwischen den Vertretern der psychiatrischen Revolution, die die Patienten aus den Hinterzimmern heraus in die Anstalten brachte, und den Vertretern der späteren Revolution, die die Patienten aus den Anstalten heraus auf die Straße brachte, immer noch aussteht. Ganz offensichtlich geht es um äußerst komplexe wirtschaftliche Überlegungen, bei denen sowohl unmittelbare wie auch mittelbar entstehende Kosten zu berücksichtigen sind. Ich möchte hier nur einen Punkt besonders hervorheben, der in diesem Zusammenhang oft diskutiert wird. Aufgrund von Forschungsbefunden gelangen manche Psychiater zu der Empfehlung, daß Familien mit einem chronisch schizophrenen Mitglied im Ausdruck von Emotionen („expressed emotions") zurückhaltend sein sollten, um dadurch die Häufigkeit von Rückfällen und erneuten Hospitalisierungen möglichst niedrig zu halten. Andere Psychiater argumentieren, daß die Kosten solcher Bemühungen für die Familie zu hoch sind. Ich möchte noch weiter gehen und die Beobachtung mitteilen, daß eben genau die Angst vor Gefühlsäußerungen, die in ihren Auswirkungen auf den einzelnen oder auf Beziehungen für katastrophal oder gar buchstäblich für tödlich gehaltenen wurden, zur Intensivierung von Spannungen innerhalb der Familie von vielen meiner schizophrenen Patienten führte. Die pathogenetischen Auswirkungen des Unausgesprochenen sind vielfältig belegt, und ich möchte hier eindringlich darauf hinweisen, daß die Nützlichkeit der psychoanalytischen Untersuchung von Konflikten sowohl beim einzelnen als auch in der Familie angesichts des Ansturms auf kostengünstige Behandlungstechniken für schwere seelische Störungen nicht unterschätzt werden darf.

Wenden wir uns nach den klinischen Problemen nun wieder theoretischen Fragen zu. Ein besonders schwieriger Aspekt des Konzepts von multiplen Wirklichkeiten ergibt sich aus der Überlegung, daß die Dichotomie von Raum und Zeit selbst entwicklungsbezogen ist und damit als zeitgebundene, „zeitliche" Errungenschaft angesehen werden muß. Die in der aktuellen Perzeptgenese fortgesetzt ablaufende Wiederholung des Entwicklungsgeschehens führt zur weiteren Verkomplizierung des Bildes, und die Dichotomie von Raum und Zeit ist somit mehrfach in die Zeit eingebettet. Wie die Ausführungen in Kap. 3 gezeigt haben, sind wir damit weit vom gesunden Menschenverstand entfernt.

Weit entfernt vom gesunden Menschenverstand sind wir auch bei der Beschäftigung mit dem Modell des zentralen Nervensystems von Longuet-Higgins, das sich als zeitliches Hologramm, als „Holophon" darstellt, in dem jeder einzelne Zeitpunkt die gesamte Information über alle anderen Zeitpunkte enthält. Dieses Modell beinhaltet ganz wesentliche psychologische Implikationen. Gemäß dieser Modellvorstellung wissen wir zu jedem beliebigen Zeitpunkt etwas über unsere Gegenwart, über unsere Vergangenheit und über unseren Zukunftsentwurf, was wiederum unsere Wahrnehmung des Gegenwärtigen und des Vergangenen prägt. Ich kann auf die hochtechnischen Schriften von Longuet-Higgins (1968, 1969, 1970) hier nicht näher eingehen; manche von ihm aufgeworfene Fragen lassen allerdings die hohe Relevanz seiner Arbeit für die hier behandelten Problemstellungen erkennen. Er geht davon aus, daß es Zellen in der Großhirnrinde gibt, die ganz speziell auf besondere Rhythmen reagieren; bekanntermaßen gibt es ja Nervenzellen, die nur bei ganz bestimmten visuellen Reizen zu feuern anfangen, sowie Zellgebiete, die nach kurzzeitiger Reizung sich noch längere Zeit danach rhythmisch entladen. Longuet-Higgins wirft die Frage auf, ob der Schwellenwert der Zellen für die rhythmischen Entladungen durch rhythmische Reizung verändert werden kann.

Die Bedeutung solcher Überlegungen für meine Vorstellungen beispielsweise von Dé'jà-vu-Phänomenen liegt auf der Hand. Die Untersuchungen von Longuet-Higgins lassen sich nun mit meinen Überlegungen zusammenbringen, wobei die Forschungsbefunde von Marian Kafka sehr hilfreich sind, nach denen Neurotransmitterrezeptoren je nach der Einwirkung von verschiedenen psychotropen Drogen unterschiedliche zirkadiane Rhythmen aufweisen (M. S. Kafka et al. 1983); darüber hinaus hat sich herausgestellt, daß die Rhythmen der Neurotransmitterrezeptoren hierarchisch strukturiert sind. Wir haben diese Befunde mit meinem Konzept der multiplen Wirklichkeiten in Verbindung gebracht und folgendermaßen zusammengefaßt:

Das Modell eines zeitlichen Hologramms erlaubt die nicht-lokale Speicherung von Gedächtnisinhalten. Im Gehirn zählen das Feuern der Nervenzellen und die Refraktärperiode zu den schnellen Rhythmen; circadiane Rhythmen schwingen langsam. Dadurch, daß die circadianen Rhythmen von Neurotransmitterrezeptoren durch das Einwirken von psychotropen Substanzen auf ganz unterschiedliche Weise beeinflußt werden können, wird die Auffassung unterstützt, daß das neuronale Geschehen mit Hilfe von hierarchisch angeordneten Integrationsebenen organisiert ist. Die Konstanz von Objekten entsteht aus der subjektiven Äquivalenz von ähnlichen, doch nicht identischen Reizmustern. Aktuelle Wahrnehmungsakte können als die Wiederholung ihrer Ontogenese aufgefaßt werden. Die Stabilität von Äquivalenzmustern ist abhängig von der Beständigkeit und Zuverlässigkeit bei der Vervollständigung entsprechender Wahrnehmungsakte. Eine aus dem Rhythmus geratene Abstimmung zwischen den neuronalen Schwingungen kann infolge unsystematisch auftretender Störungen bei der Vervollständigung von Wahrnehmungsakten den regulären Aufbau von Äquivalenzmustern beeinträchtigen und zu Denkstörungen führen. Da depressiv getönte Affekte die Entscheidung für reizarme Vergleichsintervalle vermutlich begünstigen, kann bei manchen depressiven Störungsbildern möglicherweise nur auf einen Teil der nicht-lokalen Gedächtnisdatenbank zugegriffen werden; hieraus ergeben sich eher eingeschränkte als völlig gestörte psychische Funktionsabläufe (Kafka u. Kafka 1983, S. 302).

In dieser Zusammenfassung bezieht sich der Ausdruck „Entscheidung für reizarme Vergleichsintervalle" auf die experimentelle Untersuchung, die ich in Kap. 1 (Kafka 1957a) beschrieben habe; es hat sich dort herausgestellt, daß es Versuchspersonen gibt, die sich aus einer Reihe von Zeitintervallen für eines sozusagen als Maßstab entscheiden, mit dem sie dann die weiteren Zeitintervalle vergleichen. Nach den Untersuchungsergebnissen führte ein depressiver Affekt bevorzugt zur Entscheidung für die reizarmen Vergleichsintervalle. In der Einleitung zu diesem Buch habe ich die zu erwartende Kritik vorweggenommen, daß ich mich zu sehr mit Kognitionen und zu wenig mit Affekten befasse. Ich habe dort als Entgegnung ausgeführt, daß die strikte Dichotomie von Kognition und Affekt nicht haltbar ist, weil Triebzustände (und damit Affekte) die Auswahl und Strukturierung von Reizmustern und damit kognitive und Wahrnehmungsprozesse mitbestimmen. Doch in Verbindung mit depressiver Gestimmtheit denke ich hier an eingeschränkte psychische Funktionsabläufe, an verminderte oder langsamere Auswahl- und Strukturierungsprozesse, die offensichtlich mit der depressiven Antriebsverringerung einhergehen. Dies wirft die Frage nach der Vereinbarkeit solcher Überlegungen mit psychoanalytischen Depressionstheorien auf.

Im Zusammenhang mit der Erörterung schizophrener Denkstörungen in Kap. 5 habe ich erwähnt, daß man in bezug auf bestimmte Aspekte einer Theorie detaillierte und präzise ausgearbeitete Auffassungen und gleichzeitig in bezug auf andere Aspekte der Theorie dennoch nur grobe und vorläufige Vorstellungen haben kann. Intuitiv neigen wir dazu, Affekte unmittelbarer als Kognitionen mit Zeit in Verbindung zu bringen: Gefühlsstürme lustvoller Erregung, die Unbeweglichkeit im Zusammenhang mit der *Tiefe* der Depression oder entgegengesetzt die agitierte Depression, eine ruhige gehobene Stimmung und dergleichen mehr an Vielfalt der Phänomenologie des Zeiterlebens, wie sie in den anderen Kapiteln untersucht worden ist.

Isoliert betrachtet ist der Ausdruck „Antriebsverringerung" im Zusammenhang mit dem depressiven Affekt und der depressiven Erkrankung nicht sehr aussagekräftig. Man sehe sich dagegen das folgende Zitat aus einem unlängst veröffentlichten Aufsatz von Leo Stone (1986) an, in dem er die reiche, differenzierte klinische Erfahrung mit einer sorgfältigen Diskussion von frühen und späteren psychoanalytischen Theorien verbindet: „Dies (die depressive Erkrankung) ist der einfache und umfassende Begriff, unter den sich alle jene Fälle fassen lassen, bei denen die spontan auftretenden Primäraffekte an der ihnen eigenen Entwicklung *gehindert* sind, nämlich spontan wieder abzuklingen oder sich durch *verstärkendes Handeln* zu wandeln" (S. 337; Hervorhebungen von mir). Ein Großteil des Aufsatzes von Stone läßt sich als Suche nach den psychodynamischen Hintergründen dieser „Hinderung", der Hemmung oder vielleicht auch der Verlangsamung, lesen.[1] In seiner Abhandlung geht es ur Objektverlust, um das Schicksal narzißtischer und anaklitischer Objekte, um Aggression, Konflikt, Oralität, Schuld und vieles mehr. Auch wenn Stone immer wieder hervorhebt, daß der lebendige Reichtum des Einzelfalles über die Begrenztheit theoretischer Aussagen hinausgeht, so wird in seiner Darstellung die Verbindung zwischen technischer Sprache und klinischen Daten dennoch besonders deutlich. Die *Hemmung verstärkenden Handelns* ist in gewissem Sinne eine phänomenologische Beschreibung eines zentralen Kennzeichens depressiver Störungen; allerdings steht diese Phänomenologie in enger Beziehung zu dem genetischen, dem dynamischen und dem ökonomischen Gesichtspunkt (Rapaport) des Seelenlebens. Ich behaupte nun, daß die Phänomenologie der Wahrnehmung gleichermaßen enge Bezüge zu diesen Aspekten psychischer Funktionsabläufe aufweist. Obwohl ich die klinische Relevanz eines besseren Verständnisses solcher Bezüge bereits herausgearbeitet habe, möchte ich noch einmal die in Kap. 5 erwähnten einschlägigen experimentellen Befunde und die sich abzeichnenden theoretischen Möglichkeiten ansehen.

Smith u. Danielsson (1982) sowie Westerlundh u. Smith (1983) haben darauf hingewiesen, daß im wesentlichen erst die von der Psychoanalyse erforschten Abwehrbildungen ein weitergehendes Verständnis der Ergebnisse ihrer Wahrnehmungsexperimente ermöglichen. Mit anderen Worten kommen die uns vertrauten Abwehrvorgänge in solchen kleinsten Zeitbereichen zur Wirkung, wie sie mit tachistoskopischen Wahrnehmungsexperimenten untersucht

---

[1] Stone beschäftigt sich mit unbewußter Hemmung und unbewußter Verlangsamung bei depressiven Patienten. Eine bewußte und absichtliche Manipulierung von Zeit zu Abwehrzwecken kann bei manchen Patienten, die nicht primär depressiv sind, beobachtet werden. Eine solche Manipulierung kommt i. allg. zwar häufig vor; sie ist nach meiner Erfahrung jedoch von entscheidender klinischer Bedeutung bei Patienten, die in der frühen Kindheit wirklich schwere körperliche Züchtigungen durch die Eltern erlitten haben oder Zeuge solcher Tätlichkeiten waren und sich zu schützen suchten, indem sie in Unbeweglichkeit verfielen und „zu Stein erstarrten". Eine in der Folge von unangenehmen Vorstellungserlebnissen auftretende Inaktivität oder verringerte Reagibilität (bis zum Verblassen des Erlebniseindrucks nach einigen Tagen) ist für solche Patienten oft kennzeichnend. Sie tun sich oft auch schwer zu verstehen, wie es kommt, daß sich andere so rasch ein Urteil über sie bilden können. Solche Patienten neigen dazu, „ihr Licht unter den Scheffel zu stellen", und sie fühlen sich mißverstanden und in ihrem Wert unterschätzt, weil die anderen nicht warten können, bis ihr Licht aufscheint.

werden können. „Masking" ist eine Forschungsmethode, die in zahlreichen tachistoskopischen Wahrnehmungsexperimenten verwendet wird. Die einschlägige Literatur und die entsprechenden Untersuchungsergebnisse wurden von Holzman (1987) zusammenfassend dargestellt. Im wesentlichen geht es bei dieser Methode des „Masking" um die Darbietung von mindestens 2 aufeinanderfolgenden verschiedenen Stimuli. Durch die systematische Variation von Parametern der Stimulusexposition läßt sich feststellen, wie groß der Zeitabstand zwischen den 2 Stimulusdarbietungen jeweils sein muß, daß die „Wahrnehmung" des 1. Stimulus gerade noch unbeeinträchtigt bleibt bzw. bereits beeinträchtigt wird. Schizophrene Patienten benötigen einen größeren zeitlichen Abstand zwischen den 2 Stimuli als Versuchspersonen einer Kontrollgruppe, um den 1. Stimulus unbeeinflußt von dem 2. Stimulus wahrnehmen zu können.

Dieses Ergebnis stimmt mit meiner klinisch abgeleiteten Hypothese bezüglich der Verschiedenartigkeit der Wahrnehmungsverarbeitung bei schizophrenen Patienten überein. Die Parameter, die bei solchen Maskierungsexperimenten variiert werden können, betreffen natürlich nicht nur den Zeitabstand zwischen den Stimuli und die Darbietungsdauer, sondern auch den Inhalt der Stimuli. Dabei können nicht nur solche „Determinanten" (in Analogie zum Rorschach-Test) wie Form und Farbe oder wie die Darstellung von Bewegung bei Mensch und Tier und bei unbelebten Objekten variiert werden, sondern ebenso bestimmte gegen- ständliche Szenen (ähnlich wie beim „Thematischen Apperzeptionstest", TAT) und sogar szenische Darstellungen, die spezifisch auf die Entwicklung und die Abwehrbildungen der einzelnen Versuchsperson individuell abgestimmt sind. Viele weitere experimentelle Versuchsanordnungen würden die Untersuchung entsprechender Hypothesen ermöglichen. So lassen sich beispielsweise mit Hilfe einer Apparatur zur Erfassung von Augenbewegungen visuelle Trackingphänomene (Blickbewegungen) untersuchen; oder es könnte die Auswirkung von paranoider Vigilanz auf den Wahrnehmungsstil etwa mit dem Resultat von hysterischen Abwehrbildungen verglichen werden. Die verschiedenen modernen bildgebenden Verfahren bezüglich der Hirnfunktionen (wie etwa Positronen-CT und Kernspinresonanz) könnten die Lokalisierung von Hirnaktivitäten beispielsweise bei bestimmten Prozessen der Wahrnehmung oder der *Wahrnehmungsabwehr* ermöglichen. Die Gelegenheiten für eine Anwendung, Bestätigung, Modifizierung oder Erweiterung psychoanalytischer Theorienbildungen im Zusammenhang mit der sich immer weiter ausdifferenzierenden Erforschung von Wahrnehmungsprozessen werden wahrscheinlich noch zunehmen. Kliniker sind sich nicht einig in der Frage nach der Relevanz von theoretischen Weiterentwicklungen für die allgemeine psychoanalytische Behandlungstechnologie, und es bleibt weiterhin offen, ob ein differenzierteres psychoanalytisches Verständnis von Wahrnehmungsprozessen bei depressiven Patienten unmittelbaren Einfluß auf die Behandlungstechnik hat. Bei mir allerdings hat die Verfolgung theoretischer Interessen nicht nur zur Bereicherung an klinisch relevantem Hintergrundwissen geführt, sondern ebenso meine klinische Arbeit selbst ganz subtil mitbeeinflußt, auch wenn eine unmittelbare Beziehung sich nicht so deutlich wie im Falle der schizophrenen Objektbildung veranschaulichen läßt. Die Bereitwilligkeit des Psychoanalytikers, auch bislang vernachlässigte Dimensionen mitzuberücksichtigen, ermöglicht m. E. erheblich treffendere und korrekter abgestimmte Interventionen.

Das von Longuet-Higgins formulierte Modell eines zeitlich bzw. rhythmisch adressierbaren Gedächtnisses läßt sich auch mit den räumlichen Lokalisierungen, wie sie durch die neueren bildgebenden Verfahren immer umfassender möglich werden, durchaus vereinbaren. An dieser Stelle möchte ich mich jedoch noch einmal den interessanten Gedanken hinsichtlich der Größe und dem Innen und Außen von Organismen zuwenden — Gedanken, die durch dieses Modell erneut angeregt werden. Indem Longuet-Higgins von zeitlich anstelle von räumlich adressierbaren Gedächtnisspeichern spricht, ruft er die bildhafte Vorstellung einer Reihe von Schwingungskörpern mit unterschiedlichen Resonanzfrequenzen und Dämpfungskonstanten hervor: „Sie verhalten sich ähnlich wie die Saiten eines Klaviers, die in Schwingung versetzt werden, wenn man bei gedrücktem Dämpfungspedal in das Klavier hineinsingt. Hierbei stellt die Luft sowohl den Eingangs- wie auch den Ausgangskanal dar, und man hört dann das Zusammenklingen der einzelnen Schwingungen" (1968, S. 329). Ich gebe zu, daß ich mir solche technischen Formulierungen mit erheblicher dichterischer Freiheit zu eigen mache; der Hinweis darauf, daß die Luft gleichzeitig Eingangs- und Ausgangskanal ist, läßt an Loewalds Vorstellungen über die Einheit von Mutter und Kind denken, wo sich die Objekte sozusagen im Raum zwischen den beiden befinden. Ebenso denkt man unmittelbar an *Object love and reality* von A. Modell (1968); bei der Untersuchung von frühen Höhlenmalereien hat er festgestellt, daß sich die prähistorischen Künstler dreidimensionale Eigenarten der Höhlenwände als strukturelle Bestandteile ihrer Malereien zunutze machten, Eigenarten, die die Formen bestimmter Tiere nahelegten. Das Objekt befindet sich sozusagen im virtuellen Raum zwischen dem „Schöpfer" der Wand und dem Schöpfer des Bildes. In radikaler Fortführung der Fragestellung hinsichtlich der Organismusgröße kann man auch die Frage aufwerfen, wer oder was denn die Erinnerung vollzieht, wenn die Einheit der Erinnerung nicht feststeht, sondern in ihrem Umfang und in ihrer zeitlichen Struktur Veränderungen unterworfen ist? Die in Kap. 3 erörterten Schwierigkeiten, die sich aus unserer Gebundenheit an den gesunden Menschenverstand ergeben, lassen uns niemals völlig los.

Da die Methoden der visuellen Darstellung der Lokalisierung von Hirnaktivitäten immer weiter verfeinert werden und nun auch ein Modell für den zeitlich organisierten Zugriff auf Gedächtnisspeicher vorliegt, wird es vielleicht bald möglich sein, solche Hirnregionen *räumlich* zu bestimmen, in denen unterschiedliche *Rhythmen* vorherrschen. Es eröffnet sich hier ein weites, vielfältiges Forschungsgebiet, in dem die visuelle Darstellung lokaler Hirnprozesse, experimentelle Befunde hinsichtlich differentieller Wirkungen und Rhythmen von Neurotransmittern (M. S. Kafka et al. 1986 a, 1986 b, 1986 c), klinische Befunde hinsichtlich Phasenverschiebungen bei Depressionen sowie psychoanalytisch begründete Verhaltens- und Wahrnehmungsstudien integrativ und synoptisch betrachtet werden können. Ich möchte mich jetzt aber von solchen machbaren biologischen Laborstudien abwenden und mich statt dessen in ein eher spekulatives Gebiet begeben, wobei ich die gesamte Fülle an Gedankenexperimenten im Hinblick auf räumliche und zeitliche „Strukturen" einzubeziehen versuche. Bei dieser Gelegenheit möchte ich noch einmal auf die möglichen Beziehungen zwischen Strukturveränderungen im psychoanalytischen Sinn und dem Wandel von unbelebten zu belebten Strukturen hinweisen. Das in zeitlichen Strukturen mögliche Aufeinanderfolgen (post hoc) steht in enger Verbindung zu Fragen nach der Kausalität (propter hoc) und damit auch nach der Bedeutung und dem Sinn.

Bevor ich weitergehe, möchte ich noch einmal einige der theoretischen Problemstellungen benennen, mit denen ich mich weiter oben schon ausführlicher beschäftigt habe. Der philosophische Pol bei meiner Beschäftigung mit der Zeit steht in Verbindung mit dem aus der modernen Physik herstammenden Zeitgeist. Der gesunde Menschenverstand hat sich aufgelöst. Selbst die Biologie ist mit energetischen Systemen befaßt, beispielsweise im Zusammenhang mit der molekularbiologischen Diskussion der eigentlichen Natur der Zellmembran. Erinnern wir uns an das zeitlich organisierte Hirnmodell von Longuet-Higgins und an die Beobachtung, daß sich ein neuer Blickwinkel auf das Leib-Seele-Problem eröffnet, wenn die Zeitdimension konsequent berücksichtigt wird; hierzu gehört ferner auch die radikale Auffassung von Loewald, nach der die Zeit das innerste Gewebe der Seele ist.

Die besondere klinische Beachtung der zeitlichen Dimension bringt mehrfachen Gewinn mit sich. Die Verbindung zwischen klinischen und theoretischen Fragestellungen wird auch durch die Berücksichtigung des Umstands deutlich, daß die Bedeutung, die einer Situation beigemessen wird, auch davon abhängt, wie Beginn und Ende der Situation wahrnehmungs- und erlebnismäßig definiert wird. Indem die Aufmerksamkeit auf die jeweils individuelle zeitliche Organisation bzw. Desorganisation gerichtet wird, vergrößert sich der Spielraum für mögliche Bedeutungshypothesen, unter denen man dem Patienten zuhören oder ihn auf andere Weise wahrnehmen kann. Die Ausweitung des Konzepts der subjektiven Äquivalenz auf die Zeitdimension eröffnet neue klinische und theoretische Perspektiven. Obwohl sich der Begriff *subjektiv äquivalente Stimuli* auf den Inhalt des Wahrnehmungsakts bezieht, kann das Konzept der subjektiven Äquivalenz ebenso auf formale zeitliche Merkmale angewandt werden. Wir wissen, daß „objektiv" unterschiedlich lange Zeitintervalle als gleich lang wahrgenommen werden können, und umgekehrt, daß „objektiv" gleich lange Zeitintervalle subjektiv bisweilen als sehr unterschiedlich lang erlebt werden. Manche der Einflußgrößen, die zu solchen zeitlichen „Verzerrungen" führen, sind uns bekannt. Immer wieder wird meine Darstellung, die nur auf den ersten Blick zu sehr kognitiv ausgerichtet erscheint, durch mein Bestreben geprägt, die Entstehung und die Wirkungsweise von Affekten zu verstehen. Fortwährend wechselnde Muster von Verzerrungen, Muster von Mustern, bestimmen die erlebnismäßige zeitliche Struktur unseres Verhältnisses zur äußeren und zur inneren Welt. Welche „Konstanzen" aber in einer Welt, in die man sich mit geschärftem Zeitbewußtsein hineinbegibt, Bestand haben, und die Frage nach der Bedeutung von „Konstanz" selbst: das sind Fragen, die eine bislang unbekannte Tiefe annehmen. Meine Fokussierung auf die Zeit führt uns aber noch weiter und immer wieder auf ein Gebiet, in dem Klinik und Theorie einander begegnen.

Psychoanalytisches Zuhören ist durch die besondere Aufmerksamkeit für Verbindungen und Zusammenhänge gekennzeichnet. Mit Hilfe der gleichschwebenden Aufmerksamkeit versucht der Psychoanalytiker, sich von dem Druck freizumachen, der von sprachlichen Kontingenzen und Konventionen bisweilen ausgeht. Der Psychoanalytiker verändert dabei sozusagen fortwährend die Brennweite seines zeitlichen Objektivs, wodurch wie bei einem Zoomobjektiv der Bereich von der Tele- bis zur Weitwinkeleinstellung abdeckt ist. Er versucht sogar, verschiedene Brennweiten zur selben Zeit zu benutzen. Und warum? Weil er weiß, daß sich die Abwehrarbeit (d. h. die Abwehr gegen das Bewußtwerden bestimmter Bedeutungen und Affekte) zeitlicher Hilfsmittel, zeitlicher Auflösungen von Zusammenhängen und falscher Bildungen von Zusammenhängen bedient. Der Psychoanalytiker (und in gewisser Hinsicht auch jeder psychodynamisch arbeitende Psychotherapeut) muß folglich in der Lage sein, mit jeweils gut abgestimmtem „Timing" einen umfassenderen zeitlichen Rahmen als der Patient anzulegen. Implizit ist es ein psychoanalytisches Ziel, dem Patienten zur Erweiterung seines Blickwinkels zu verhelfen; im Begriff der Veränderung (Veränderung von Bewußtheit, von Einsicht) ist nämlich die Entwicklung der Fähigkeit mitenthalten, bislang nicht zusammenhängend Erscheinendes zusammenbringen wie auch falsch geknüpfte Zusammenhänge fallenlassen zu können. Beispielsweise kann einem Patienten dabei geholfen werden, den Zusammenhang zwischen seinem Schuldgefühl und dem Tod seines Bruders besser zu verstehen. Dabei kann dem Patienten gleichzeitig zu der Sicht verholfen werden, daß sein kleiner Bruder nicht einfach deshalb gestorben ist, weil er (der Patient) sich wohl einmal gewünscht hat, er (sein Bruder) wäre tot. Die Entdeckung der Bedeutung von Ereignissen, die die ehedem zufällig zu sein schienen, sowie umgekehrt die Entdeckung, daß offensichtlich erscheinende Zusammenhänge dennoch falsch geknüpft sind (in gewissem Sinne die Wiederentdeckung des Zufälligen), ist ganz wesentlicher Bestandteil des psychoanalytischen Unternehmens.

Darüber hinaus ist selbst die „Bedeutung von Bedeutung" tief in der Zeitdimension verwurzelt. Da wir nun durch die Psychoanalyse über einzelne seelische Mechanismen Aufschluß erhalten haben, wie Bedeutungen entdeckt und auch wieder aufgelöst werden, da nun die Psychoanalyse das Tor zur unbewußten Bedeutung geöffnet hat, stellt sich um so schärfer die Frage, ob wir bei dem Knüpfen, Auflösen und erneuten Knüpfen von Zusammenhängen überhaupt *jemals* weit genug gehen. Könnte es sein, daß das Universum sinnlos und chaotisch ist und seine gesamte offensichtlich erscheinende Kausalität, Ordnung und Bedeutung allein der Projektion unseres Bedürfnisses nach solchen Eigenschaften verdankt?[2] In Kap. 4 habe ich ein Experiment (Bavelas 1970) darge-

---

[2] Ich möchte hier die theologische Argumentation außer acht lassen, die nach der Bedeutung solcher Bedürfnisse fragt und zu dem Schluß gelangt, daß eben genau die Existenz eines solchen Bedürfnisses Beweis für Etwas ist, dem ein solches Bedürfnis entspringt.

stellt, welches das Festhalten an falschen Überzeugungshaltungen hinsichtlich der Kausalität von Ereignisabfolgen aufzeigt, die Hartnäckigkeit, mit der sich Menschen weigern, die Zufälligkeit von Ereignissen zu akzeptieren. Die Hartnäckigkeit solcher Verweigerung steht im Mittelpunkt der Auffassung von Monod (1971), nach der wir in einem chaotischen Universum leben, dem wir eine in Wirklichkeit nicht vorhandene Ordnung unterlegen bzw. sogar aufzwingen, und damit eine nicht vorhandene Kausalität erschaffen, konstruieren und die grundlegende Zufälligkeit und das Chaos zu verleugnen suchen.

Dies ist eine philosophische Problemstellung, auf die wir im Labor der Psychoanalyse und der Psychopathologie treffen; dort stellen sich Chaos und Unordnung besonders dann ein, wenn der Glaube an eine bestimmte Kausalverbindung sich aufzulösen beginnt und eine andere Glaubenshaltung noch nicht genügend gefestigt ist, wenn ein bestimmter Verständnishorizont im Hinblick auf schicksalshafte Lebensereignisse gerade aufgegeben und dadurch für andere Deutungsversuche Platz gemacht wird. Neue Überzeugungshaltungen werden schließlich gewonnen; jedoch wird durch das Erleben tiefgreifenden Wandels, durch die Erschütterung tiefverwurzelter Glaubenshaltungen, wie sie beim erneuten Durchleben und beim Umdeuten von Teilaspekten unserer Lebensgeschichte im Verlauf des psychoanalytischen Übertragungsgeschehens einsetzt, die (zumindest in strikter theoretischer Sicht) letzte Unbestimmtheit unserer Überzeugungshaltungen noch unterstrichen. Die neuartige Erfahrung besteht dann darin, unmittelbar zu erleben, wie sich doch eine neu gewonnene Überzeugungshaltung vereinbaren läßt mit dem fundierten Wissen darum, daß sich Überzeugungshaltungen durchaus auch wieder ändern können. Kurz vor dem Ende seiner Behandlung brachte ein Patient diese Erfahrung auf einen einfachen Nenner: „Psychoanalyse ist, wenn man einen Ausweg aus einer Sackgasse findet.“

Ordnung und Struktur sind Themen, bei denen klinische und philosophische Interessen zusammentreffen. Wie ich weiter oben erwähnt habe, begegnen wir im Bereich der klinischen Psychoanalyse dem Begriff *Struktur* im Zusammenhang mit *Strukturveränderung* . Die Untersuchung von Veränderung in der Psychoanalyse sowie eine nähere Beleuchtung des Strukturbegriffs in diesem Zusammenhang hat mich über eine retrospektive Auswertung von Fallmaterial zu jenem Teilaspekt des Konzepts der multiplen Wirklichkeit hingeführt, den ich als Spannung zwischen belebtem und unbelebtem Objekt beschrieben habe. Klinisch kann häufig beobachtet werden, daß die anfänglichen Leitbeschwerden im Verlauf der Behandlung immer mehr an Bedeutung verlieren. Bisweilen mag das daran liegen, daß bestimmte Beschwerden oder Symptome den „offiziellen“, allgemein akzeptierten Grund dafür bilden, sich in Therapie zu begeben, obwohl andere und tiefer reichende Gründe schon von Beginn an recht bewußtseinsnah sind. Ein Wechsel in jenen Bereichen, in denen sich das therapeutische Geschehen abspielt, ein Wechsel in den „belebten“ und in den „tödlichen“, uninteressanten Themen kann vielleicht auf die frühe Differenzierung zwischen dem Belebten und dem Unbelebten zurückverfolgt werden; d.h. es gibt vielleicht Verbindungen zwischen einer Strukturveränderung im psychoanalytischen Sinn, der Verlagerung von Einsicht hin zur aktiven Änderung und der frühen Unterscheidung zwischen belebten und unbelebten Welten. Unter unbelebten Objekten verstehe ich hier solche Objekte, die auf unser Verhalten entweder überhaupt nicht oder aber anders als ganz eindeutig „belebte" Objekte reagieren. Die Frage, ob und wie die Reaktion auf den Tod speziell auf die sich in der Kindheit entwikkelnde Fähigkeit zur Unterscheidung von Belebtem und Unbelebtem zurückgeführt werden kann, gehört ebenfalls hierher.

Auch in diesem Zusammenhang werde ich durch das klinische Material, das mir im Laufe meiner praktischen Arbeit begegnet ist, sowie durch die entwicklungspsychologischen Forschungsbefunde wieder an Problemstellungen bezüglich der Struktur des Belebten und des Unbelebten erinnert, die eher philosophisch ausgerichtet sind. Ich denke dabei z. B. an Henri Bergson, der den wesentlichen Unterschied zwischen belebter Materie und etwa einem Stein darin sieht, daß der Stein nur eine einzige, unveränderliche Möglichkeit der Wahrnehmung des Universums hat; hiermit ist wiederum das Thema der Zeit angesprochen. Der Prozeß der Wahrnehmung beinhaltet den Kontakt und den Umgang mit einem Gegensatz oder zumindest mit einer Unterschiedlichkeit — mithin eine Hinundherbewegung in der Zeit. Indem Bergson von der unveränderlichen Wahrnehmungsmöglichkeit des Steins spricht und dabei einen Begriff verwendet, der gewöhnlich auf die Beschreibung von Verhaltensmöglichkeiten von Lebewesen beschränkt ist, indem Bergson den Begriff also in einem absurden Kontext verwendet, verweist er auf die grundlegende zeitliche Verschiedenheit von belebten und unbelebten Seinsbereichen. Wie ich weiter oben festgestellt habe, bezieht sich die Unterscheidung zwischen „Praxis" und „procès" von Sartre auf den Unterschied zwischen Ereignissen, die aus unbelebten Geschehnissen entstehen (beispielsweise ein Gewitter), und solchen Ereignissen, die sich aus lebendigen Handlungen ergeben und von einem Lebewesen bewußt oder unbewußt beabsichtigt sind.

Auf solchem hochtheoretischen Niveau hat mich die nähere Beschaffenheit dieses besonderen strukturellen Unterschieds auch zu dem faszinierenden Werk des Physikers Ilya Prigogine (1979) hingeführt. Er hat aufgezeigt, wie sich unter bestimmten Bedingungen „neue" Strukturen in physikalischen Systemen bilden können. Wenn zwischen verschiedenen Teilen einer Flüssigkeit extreme Temperaturunterschiede bestehen, dann verändert sich die Art des Temperaturausgleichs von der gewöhnlichen Diffusion hin zur Bildung von hexagonal geformten Strömungen. Prigogine ist der Auffassung, daß seine Forschungsergebnisse auch für das Verständnis der Bildung von neuen Strukturen in biologischen und sozialen Systemen relevant sind. Vielleicht ist dies eine Brücke zu unserem Verständnis von belebten und unbelebten Strukturen und wenigstens eine lockere Verbindung zu dem klinisch beobachtbaren Themenwechsel der Belebung bzw. der Entseelung, den ich zur Diskussion gestellt habe.

Unter den verschiedenen Phänomenen des Wechsels, die in letzter Zeit in der psychiatrischen Literatur Beachtung gefunden haben, ist die Biologie der manisch-depressiven Stimmungsschwankung von besonderem Interesse. Das umgangssprachliche Wort *überschnappen* bezeichnet sehr treffend die abrupte Veränderung in den psychischen Funktionsabläufen, wenn jemand verrückt oder desorganisiert wird; konnotativ bezieht es sich eher auf Denkstörungen, auch wenn affektive Veränderungen nicht ausgenommen sind. Bei solchen Phänomenen des Wechsels ist es zumeist die Analogie zwischen der plötzlichen Veränderung im biologischen System und der plötzlichen Veränderung im klinischen Bild, die die Aufmerksamkeit von Psychiatern auf sich zieht. Mandell et al. (1982) stellen die Überlegung an, daß die von den Psychiatern beobachteten Veränderungen infolge tatsächlicher Änderungen in der Art der Erregungsleitung im ZNS entstehen; dem liegt die Auffassung zugrunde, daß die zelluläre Erregungsleitung von einem Neuron zum anderen unter bestimmten Bedingungen durch eine andere Art der Erregungsleitung ersetzt werden kann, bei der sich das Gehirn bzw. ein Teil des Gehirns plötzlich wie eine zähflüssige Masse verhält, die es bei rein physikalischer Betrachtung ja auch ist. Wenn eine solche Auffassung noch durch empirische Befunde gestützt würde, dann hätte das Konzept der multiplen Wirklichkeiten eine Datengrundlage, an die ich bei der Entwicklung meiner Vorstellungen nicht im entferntesten gedacht hätte. Können wohl solche plötzlich auftretenden Änderungen in Verbindung gebracht werden mit dem Wechsel von räumlicher Lokalisierung hin zur zeitlichen Adressierbarkeit oder mit meinen Überlegungen, in denen ja ein Zusammenhang zwischen dem Erleben von multiplen Wirklichkeiten (einschließlich des Wandels im Erleben von Belebtem und Unbelebtem) und den unterschiedlichen zeitlichen und rhythmischen Organisationsformen des Gehirns enthalten ist?

Ferner gibt es augenfällige Verbindungen zwischen der Dichotomie von Belebtem und Unbelebtem und dem Gefühlsleben. Sich selbst als lebendig zu erleben, entspricht dem Gefühl, daß man selbst der autonome Ausgangspunkt für eigene Handlungen ist. Hierin besteht ein ganz eindeutiger Zusammenhang mit Stimmungsschwankungen, denn Stimmungsschwankungen sind eng verbunden mit Veränderungen im Selbsterleben, in dem Erleben seinerselbst als machtvoll oder hilflos. Die gehobene Stimmung einer Patientin ergab sich aus der Identifikation mit einem schillernden Vater. Beispielsweise durfte sie als kleines Mädchen auf dem Schoß des Vaters sitzen, während er ein kleines Flugzeug flog, und dabei das Flugzeug „führen“ und sogar Loopings fliegen, nicht weniger. Ihre gedrückte Stimmung ergab sich daraus, daß sie immer wieder aus seiner Gnade fiel und aus dem Erleben von Ohnmacht und Hilflosigkeit in der Familie. Das Freilegen von Erinnerungen und die Rekonstruktion dieses Materials im Verlauf der langen Analyse mit intensiven Übertragungsreaktionen erwies sich als therapeutisch sehr wirksam. Das klinische Bild dieser Patientin hatte anfangs genau dem von jenen Patienten entsprochen, die jetzt diagnostisch standardmäßig als affektive Störung beurteilt werden und bei denen eine Pharmakotherapie mit Antidepressiva oder mit Lithium (wie bei meiner Patientin vor der Psychoanalyse) durchgeführt wird. Ich habe den Eindruck, daß bei solchen Patienten ein psychotherapeutischer Ansatz besonders dann hilfreich ist, wenn die mögliche Verbindung zwischen der Belebtheits-Unbelebtheits-Dimension und der Polarität von Machtgefühl (oder Macht bzw. Kontrolle über etwas) und Machtlosigkeit mit dem jeweils dazugehörigen Gefühlsanteil ausdrücklich berücksichtigt wird. Die Trennwand zwischen den ausgeprägten hypomanischen und den schweren depressiven Zuständen bei meiner Patientin mit dem schillernden Vater war tatsächlich sehr hoch und dick gewesen. Vielleicht sind solche verschiedenen Zustände durch ein unterschiedliches Ausmaß an Belebung gekennzeichnet, vergleichbar etwa den Bedingungen für zustandsabhängiges Lernen und den verschiedenen Ich-Zuständen bei Federn.

Wenden wir uns nun der Untersuchung ähnlicher Fragestellungen bei narzißtisch gestörten und bei Borderlinepatienten zu. Solche Patienten unterscheiden nicht zwischen Sartres „Praxis“ und „procès“, zwischen dem Ergebnis eines lebendigen volitionalen Aktes und den Wirkungen von Naturkräften. Sie bringen den analytischen Psychotherapeuten dazu, sich mit dieser Themenstellung zu befassen, indem sie sich so verhalten, als ob sie den „Anspruch“ erheben, von den Naturkräften auf besondere, einzigartige Weise behandelt zu werden. Die Naturkräfte dürfen nicht den „Anspruch“ erheben, unbelebt zu sein.

Der Begriff *Ansprüchlichkeit* ist eng mit dem Narzißmuskonzept verbunden, und meine Bezugnahme auf Borderlinepatienten in diesem Zusammenhang ist keineswegs zufällig. In dem Schema von Kernberg sind narzißtische Störungen eine Untergruppe der Borderlinepersönlichkeitsstörungen. Ich habe allerdings den Eindruck, daß die Abwehrformationen der Aufspaltung sowohl in seinem Verständnis der Borderlinestörungen als auch in seinem Konzept der narzißtischen Störungen gleichermaßen im Mittelpunkt stehen, so daß sein Versuch der Bildung von Untergruppen erhebliche konzeptuelle Schwierigkeiten mit sich bringt. Wie weit lassen sich die Einzelheiten von „Ich-Schwäche“, die nach Kernberg für die Borderlinestörung kennzeichnend sind, verstehen und nicht einfach nur beschreiben, ohne auf die Aufspaltungsmechanismen Bezug zu nehmen, die ebenso ein zentrales Merkmal von Narzißmus sind? Ich bringe diese theoretischen Details deshalb zur Sprache, weil die Auffassung, daß Ich-Schwäche etwas mit frühkindlichen Schwierigkeiten bei der Entwicklung und Beibehaltung der Abgrenzung zwischen Belebtem und Unbelebtem zu tun haben könnte, mit meinem Zugang zu diesen Problemstellungen gut in Einklang zu bringen ist.

In der frühen psychoanalytischen Literatur galten narzißtische Störungen als eine Form von Psychose, weil man davon ausging, daß es sich dabei im wesentlichen um einen Mangel an (externen) Objektbesetzungen und um einen Überschuß an narzißtischen Besetzungen handelt. Federn, dessen Werk heutzutage zu Unrecht beinahe vergessen ist, sah in der Psychose ein Besetzungsdefizit an der Grenze zum Ich. In dieser Sicht ist der Psychotiker folglich nicht in der Lage zu unterscheiden, ob ein Reiz von außen auf ihn eindringt oder ob er einen inneren Ursprung hat; Halluzinationen beispielsweise können dann nicht von der Wahrnehmung der „wirklichen“ Welt unterschieden werden. Es besteht durchaus eine Verwandtschaft zwischen diesen frühen psychoanalytischen Überlegungen und meiner Auffassung, daß eine fehlende oder zumindest verminderte Fähigkeit zur Aufrichtung und Beibehaltung der Abgrenzung zwischen Belebtem und Unbelebtem eine zentrale Problemstellung in der Psychopathologie darstellt.

Die diagnostische Relevanz dieser Thematik ist reichlich komplex, und ich möchte keinesfalls alle Probleme hinsichtlich der Unterscheidung zwischen Belebtem und Unbelebtem mit der Psychosediagnostik in Verbindung bringen. Meine Ausführungen haben hoffentlich deutlich gemacht, daß ich die Fähigkeit, ein und dasselbe Objekt unter bestimmten Bedingungen als belebt und bei anderer Gelegenheit als unbelebt betrachten und dementsprechend behandeln zu können, als einen wesentlichen Bestandteil des adaptiven und kreativen Umgangs mit unterschiedlichen Wirklichkeiten ansehe. Trotzdem läßt sich zwischen der älteren psychoanalytischen Verwendung des Begriffs der narzißtischen Störung und der zur Zeit gängigen Begriffsverwendung eine Brücke schlagen, wenn man bedenkt, daß die Schwierigkeiten bei der Abgrenzung von Belebtem und Unbelebtem und die Art und Weise, wie diese Schwierigkeiten gehandhabt werden, sowohl die alten wie auch die neuen diagnostischen Kategorienbildungen wesentlich kennzeichnen.

Ein und dasselbe Objekt einmal als belebt und ein andermal als unbelebt ansehen zu können, ist eine Fähigkeit, die zumeist im entwicklungspsychologischen Zusammenhang Beachtung findet und eng mit dem Konzept des Übergangsobjekts von Winnicott verbunden ist. Die Beziehungen zwischen den Vorstellungen von Winnicott und mir sind ausführlicher in Kap. 2 und 4 im klinischen Zusammenhang — wie ein Patient seinen Körper als Übergangsobjekt benutzt — wie auch bei der Untersuchung von Ritualen dargestellt. Die von mir hervorgehobenen schöpferischen und therapeutischen Nutzanwendungen einer multiplen Wirklichkeit, in der sich sowohl die Belebtheit wie auch die Unbelebtheit ein und desselben Objekts als gleichermaßen wirklich begreifen läßt, weisen auch eine enge Verwandtschaft mit den Vorstellungen von Winnicott auf; er hebt die schöpferische und therapeutische Nützlichkeit eines Objekts hervor, das in bestimmten Entwicklungsphasen sowie in guten regressiven Zuständen weder belebt noch unbelebt, sondern beides gleichzeitig ist und damit den „Übergang“ zwischen diesen beiden Wirklichkeitsaspekten bildet.

Die von mir vorgenommene Ausarbeitung und Ausdehnung des Übergangsbereichs geht über die Auffassung von Winnicott hinaus, insofern ich meine Vorstellung vom Übergang zwischen dem Räumlichen (bzw. „Materiellen“) und dem Zeitlichen hinzufüge; das Räumliche wird dabei nämlich mit der Welt des Unbelebten und das Zeitliche mit der Welt des Belebten in Verbindung gebracht. Die Betrachtung von Ideologien als nichtpsychologische, räumliche und verdinglichte Strukturgebilde, die den zeitlichen Merkmalen des Seelenlebens gegenübergestellt werden können, hat Gabel (1967) zur Hervorhebung der Ähnlichkeiten von politischen Ideologien und dem Denken von schizophrenen Patienten geführt. Bei der Diskussion von Ritualen habe ich in ähnlicher Weise seelische Ablagerungen der Vergangenheit (und damit vielleicht auch Ideologien) mit Aspekten von Psychopathologie, Stagnation und ritualistischem Verhalten in Verbindung gebracht und dem echten Ritual gegenübergestellt, das frühere Übergangserfahrungen zu wiederholen und an grundlegendes Erleben bestätigend wieder anzuknüpfen erlaubt. Das rituelle Objekt ist dabei die einmalige, ganz konkrete, spezifische, unbelebte materielle Größe und doch gleichzeitig das hoch verdichtete Symbol für den Animus, den Geist, das Lebendige und die abstrakte Willenskraft der Gruppe, des Stammes, der ethnischen oder religiösen Gruppierung. Im Gegensatz dazu habe ich die Pathologie der „einfachen Wirklichkeitsauffassung" von der Seele sowie ihrer Verdinglichung und „Verräumlichung" hervorgehoben. Dementsprechend ist mein therapeutischer Ansatz auf die Mobilisierung von multiplen Wirklichkeitsauffassungen ausgerichtet.

Das hier vorgestellte Konzept der multiplen Wirklichkeiten läßt sich im wesentlichen auf 3 Dimensionen abbilden: 1) auf der Raum-Zeit-Dimension, 2) auf einer Dimension, die die jeweils betrachtete Größe des Organismus angibt (theoretisch erstreckt sich diese Dimension vom zellulären oder gar intrazellulären Bereich bis hin zu großen sozialen Gebilden; bei eher unmittelbarer, praktisch-klinischer Betrachtung erstreckt sich die Dimension vom einzelnen Individuum hin zur Familie oder Gruppe), und 3) auf der Belebtheits-Unbelebtheits-Dimension. Es bestehen bestimmte Entsprechungen, Beziehungen und vielleicht auch Gleichsetzungen zwischen den verschiedenen, ständig wechselnden Punkten in diesem dreidimensionalen Schema von multiplen Wirklichkeiten. Ich habe in diesem Buch immer wieder darauf hingewiesen, daß das eher Räumliche dem eher Unbelebten bzw. Verdinglichten und das eher Zeitliche dem eher Belebten bzw. Seelischen entspricht. Das Problem mit der Organismusgröße scheint in der Reifizierung der Raumdimension verankert zu sein; doch ein Mensch, der sich als Teil der Gruppe erlebt, ändert in eben diesem Augenblick auch seine zeitliche Perspektive, insofern die Zeiteinheit, durch die seine „Wirklichkeit" bestimmt ist, über seine individuelle Lebensdauer hinausgeht.

Die Verwendung des Begriffs *Gleichsetzung* im obigen Abschnitt bedarf einer weiteren Erläuterung. Es ist ein anspruchsvoller Begriff; ich halte ihn aber für gerechtfertigt, geht es doch dabei immerhin um die Beziehung zwischen dem Materiellen und Räumlichen mit der Zeit. Eine Gleichsetzung, die unsere Welt verändert hat, ist Einsteins Formel $e = mc^2$. Die Berücksichtigung von Entwicklungen in der modernen Physik bei der Diskussion von Problemen in unserem Bereich ist allerdings nicht neu. Maria Bonaparte (1940) lehrt uns, daß Freud dieses Problem nicht entgangen ist, als er die Zeitlosigkeit des Unbewußten konzipierte, und daß er sich dessen durchaus bewußt war, was ich die multiplen Wirklichkeiten von Wellen- und Teilchentheorie in der Physik nennen würde. Es scheint mir, daß der Begriff *multiple Wirklichkeiten* durchaus angebracht ist, wenn uns Physiker sagen, daß bestimmte Phänomene nur innerhalb des Bezugsrahmens der Teilchentheorie zu verstehen oder einzuordnen sind, während andere Phänomene nur innerhalb der Wellentheorie behandelt werden können. Die Dichotomie, der wir beim Statischen, Verdinglichten, Räumlichen, Unbelebten und Fließenden, Zeitlichen, Belebten begegnen, scheint sich entsprechend auch bei Teilchen und Welle wiederzufinden. Trotz der Warnungen vor einem leichtfertigen Philosophieren und Psychologisieren hinsichtlich der Erkenntnisse der modernen Physik lassen sich aus ihnen vielleicht dennoch Hinweise gewinnen, die das psychologische Verständnis von multiplen Wirklichkeiten bereichern, selbst wenn das psychologische Verständnis ursprünglich dem Behandlungszimmer entstammt. Die Gleichung von Einstein stellt eine Beziehung zwischen Energie, Masse und Lichtgeschwindigkeit (d. h. Zeit) her. Eine Gleichung besagt, daß die einzelnen Einflußgrößen nicht für sich isoliert „existieren“, sondern jeweils übersetzt bzw. ineinander überführt werden können; dies läßt sich auch in dem klinisch beobachtbaren Umschwung erkennen, wenn eine festgefahrene, versteinerte Einstellung, eine starre Sichtweise belebt oder wiederbelebt wird, an Fluß und Zeitlichkeit gewinnt und damit seelisch wieder lebendig wird. Es ist somit schwierig, im Zusammenhang mit der Relativitätstheorie mögliche Implikationen für das Leib-Seele-Problem und damit für unser gesamtes Gebiet nicht mitzudenken, zumal in einer Zeit, in der physikalische Veränderungen auf der Ebene von Zellen eindeutig als Folge der Erfahrung des Neurons nachgewiesen wurden (Kandell 1983).

Wenn man sich erst einmal dazu durchgerungen hat, die Welt der modernen Physik als relevant für unser Interessengebiet anzusehen, dann eröffnen sich gleich noch weitere Perspektiven. Die Gleichung $e = mc^2$ ist auch in dem Sinne gedeutet worden, daß Masse eingefrorene Energie sei. Die moderne Kosmologie postuliert eine anfängliche Energiesuppe, ein „Es“, dem jegliche „Struktur“ insofern fehlt, als Atome oder Moleküle darin nicht existieren können. Es fehlen gewissermaßen die Objekte. Die Ausdehnung des Universums mit der einhergehenden Temperaturerniedrigung führte dann zur Bildung von Masse, von Atomen und Molekülen, von Objekten. Vielleicht kann nun jeder aktuelle Wahrnehmungsakt so verstanden werden, daß sich dabei nicht nur die individuelle Ontogenese der Wahrnehmung, sondern auch die Schöpfung des Universums im kleinen wiederholt. Im Wahrnehmungsakt vollzieht sich die schöpferische Wandlung von amorpher, massenloser Energie zur Bildung von Masse, von Struktur und von Objekten. Ehe ich meinen Exkurs in die Kosmologie beende, möchte ich noch ein extremes Beispiel dafür anführen, wie sehr doch die auf dem gesunden Menschenverstand basierenden Bemühungen um ein Verständnis der Welt immer wieder erneut in Frage gestellt werden. Ein ernsthaft gemeinter Versuch, uns z. B. den Begriff der umkehrbaren Entropie näherzubringen, erschien vor eine Weile in der Tagespresse. Ein Artikel in der *Washington Post* über den Physiker Stephen Hawking trug die Überschrift: „Physiker stellt Theorie über die Richtung der Zeit auf“. Die Vorstellung, daß die psychologische Gegenwart durch ein bidirektionales Zeitschema, nämlich durch Vergangenheit und Zukunft, gestaltet wird, liegt in dem Moment, in dem das Problem der umkehrbaren Zeit schon in der Tageszeitung diskutiert wird, vielleicht etwas weniger außerhalb unseres Vorstellungsvermögens.

Es erscheint dann auch etwas weniger abenteuerlich, ebenso Befunde aus der Computerwissenschaft probeweise auf unser Gebiet zu übertragen. Nach Rabin (1977, 1987) führt die Verwendung von Zufälligkeit paradoxerweise zu größerer Ordnung (und zu besseren Entscheidungen), wenn viele Computer gemeinsam an Entscheidungsfindungsaufgaben arbeiten. Dieser Befund ist möglicherweise relevant für meine Kritik an der Doppelbindungshypothese und für die Überlegung, daß sich wahrscheinlich nicht so sehr ein paradoxes Kommunikationsmuster, sondern eher das Fehlen von Ambiguitätstoleranz pathogen auswirkt. Ich habe erläutert, wie ich über klinisches Material zu Gödels formalem Nachweis für die Unumgänglichkeit von Ambiguität gelangt bin. Als ich entdeckte, daß die Doublebindtheoretiker einen wichtigen Aspekt aus der *Principia mathematica* von Russell übersehen hatten, war Gödels Name außerhalb der Mathematik kaum bekannt. Seitdem ist er durch *Gödel, Escher, Bach* von Hofstadter (1988) in intellektuellen Kreisen zu einem geläufigen Begriff geworden. Müssen wir für die psychoanalytische Erforschung des Seelenlebens die eher formalen Beziehungen zwischen dem Werk von Rabin u. Gödel, das für die Beschäftigung mit künstlicher Intelligenz ganz wesentlich ist, ebenso gut verstehen können? Kann es sein, daß das völlige Fehlen von Zufälligkeit zu Unordnung, vielleicht sogar zu psychotischer Unordnung führt?

In zumindest einer Hinsicht sind die grandiosen Gedanken zu Parallelen zwischen dem Konzept der multiplen Wirklichkeiten und der expansiven Kosmologie von höchster Bedeutung für die klinische Arbeit. Es wird zwar immer wieder und in jeweils ganz unterschiedlichem Zusammenhang gesagt, daß jeder einzelne Mensch ein Universum darstellt und sich ein Universum erschafft; das Bemühen, zu einer technischen Beschreibung dieser Erschaffung zu gelangen (worin auch immer die inhärenten Vorteile oder Beschränkungen einer solchen Beschreibung liegen mögen), bewirkt beim Therapeuten einen Respekt für die Einzelheiten der individualisierten Prozesse, durch die sich jeder Patient sowohl die eher vergänglichen wie auch die eher längerlebigen Aspekte seiner Wirklichkeiten erschafft. Solcher zusätzlicher Respekt färbt auf die Atmosphäre im Behandlungszimmer ab und unterstreicht die unparteiische Haltung des Psychoanalytikers.

Für den Psychoanalytiker ist seine Arbeit stets „work in progress". Das Verstehen der Probleme des Patienten muß immer unvollständig bleiben, da Bedeutungen und Wirklichkeiten kommen und gehen und anfänglich zufällig erscheinende Zusammenhänge schließlich sinnvoll werden können und umgekehrt. Wenn der Psychoanalytiker den Eindruck gewonnen hat, daß er jetzt einen festen Standpunkt einnehmen kann, dann bedenkt er gleichzeitig auch, daß es sich dabei nur um einen sowohl in zeitlicher wie auch in räumlicher Hinsicht kontextabhängigen Standpunkt und um eine Reaktion auf eine Änderung des entsprechend kontextabhängigen Standpunkts des Patienten handelt.

Wegen solcher Fluktuationen ist die Entwicklung einer unparteiischen Haltung ein ganz wichtiger Gesichtspunkt bei der Ausbildung zum Psychoanalytiker. Das Argument, daß sich eine wertfreie Einstellung praktisch ohnehin nicht erreichen läßt, hat manche Kliniker dazu gebracht, schon die entsprechenden Bemühungen in der Bedeutung herunterzuspielen. Die Frage nach der „Moral" und nach den Zielsetzungen in der Psychoanalyse (Smith 1976) berührt letztlich Fragen nach dem (psychischen) Determinismus und nach dem „freien" Willen. Aus der Sicht der Soziobiologie führt Wilson (1975) ein Beispiel an, in dem eine Biene von einem Wissenschaftler beobachtet wird, der ihre genetische Ausstattung, ihre Lebens- und Lerngeschichte und die Umweltbedingungen genau kennt. Während der von außen beobachtende Wissenschaftler das Verhalten der Biene recht genau vorhersagen kann, empfindet die Biene ihrerseits vermutlich eine innere Willens- und Entscheidungsfreiheit. Obwohl durch die Überschreitung der Artengrenze das Bild etwas verkompliziert ist, führt Wilson (ähnlich wie viele andere Autoren) die Frage nach der Entscheidungsfreiheit auf die Frage nach dem Innen und Außen zurück, die wiederum eng mit der Frage nach der Organismusgröße verbunden ist. Von außen wird eine „Determiniertheit" wahrgenommen, von innen wird eine „Freiheit" erlebt. Meine Überlegungen zur Wiederholung von Wahrnehmungsabläufen in ontogenetischer, phylogenetischer und kosmologischer Hinsicht und zur stets veränderlichen Größe des jeweils betrachteten (und sich selbst betrachtenden) Organismus führen ebenso zu einem weniger absolut feststehenden Standpunkt, was jeweils außen und was jeweils innen ist; die Kategorien des Außen und Innen lassen sich als in einem ständigen Fließen befindlich oder auch als gleichzeitig existent verstehen, wenn man die Ausdehnung der Diskussion auf die Zeitdimension ernst nimmt. Das intensive gemeinsame Durchleben und Durcharbeiten von wichtigen Aspekten der Übertragung und auch der Gegenübertragung in der Psychoanalyse erweitert den Vorstellungsraum hinsichtlich der Organismusgröße und verhilft dem Patienten damit zum Erleben von innerer Unabhängigkeit und von Möglichkeiten der Selbstverwirklichung ohne die vor Aufnahme der Psychoanalyse vorhandenen Beschränkungen.

Die Schwingung meines Pendels von klinischen Befunden über klinische Spekulationen hin zu theoretischen Gesichtspunkten und wieder zurück zu jenen erkenntnistheoretischen Überlegungen, die aus dem „philosophischen Labor" des Behandlungszimmers, wie ich es genannt habe, herstammen, kommt nun zum Ende, und ich frage mich, wie viele vertraute Saiten ich beim Leser wohl zum Klingen gebracht habe. Hat der Leser auch mit Bedauern festgestellt, daß Brücken (bzw. die Verdeutlichung von Brücken) zwischen philosophischen und formallogischen Aussagen und psychoanalytischem Denken weitgehend fehlen? Dieser Mangel wird auch dadurch illustriert, daß „Freud" und „Psychoanalyse" im Autoren- und Sachwortverzeichnis von Hofstadters *Gödel, Escher, Bach* fehlen. Ein klinischer Ansatz, der ausreichend weit führen soll, muß sich auch damit beschäftigen, wie die Wirklichkeiten des Menschen organisiert sind — ein Problem, daß über den eigentlich klinischen Bereich hinausgehen kann. Ganz entscheidend ist dabei, daß keine auf das Wesen der Wirklichkeit bezogene Aussage jemals zu formal sein kann, wenn wir mit Wertschätzung und fundiertem Hintergrund aufmerksam bleiben wollen für die Ungeformtheit, die beim Patienten vorübergehend eintritt, wenn sich neue Strukturen bei ihm erst noch bilden müssen.

Die psychoanalytische Bewegung selbst ist ebenso durch multiple Wirklichkeiten gekennzeichnet, indem sie sich gleichzeitig in verschiedene Richtungen weiterentwickelt und dabei sowohl die klinischen als auch die wissenschaftlichen Grundlagen der Psychoanalyse erweitert und bereichert. Auf der einen Seite stellen Thomä u. Kächele (1985, 1988) in ihrem 2bändigen Lehrbuch der analytischen Psychotherapie souverän Verbindungen zwischen systematischen empirisch-psychoanalytischen Forschungsbefunden und klinischen Anwendungen her. Am anderen Ende, für Psychotherapeuten wie auch für Literaten nicht weniger gehaltvoll, steht Janet Malcolms (1987) Darstellung von gegenwärtigen literarischen Verarbeitungen der Psychoanalyse, von denen viele durch zeitgenössische französische Psychoanalytiker und Philosophen angeregt sind, sowie das Lesen und Durcharbeiten von Freuds Schriften, das psychodynamische und übertragungsbezogene Faktoren berücksichtigt, die zur Zeit des Schreibens bei Freud aktiv mitgespielt haben. Wer sich für menschliches Erleben und Verhalten interessiert und solche unterschiedlichen Ansätze hinnehmen kann, ohne sich zur Entscheidung für oder gegen einen dieser Ansätze drängen zu lassen, wird feststellen, daß das Mysterium der hieraus entstehenden komplexeren Welt an Verboten verliert — und sogar zu sich einlädt.

Habe ich damit bekannte Saiten angeschlagen? Freud (1914) hat gesagt, daß das Ende nahe ist, wenn der Analysand (der Leser?) die Empfindung hat, er habe es immer schon gewußt.

Literatur

Abramson HA (ed) (1959) The use of LSD in psychotherapy. Josiah Macy Jr Foundation, New York

Ackerman NW (1963) Family diagnosis and therapy. In: Masserman JH (ed) Current psychiatric therapies, vol 3. Grune & Stratton, New York

American Psychiatric Association (1989) Diagostisches und statistisches Manual psychischer Störungen DSM-III-R. Beltz, Weinheim Basel

Anderson CM (1983) A psychoeducational model of family treatment for schizophrenia. In: Stierlin H, Wynne LC, Wirsching M (eds) Psychosocial intervention in schizophrenia. Springer, Berlin Heidelberg New York Tokyo

Arieti S (1963) Studies of thought processes in contemporary psychiatry. Am Psychiatry 120:58-64

Arlow J (1959) The structure of the déjà vu experience. Am Psychoanal Assoc 7:611-631

Artiss KL (1962) Milieu therapy and schizophrenia. Grune & Stratton, New York

Bakker CB, Amini FB (1961) Observations on the psychotomimetic effects of Sernyl. Compr Psychiatry 2:269-280

Bateson G, Jackson DD, Haley J, Weakland JH (1956) Toward a theory of schizophrenia. Behav Sci 1:251-264

Bavelas A (1970) Description of experiment on persistence of erroneous convictions regarding „causality." In: Wright JC (ed) Problem-solving and search behavior under non contingent rewards. Univ Microfilms, Ann Arbor/MI

Berlyne DE (1966) Conflict and arousal. Sci Am 215:82-87

Bonaparte M (1940) Time and the unconscious. Int J Psychoanal 21:427-468

Borges JL (1964) A new refutation of time. In: Yates DA, Irby JE (eds) Labyrinths. New Directions, New York

Boring EG (1933) The physical dimensions of consciousness. Century, New York

Bowen M (1961) The family as the unit of study and treatment. Am J Orthopsychiatry 31:40-60

Brody W, Hayden M (1957) Intra-team reactions: Their relation to the conflicts of the family in treatment. Am J Orthopsychiatry 27:349-355

Burnham DL (1966) The special-problem patient: Victim or agent of splitting? Psychiatry 29:105-122

Cierpka M (1990) Zur Diagnostik von Familien mit einem schizophrenen Jugendlichen. Springer, Berlin Heidelberg New York Tokyo

Eissler K (1953) The effect of the structure of the ego on psychoanalytic technique. J Am Psychoanal Assoc 1:104-143

Erikson EH (1966) Ontogeny of ritualization. In: Loewenstein RM et al. (eds) Psychoanalysis—A general psychology: Essays in honor of Heinz Hartmann. Int Univ Press, New York

Federn P (1956) Ichpsychologie und die Psychosen. Huber, Bern Stuttgart (engl 1952: Ego psychology and the psychoses. Basic Books, New York)

Freud S (1966 ff.) Gesammelte Werke. Fischer, Frankfurt am Main

Freud S (1912-13) Totem und Tabu. GW Bd 9

Freud S (1914) Über fausse reconnaissance (›déjà raconté‹) während der psychoanalytischen Arbeit. GW Bd 10

Freud S (1915) Das Unbewußte. GW Bd 10

Freud S (1919) Das Unheimliche. GW Bd 12

Fry WF Jr (1968) Sweet madness: A study of humor. Pacific Books, Palo Alto/CA

Gaarder K (1963) A conceptual model of schizophrenia AMA Arch Gen Psychiatry 8:590-598

Gaarder K, Kafka JS (1963) An experimental case study of the effects of Sernyl (presented at Chestnut Lodge Symposium, Rockville/MD)

Gabel J (1962) La fausse conscience: Essai sur la réification. Les Editions de Minuit, Paris (dt 1967: Ideologie und Schizophrenie: Formen der Entfremdung. Fischer,

Frankfurt am Main; engl 1975: False consciousness. An essay on reification. Blackwell, Oxford)
Gödel K (1931) Über formal unentscheidbare Sätze der Principia Mathematica und verwandter Systeme: I. Monatshefte Math Phys 38:173-198
Goodrich DW, Boomer DS (1963) Experimental assessment of modes of conflict resolution. Fam Process 2:15-24
Graetz H (1893) Geschichte der Juden. Leiner & Löwit, Leipzig
Green A (1977) The borderline concept. In: Hartocollis P (ed) Borderline personality disorders. Int Univ Press, New York
Green H (1978) Ich habe dir nie einen Rosengarten versprochen. Rowohlt, Reinbek
Greenspan SI (1982) Three levels of learning: A developmental approach to „awareness" and mind-body relations. Psychoanal Inquiry 1:659-694
Grotstein JS (1977) The psychoanalytic concept of schizophrenia: I. The dilemma. II. Reconciliation. Int J Psychoanalysis 58:403-452
Group for the Advancement of Psychiatry (1987) Us and them: The psychology of ethno-nationalism. Brunner/Mazel, New York
Gunderson JG, Carroll A (1983) Clinical considerations from empirical research. In: Stierlin H, Wynne LC, Wirsching M (eds) Psychosocial intervention in schizophrenia. Springer, Berlin Heidelberg New York Tokyo
Handke P (1969) Die Innenwelt der Aussenwelt der Innenwelt. Suhrkamp, Frankfurt am Main
Hartmann H (1939) Ich-Psychologie und Anpassungsprobleme. Int Z Psychoanal 24: 62-135 (Abdruck in Psyche 1960, 14:81-164)
Hartocollis P (ed) (1977) Borderline personality disorders: The concept, the syndrome, the patient. Int Univ Press, New York
Hayman A (1969) What do we mean by „id"? J Am Psychoanal Assoc 17:353-380
Hoch RH, Pennes HH, Cattell JP (1958) Psychoses produced by the administration of drugs. In: Rinkel M (ed) Chemical concepts of psychosis. McDowell, Oblensky, New York
Hofstadter DF (1988) Gödel, Escher, Bach. Klett-Cotta, Stuttgart
Hohage R, Kübler JC (1987) Die Veränderung von emotionaler Einsicht im Verlauf einer Psychoanalyse. Eine Einzelfallstudie. Z Psychosom Med Psychoanal 33: 145-154
Hollos S, Ferenczi S (1922) Zur Psychoanalyse der paralytischen Geistesstörung. Int Psychoanalytischer Verlag, Wien
Holzman P (1987) Recent studies of psychophysiology in schizophrenia. Schizophr Bull 13:49-75
Israeli N (1936) Abnormal personality and time. Science Press, New York
Jaffe DS (1971) The role of ego modification and the task of structural change in the analysis of a case of hysteria. Int J Psychoanal 52:375-393
Kafka JS (1957a) A method for studying the organization of time experience. Am J Psychiatry 114:546-553
Kafka JS (1957b) On the experience of duration in psychotherapy (presented at Chestnut Lodge Symposium, Rockville/MD)
Kafka JS (1964) Technical applications of a concept of multiple reality. Int J Psychoanal 45:575-578
Kafka JS (1966) Practical and conceptual developments concerning work with families (paper presented at Southern Divisional Meeting. American Psychiatric Association, Hollywood/FL)
Kafka JS (1969) The body as transitional object: A psychoanalytic study of a self-mutilating patient. Br J Med Psychol 42:207-212
Kafka JS (1971a) A psychoanalytic perspective on the organization and integration of time experience (paper presented at panel on the Experience of Time, American Psychoanalytic Association, December)
Kafka JS (1971b) Ambiguity for individuation: A critique and reformulation of double-bind theory. Arch Gen Psychiatry 25:232-239

Kafka JS (1972) The experience of time. Report on panel, American Psychoanalytic Association, December 1971. J Am Psychoanal Assoc 20:650-667
Kafka JS (1977) Zum Problem der Realität. Reflexionen über Objektkonstanz, Ambiguität, Paradox und Zeit. Psyche 31: 712-731 (engl 1977: On reality. An examination of object constancy, ambiguity, paradox, and time. Psychiatry Hum 2:133-158)
Kafka JS (1981) Review of *Borderline personality disorders*, ed by P. Hartocollis. J Am Psychoanal Assoc 29:236-247
Kafka JS (1983) Challenge and confirmation in ritual action. Psychiatry 46:31-39
Kafka JS, Bolgar H (1949) Notes on the clinical use of future autobiographies. Rorschach Res Exchange J Project Techn 13:341-346
Kafka JS, Gaarder K (1964) Some effects of the therapist's LSD experience on his therapeutic work. Am J Psychother 18:236-243
Kafka JS, Kafka MS (1983) Timing process and mental illness (abstracts, Seventh World Congress of Psychiatry, Vienna)
Kafka JS, McDonald JW (1965) The latent family in the intensive treatment of the hospitalized schizophrenic patient. In: Masserman JS (ed) Current psychiatric therapies, vol 5. Grune & Stratton, New York
Kafka MS, Kammen DP van, Kleinman JE, Nurnberger JI, Siever LJ, Uhde TW, Polinsky RJ (1980) Alphaadrenergic receptor function in schizophrenia, affective disorders and some neurological diseases. Commun Psychopharmacol 4:477-486
Kafka MS, Wirz-Justice A, Naber D (1983) Circadian rhythms in rat brain neurotransmitter receptors. Fed Proc 42:2796-2801
Kafka MS, Benedito MA, Blendy JA, Tokola NA (1986a) Circadian rhythms in neurotransmitter receptors in discrete rat brain regions. Chronobiol Int 3:91-100
Kafka MS, Benedito MA, Roth RH (1986b) Circadian rhythms in catecholamine metabolites and cyclic nucleotide production. Chronobiol Int 3:101-115
Kafka MS, Benedito MA, Steele LK et al. (1986c) Relationships between behavioral rhythms, plasma corticosterone and hypothalamic circadian rhythms. Chronobiol Int 3:117-122
Kandell ER (1983) From metapsychology to molecular biology: Explorations into the nature of anxiety. Am J Psychiatry 140:1277-1293
Klüver H (1933) Behavior mechanisms in monkeys. Univ of Chicago Press, Chicago
Klüver H (1936) The study of personality and the method of equivalent and non-equivalent stimuli. Character Pers 5:91-112
Kohut H (1973) Narzißmus. Eine Theorie der psychoanalytischen Behandlung narzißtischer Persönlichkeitsstörungen. Suhrkamp, Frankfurt am Main (engl 1971: The analysis of the self. A systematic approach to the psychoanalytic treatment of narcissistic personality disorders. Int Univ Press, New York)
Kris E (1952) Psychoanalytic explorations in art. Int Univ Press, New York
Laplanche J, Pontalis JB (1972) Das Vokabular der Psychoanalyse. Suhrkamp, Frankfurt am Main
LeFever H (1961) To antipodes and back: Some observations on the LSD experience (paper presented at Chestnut Lodge Symposium, Rockville/MD)
Lichtenstein H (1974) The effect of reality perception on psychic structure: A psychoanalytic contribution to the problem of the „generation gap." In: Annual of psychoanalysis, vol 2. Int Univ Press, New York
Lidz T, Fleck S (1960) Schizophrenia, human integration, and the role of the family. In: Jackson DD (ed) The etiology of schizophrenia. Basic Books, New York
Loewald HW (1960) On the therapeutic action of psychoanalysis.Int J Psycho-Anal 41: 16-33 [dt 1986: Zur therapeutischen Wirkung der Psychoanalyse. In: Loewald HW (Hrsg) Psychoanalyse. Aufsätze aus den Jahren 1951-1979. Klett-Cotta, Stuttgart, S 209-247]
Loewald HW (1962) Superego and time. Int J Psycho-Anal 43: 264-268 [dt 1986: Über-ich und Zeit. In: Loewald HW (Hrsg) Psychoanalyse. Aufsätze aus den Jahren 1951-1979. Klett-Cotta, Stuttgart, S 35-45]

Loewald HW (1971) Some considerations on repetition and repetition compulsion. In: Loewald HW (1980) Papers on psychoanalysis. Yale Univ Press, New Haven London [dt 1986: Überlegungen zur Wiederholung und zum Wiederholungszwang. In: Loewald HW (Hrsg) Psychoanalyse. Aufsätze aus den Jahren 1951-1979. Klett-Cotta, Stuttgart, S 65-80]

Loewald HW (1979) The waning of the Oedipus Complex. In: Loewald HW (1980) Papers on psychoanalysis. Yale Univ Press, New Haven London [dt 1986: Das Dahinschwinden des Ödipuskomplexes. In: Loewald HW (Hrsg) Psychoanalyse. Aufsätze aus den Jahren 1951-1979. Klett-Cotta, Stuttgart, S 377-400]

Longuet-Higgins HC (1968) The non-local storage of temporal information. Proc R Soc Lond 171:327-334

Longuet-Higgins HC, Willshaw DJ, Buneman OP (1969) Non-holographic associative memory. Nature 222:960-962

Longuet-Higgins HC, Willshaw DJ, Buneman OP (1970) Theories of associative recall. Q Rev Biophys 3:223-244

Luby ED, Cohen BD, Rosenbaum G, Gottlieb JS, Kelley R (1959) Study of a new schizophrenomimetic drug—Sernyl. AMA Arch Neurol Psychiatry 81:363-369

Malcolm J (1987) Reflections: J'appelle un chat un chat. New Yorker, April 20, pp 84-102

Mandell A, Knapp S, Ehlers C, Russo P (1982) The stability of constrained randomness: Lithium prophylaxis at several neurobiological levels. In: Post RM, Ballenger JC (eds) The neurobiology of the mood disorders. Williams & Wilkins, Baltimore

Meyer JS, Greifenstein F, Devault M (1959) A new drug causing symptoms of sensory deprivation. J Nerv Ment Dis 129:54-61

Modell A (1968) Object love and reality. Int Univ Press, New York

Monod J (1971) Zufall und Notwendigkeit. Philosophische Fragen der modernen Biologie. Piper, München

Murray HA (1938) Explorations in personality. Oxford Univ Press, New York

Nagel E, Newman JR (1958) Gödel's proof. New York Univ Press, New York

Noble D (1951) A study of dreams in schizophrenia and allied states. Am J Psychiatry 107:612-616

Novey S (1955) Some philosophical speculations about the concept of the genital character. Int J Psychoanal 36:88-94

Olson DH (1969) Empirically unbinding the double-bind (paper presented at the annual meeting of the American Psychological Association, Washington/DC)

Ornstein RE (1969) On the experience of time. Penguin, Baltimore

Pollard JC, Bakker C, Uhr L, Feuerfile DF (1960) Controlled sensory input: A note on the technique of drug evaluation with a preliminary report on a comparative study of Sernyl, psilocybin and LSD-25. Compr Psychiatry 1:377-380

Pribram KH (1986) The cognitive revolution and mind/brain issues. Am Psychol 41:507-520

Prigogine I (1979) Vom Sein zum Werden. Zeit und Komplexität in den Naturwissenschaften. Piper, München

Rabin M (1977) Handbook of mathematical logic, part C. North Holland, Amsterdam

Rabin M, Halpern J (1987) Logic to reason about likelihood. Artif Intelligence 32: 379-405

Rangell L (1981) From insight to change. J Am Psychoanal Assoc 29:119-141

Rapaport D (1960) Die Struktur der psychoanalytischen Theorie. Versuch einer Systematik. Klett, Stuttgart [engl 1960: The structure of psychoanalytic theory. A systematizing attempt. Int Univ Press, New York (Psychological Issues, vol 2, no 2, monograph 6)]

Reiser MF (1984) Mind, brain, body: Toward a convergence of psychoanalysis and neurobiology. Basic Books, New York

Ringuette EL, Kennedy T (1966) An experimental study of the double-bind hypothesis. J Abnorm Psychol 71:136-141

Roeder H (1988) Die Beziehung zwischen Elternverhalten und Merkmalen der Kindheit

späterer Schizophrener. (Vortrag gehalten auf dem IX. International Symposium on the Psychotherapy of Schizophrenia, Turin)
Rose GJ (1980) The power of form: A psychoanalytic approach to aesthetic form. Int Univ Press, New York
Rose SR (1980) Can the neurosciences explain the mind? Trends Neurosci 23:2-4
Ryder RG (1966) Two replications of color matching factors. Fam Process 5:43-48
Ryder RG (1968) Husband-wife dyads versus married strangers. Fam Process 7:233-238
Ryder RG (1969) Three myths: Brief ruminations on interaction procedures while contemplating the color matching tests (paper presented at the annual meeting of the National Council on Family Relations, Washington/DC)
Ryder RG (1970) Dimensions of early marriage. Fam Process 9:51-68
Ryder RG, Goodrich DW (1966) Married couples' responses to disagreement. Fam Process 5:30-42
Ryder RG, Kafka JS, Olson DH (1971) Separating and joining influences in courtship and early marriage. Am J Orthopsychiatry 41:450-464
Sandler J, Joffe W (1967) Die Persistenz in der psychischen Funktion und Entwicklung, mit besonderem Bezug auf die Prozesse der Fixierung und Regression. Psyche 21: 138-151
Sandler J, Rosenblatt B (1984) Der Begriff der Vorstellungswelt. Psyche 38:235-253
Sartre J-P (1964) Marxismus und Existentialismus. Versuch einer Methodik. Rowohlt, Reinbek
Savage C (1955) Variations in ego feeling induced by d-lysergic acid diethylamide (LSD-25). Psychoanal Rev 42:1-16
Schachtel EG (1947) On memory and childhood amnesia. Psychiatry 10:1-26
Schilder P (1935) The image and appearance of the human body. Studies in the constructive energies of the psyche. Kegan, London
Schizophrenia costs U.S. billions (1986) More research, better care needed. Psychiatric News December 19, p 8
Schulz CG, Kilgalen RK (1969) The treatment course of a disturbed patient. In: Case studies in schizophrenia. Basic Books, New York
Searles HF (1960) The nonhuman environment in normal development and in schizophrenia. Int Univ Press, New York
Searles HF (1965) On driving the other person crazy. In: Collected papers on schizophrenia and related subjects. Int Univ Press, New York
Smith GJW, Danielsson A (1982) Anxiety and defensive strategies in childhood adolescence. Psychol Issues 52
Smith JH (1976) The psychoanalytic understanding of human freedom: Freedom from and freedom for. J Am Psychoanal Assoc 26:87-107
Smith JH (1983) Rite, ritual and defense. Psychiatry 46:16-30
Squire LR (1986) Mechanisms of memory. Science 232:1612-1619
Stein MI (1949) Personality factors involved in temporal development of Rorschach responses. Rorschach Res Exchange J Project Techn 13:355-414
Stierlin H, Wynne LC, Wirsching M (eds) (1983) Psychosocial intervention in schizophrenia. Springer, Berlin Heidelberg New York Tokyo
Stirnimann F (1947) Das Kind und seine früheste Umwelt. Karger, Basel (Psychologische Praxis, Bd 6)
Stone L (1986) Psychoanalytic observations on the pathology of depressive illness: Selected spheres of ambiguity or disagreement. J Am Psychoanal Assoc 34:329-362
Strachey J (1935) Die Grundlagen der therapeutischen Wirkung der Psychoanalyse. Int Z Psychoanal 21:486-516 (engl 1934: The nature of the therapeutic action of psychoanalysis. Int J Psycho-Anal 15:127-159)
Thomä H, Kächele H (1985) Lehrbuch der psychoanalytischen Therapie, Bd 1:Grundlagen. Springer, Berlin Heidelberg New York Tokyo
Thomä H, Kächele H (1988) Lehrbuch der psychoanalytischen Therapie, Bd 2:Praxis. Springer, Berlin Heidelberg New York Tokyo
Tienari P, Sorri A, Lahti J, Naarala M, Wahlberg KE, Moring J, Pohjola J, Wynne LC

(1987) Interactions of genetic and psychosocial factors in schizophrenia. The Finnish adoptive family study. Schizophr Bull 13:477-484
Turner V (1977) Process, system, and symbol:A new anthropological synthesis. Daedalus 106/3:61-80
Unger SM (1963) Mescaline, LSD, psilocybin, and personality change:A review. Psychiatry 26:111-125
Vonnegut K (1972) Schlachthof 5 oder der Kinderkreuzzug. Rowohlt, Reinbek
Wallerstein RS (1973) Psychoanalytic perspectives on the problem of reality. J Am Psychoanal Assoc 21:5-33
Watzlawick P, Beavin JH, Jackson DD (1969) Menschliche Kommunikation. Formen, Störungen, Paradoxien. Huber, Bern (engl 1967:Pragmatics of human communication. A study of interactional patterns, pathologies, and paradoxes. Norton, New York)
Westerlundh B, Smith G (1983) Percept-genesis and the psychodynamics of perception. Psychoanal Contemp Thought 6:597-640
Whitehead AN, Russell B (1910) Principia mathematica. Cambridge Univ Press, Cambridge
Wilson E (1975) Sociobiology. Harvard Univ Press, Cambridge
Winnicott DW (1969) Übergangsobjekte und Übergangsphänomene. Psyche 23:666-682 (in:Winnicott DW, 1976, Von der Kinderheilkunde zur Psychoanalyse. Kindler, München, S 293-312; engl 1953:Transitional objects and transitional phenomena. Int J Psychoanal 34:89-97)
Winnicott DW (1976) Haß in der Gegenübertragung. In:Winnicott DW Von der Kinderheilkunde zur Psychoanalyse. Kindler, München, S 75-88 (engl 1949:Hate in the countertransference. Int J Psychoanal 30:69-74)
Wynne LC, Ryckoff IM, Day J, Hirsch SI (1958) Pseudomutuality in the family relations of schizophrenics. Psychiatry 21:205-220

Namenverzeichnis

Sachverzeichnis